トルコの歴史

〈下〉

永田雄三

刀水書房

刀水歴史全書101

トルコの歴史〈下〉

目次

上巻目次

トルコの歴史〈下〉

トルコの歴史　〈下〉　正誤表

頁		誤	正
73	左1行目	の基本的キャラクター	その基本的なキャラクター
120	8行目	脅かされ官僚	脅かされた官僚
138	左3行目	縦断	横断
159	左3行目	改革派評議会	改革は評議会
188	左４行目	ルでは	行頭詰める
225	2行目	ナクシュバンディ	ナクシバンディー
256	1行目	第6章　ウクライナ侵攻	第6章　ウクライナ侵攻　註（31～33）
257	9行目	クリミア戦争時代（一八二八～二九年）	クリミア戦争時代（一八五三～五九年）
279	註20	統治治構造	統治構造
280	註2	小松久雄	小松久男
287	註53	Kafascioğlu	Kafescioğlu
287	註55	The Diary of A Dervish	The Diary of a Dervish
289	註15	istanbul	İstanbul
291	註40	Paşlar	Paşalar
297	事項索引	ナクシバンディー教団……202	ナクシバンディー教団……202,225
著者紹介	主著・論文	(repr. İzmir, 1995)	(repr. İzmir, 1999)

第六章

近世のオスマン帝国

第一節　「衰退史観」の克服

衰退論の根拠

本章で扱う「近世」とは、一六世紀後半から一八世紀末ないし一九世紀初頭の時期を対象としている。従来の通説によれば、オスマン帝国は一六世紀期末以後衰退し、一九世紀になって「西洋の衝撃」を受けて近代化（西洋化）することによって初めて新たな歴史を歩み始めたということになっている。このため、欧米におけるオスマン帝国史研究は、長い間スレイマン一世の全盛期までと、一九世紀以後の近代史とに二分され、その間の三〇〇年は「衰退期」と位置づけられて十分に研究されてこなかった。そうした考え方は、たとえば、イギリスの歴史家アクトン（一八三四～一九〇二）の「近代ヨーロッパはトルコ帝国の征服に始まる」(1)といった言葉に表徴されている。この言葉の背景には一五七一年のレパントの海戦に敗北した「野蛮な遊牧民トルコ人」の建てたオスマン帝国（ヨーロッパ人の言い習わしてきた「トルコ帝国」）は衰退し、もはや無視してもかまわない存在になったという、一九世紀ヨーロッパの東洋に対する見方、すなわち進歩と文明のヨーロッパと停滞と野蛮のオリエント（東洋）という「オリエンタリズム」的偏見がある。だが、歴史的事実としては、レパントの海戦におけるオスマン艦隊の敗北は、オスマン帝国の衰退とは結び付かない。

この海戦は、一五七〇年にオスマン海軍がキプロス島を征服すべく行動を起こし、翌七一年八月に征服を果たしたことに端を発している。これに対してヴェネツィアは連合艦隊を編成し、同年一〇月にオスマン海軍を破ったのである。しかし、オスマン側はただちに新しい艦隊を再建し、地中海に送りだした。海戦終了直後、大宰相ソコッル・メフメト・パシャのもとを意気揚々と訪れたヴェネツィア大使に対して、ソコッルは「われわれはキプロス島を征服したことによって貴国の腕を折りました。貴国は我が艦隊を打ち負かしたことによってわれわれの口ひげを剃ってくれたことになったのです。折れた腕の代わりはないが、そった髭はさらに濃くなって、また生えてきます」と言ったそうである(2)。結局、ヴェネツィアは七三年にオスマン帝国と和約を結び、キプロス島を放棄したうえ、三〇万金貨の貢納金を払うことに同意せざるをえなかったから、勝利したのは、むしろオスマン帝国の側だった。さらにオスマン艦隊が七三年にスペインに奪われたチュニスを七四年に奪い返した事実を併せて考えれば、オスマン帝国の地中海における覇権はなお続いていたといえる。

歴史上の事実はうえに述べたとおりであるにもかかわらず、オスマン帝国の衰退史観は、そのまま日本のオスマン帝国史研究に受け継がれ、それがまた日本の高校の世界史教科書にも取り入れられた結果、スレイマン一世末期の時代から「タンズィマート」(一八三九〜七六年)改革期(後述)にいたる、約三〇〇年の間は、ヨーロッパ諸国との関係(たとえば一六九九年のカルロヴィッツ条約)についてのごくわずかな記述を除いては、最近になって若干の改善が見られるとはいえ、ほとんど語られることがない。日本史との対比でいえば、戦国時代末期から明治維新にいたるまで、すなわち江戸時代をすっぽり抜かしたまま日本史を理解せよというのと同じである。これでは、その創成から今日まで一四〇〇年余のイスラム史の後半、約六〇〇年をカバーするオスマン帝国の歩んだ歴史が正しく理解できないだけではなく、この帝国がカバーした中東・バルカンの歴史、すなわち、パレスティナ問題、アラブ・イスラエル紛争、バルカン問題、黒海北岸地域やコーカサスをめぐる紛争など、オスマン帝国の旧領に含まれていた地域の歴史的背景がわかるはずがないのである。

本章で扱われる一六世紀後半から一九世紀初頭に至る時期は、長い間このような時代として扱われてきた。しかしながら、現在では、このような「衰退論」は克服されて、それなりに独自な歴史の展開された時代として見直されつつあり、この時代を「オスマン的近世」という言い方もなされるようになった。それでは、オスマン的近世とはどんな時代だったのであろうか。

「オスマン的近世」とは何か

近年、「オスマン的近世」に関連して積極的に発言しているオスマン史家佐々木紳は、「一七世紀から一八世紀にかけて、「絶対主義」と「立憲主義」のあいだで揺れ動いたオスマン近世政治史の姿は、政治システム上の「抑制と均衡」を模索する点で、同じ時期にイギリス革命、アメリカ独立戦争、フランス革命をもたらした歴史的背景に大きく重なり合うだろう」(3)と述べるとともに「それはグローバル・ヒストリー研究と問題意識を共有しながら、ヨーロッパ中心主義史観やオリエンタリズム的歴史認識を批判的に検討する試み」であり「オスマン近世の実相に迫るためには、オスマン帝国の歴史を多方面に開いていく必要がある」(4)と論じている。

一方、中国史家の岸本美緒は、近年発表された研究の中で、大略、次のように述べている。すなわち、中国からの強い需要によって引き起こされた「銀の大流通」が、日本の「幕藩体制の成立」、中国の「明清交替への加速化」、タイの「アユタヤ朝の成立」、そしてヨーロッパでは「絶対主義国家の形成・角逐」といった時代を生み出した。これらの地域における「近世」である。しかし一方でオスマン朝、サファヴィー朝、ムガル朝では「近世」という語はそれほど定着していないように思われる。そして、「領土の広さと、統治の柔軟性とをあわせもつこれらの帝国においては、一六世紀の銀の大流通に共時性の基礎を置く時代の区切りは、それほど顕著な形で現れてこなかったと言えよう」と総括した上で、しかし「一五七一年前後の世界貿易の活発化という点についていうなら、それは世界の多くの地域において、強さや方向性はさまざまであれ、相互に比較するに足る個性的なレスポンスを生み出していったと言えるだろう」と問題提起している(5)。

以上、岸本からの引用が長くなったが、それは、「オスマン的近世」もまた銀の大流通が生み出した大交易時代の個性的なレスポンスのひとつだからである。一五世紀後半から～一六世紀前半にかけて達成された君主への権力の集中、すなわち専制君主による中央集権体制がいったん成立したうえで、一六世紀後半以後、それがむしろ次第に相対化され、新しく生まれた社会的・政治的諸勢力との間に均衡をもたらしていく過程であるように思われるからである。

以上がオスマン的近世をめぐる議論の出発点であるが、この間の歴史の流れを、あらかじめ述べれば次のようになろう。すなわち、一六世紀後半以降の長く続いた戦争が帝国の財政を圧迫し、そのことが、デヴシルメ制とティマール制とを柱とした古典的体制を揺るがし、新たな体制への移行過程が始まったのである。その新しい体制とは、中央ではまず、デヴシルメ出身で「スルタンの奴隷」身分の軍人政治家に代わって、ムスリムとして生まれた「オスマン官人」の「家門」（カプ・ハルク）を基盤とした党派組織の形成と角逐である。それはしだいに社会と一体化して商工民の利害を代表する存在となったイェニチェリ軍団の政治的圧力集団化、そして分厚い人材を抱えたイスラム知識人ウラマーの組織（イルミエ）化によるイスラム法（シャリーア）

を背景とした影響力の拡大などによるスルタン権力の掣肘につながった。そして地方では、ティマール制体制の弛緩とそれに代わる徴税請負制の普及、また、それらを足場にした地方名士（アーヤーン）の勃興と要約することができる。こうしてつぎの時代が始まる一九世紀までが、近年のオスマン史研究で「近世」と呼ばれる三〇〇年であった。

第二節　一七世紀の国際関係

一進一退のハプスブルクとの戦役

スレイマン一世以後、スルタンが軍を率いて遠征をおこなうことはほとんどなくなり、かつてのように、征服による戦利品と領土の獲得が期待される時代が終わったことは事実である。しかし、だからといってオスマン帝国がヨーロッパからただちに撤退したわけではない。まずはハプスブルクとの攻防をみてみよう。一五九三年から一六〇八年までハプスブルクとのあいだで続いた消耗戦は、いわば一進一退であったが、その戦費に要した莫大な資金が財政を圧迫し、これがその後のオスマン社会に深刻な影響を与えることになったのである。また、一六〇六年にハンガリーのシトヴァトロクで結ばれた和約では、領土の損失はなかったが、神聖ローマ皇帝を「ローマの皇帝」と呼ぶといった譲歩をおこなって、これまで神聖ローマ皇帝に対して保っていた優位を放棄せざるをえなかった。

一六六二年にふたたびはじまったハプスブルクとの戦いでは、オスマン軍はハンガリーに侵攻し、難攻不落といわれたウイバル城塞を占領し、「ウイバルの前に立つトルコ人のように」強い、ということわざを生んだ。六四年に締結されたヴァシュヴァールの休戦協定ではウイバルとベオグラードの城塞を獲得した。その後も、一六六九年にクレタ島を征服し、七二年にはモルドヴァ（現ルーマニア東部）をめぐってのポーランドとの戦いの結果締結されたブチャス和約によってポドリア（現ウクライナ西部）をポーランドから獲得した。その結果オスマン帝国のヨーロッパ領土は、むしろこの時期になって最大となったのである。

しかし、一六七六年に大宰相となった野心家のカラ・ムスタファ・パシャはウクライナ問題をめぐって出兵し、バルカンを目指して南下しつつあったロシアと干戈《かんか》を交えた。これがその後幾度となく繰り返されることになる露土戦争の嚆矢となった。カラ・ムスタファの野心は、スレイマンが果たせなかったウィーンの征服であった。一六八三年、かれはウィーンに向けて進軍し、七月に包囲を開始した。しかし、このころのウィーンは、もはや昔日と違って堅固な城塞都市となっていた。包囲は、ウィーン市民の果敢な抵抗もあって六〇日間におよんだ。この間にヨーロッパ諸国はローマ教皇の斡旋によりオーストリア人、ドイツ人、ポーランド人による十万の軍隊を編成し、オスマン軍との戦闘に経験の深いポーランド王ヤン・ソビエスキがこれを指揮していた。この軍の急襲をうけてカラ・ムスタファのオスマン軍は撤退を余儀なくされた。ここに、オスマン帝国による二度にわたるウィーン包囲はついに実を結ぶことはなかったのである。

一六八四年にローマ教皇の主唱によって、オーストリア、ポーランド、ヴェネツィアなどとのあいだに反オスマンの神聖同盟が結成されたこともあって、その後もオーストリアとの戦いは長く続いたが、オスマン帝国の劣勢は覆しがたく、ついに一六九九年にベオグラード北西の町でオーストリア、ヴェネツィア、ポーランド、ロシアとの間で結ばれたカルロヴィッツ条約で、ハンガリー全域と、トランシルヴァニア、クロアティア、スロヴェニアがオーストリアに、ダルマティアとモレア（旧ペロポネソス）半島およびエーゲ海上の諸拠点がヴェネツィアに、ポドリアとウクライナ南部がポーランドに、アゾフ海からドニエストルまでの領土がロシアに、それぞれ割譲された。この条約によって、中・東欧におけるオーストリアの覇権が確立し、さらにオスマン領をめぐる争いにロシアが登場したことは、一八世紀後半以後の国際関係においてオスマン帝国としては重い足かせとなったのである。

このように見てくると、オスマン帝国の対外政策や帝国内部の動向などを見極めることなしに、ヨーロッパの「近代への道」を理解することはできないことは明らかである。オスマン帝国がその弱体化を露呈し、その領土の分割をめぐる西洋諸国の争い、すなわち「東方問題」が浮上するのは、まだ一〇〇年先、一八世紀末のことである。

サファヴィー朝との攻防

一方、東方ではこの時代、サファヴィー朝はシャー・アッバース一世（在位一五八七〜一六二九）のもとで、その首都イスファハーンが「世界の半分」といわれる繁栄を謳歌していた。その基盤のひとつが前章で紹介したカスピ海沿岸地方の絹の輸出であった。このサファヴィー朝との間でもタブリーズやバグダードの領有をめぐってしばしば戦端が開かれた。たとえば、一六二四年にはサファヴィー朝軍がオスマン帝国領のバグダードを奪いメソポタミア平原を支配すると、オスマン帝国のムラト四世（在位一六二三〜四〇）は三八年にみずからバグダードに親征し、ここを再征服したが、その背景には絹貿易をめぐる利害がからんでいたと思われる。結局サファヴィー朝との間には一六三九年のカスレ・シーリーン条約で両国の国境が確定し、イラク地方はオスマン帝国の領有するところとなった。だが、その後も一八世紀の半ば近くまで、サファヴィー朝とはたびたび戦端が開かれ、イスタンブルの中央政局にも微妙な影響を与え続けた。

第三節オスマン経済の発展

人口の増加と定期市網の拡大

スレイマン一世時代の平和は急激な人口増加をもたらした。かつてフェルナン・ブローデルが提起した「長い一六世紀」における地中海の人口倍増論を、検地帳の分析によって検証したトルコの経済史家ルトフィ・バルカンは、オスマン帝国の一六世紀を通じての人口増加率を四〇〜六〇％、都市部に限定すれば七二％という結果を報告している。すなわち、一六世紀前半のおおよそ一二五〇万人に対して、同世紀末には二二〇〇万人に増加している(6)。一方、イギリスのオスマン朝史家マイケル・クックは、アナトリアにおける一六世紀の人口増加が、後半になってようやく一つの圧力として作用し始めたことを確認し、こうした人口増加の結果、農民の耕作地が不足し、それが社会的圧力となって、農民の都市への移住などの社会変

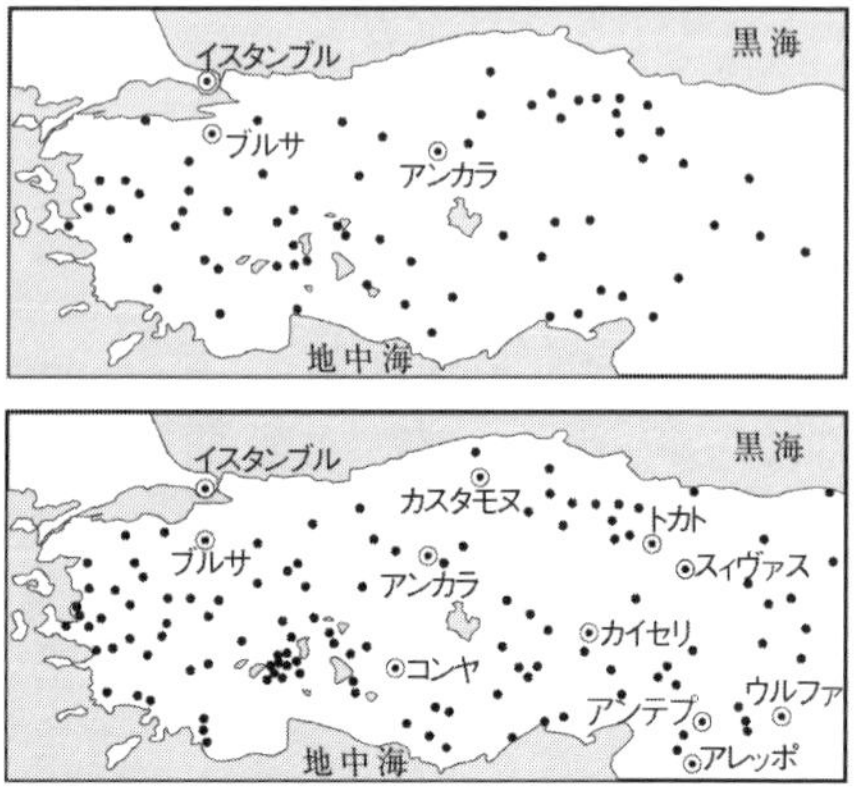

図6-1　定期市の増加
上：16 世紀前半，下：16 世紀後半

動の契機となったと主張した(7)。その結果、政府は首都への移住を阻止する政策に転じたが、移住の波は引きも切らず、失業や社会不安が広がった。

しかし、その反面、地方の都市や定期市が増加し、それを目当てに市場向け農産物の栽培がおこなわれるとともに、手工業も発展した。上の図6-1は、一六世紀の前半と後半におけるアナトリアでの「定期市（バザール）の開かれる都市」の数の増加を可視化したものである(8)。さて、一七世紀のオスマン帝国では、都市の数が増え、各地で市場向け農産物の栽培がおこなわれ始めていた。また、農業・畜産品を原料にする手工業も各地で発展を見せている。それらは、地方都市の商人たちによって取引され、国内市場を結んだネットワークを形作っていた。こうした農業後背地を擁する都市間のネットワークは、イスタンブルへの食糧供給を目的とした官製のネットワークとともに、オスマン帝国内の経済的統一性を保証する役割を果たした(9)。

すでに述べたように、新大陸銀がイスタンブルに急激に流入したのは一五八〇年代で、それが一五八四年の急激なインフレにつながり（上巻第五章参照）、給料生活者である近衛軍団の反乱と社会不安を引き起こしたことは事実であるが、一五五〇年代に物価上昇の傾向はすでに明白に現れている。こうした事態は一般民衆の不満を増大させ、スレイマン一世の晩年である六〇年代の初めからすでにその王位継承争いという形をとった民衆運動が起こっていた(10)。つまり、一六世紀中葉以後のこうした社会変動の推移をみると、一六世紀後半以後顕著になり、オスマン帝国史を新たな段階に導く要因を、新大陸銀の流入だけに安易に結びつけるのは正しくないといえよう。とはいえ、「大交易時代」の開始により前章で述べたインド洋から地中海につながるグローバルな交易時代の一角を担った「アレッポ交易圏」においてオスマン帝国がその中継役を果たしただけでなく、帝国自身が巨大な消費地として機能した。そして、すでに顕在化していた帝国の貨幣経済の活性化と土着産業の発展とを促進させ、日本、中国、東南アジア、そして西ヨーロッパ諸国のような大きな変動をもたらしたわけではないが、やはりスレイマン一世の時代までに完成されたオスマン帝国の古典的な体制を動揺させ、「オスマン的近世」の形成・発展という新しい時代へ向かっての歴史の流れを促進する一因となったのである。

ただし、オスマン帝国の経済にとって外国貿易は、輸出も輸入もいわば宮廷の需要を背景とした「奢侈品」の交易であった。たとえば、一五四七年に元イエメン州知事ムスタファ・パシャがイスタンブルに戻ったときスルタンへの贈り物としたインド起源の高価な布地類があげられるが、そうした奢侈品は、帝国の経済全体にとって決定的な影響力を持つものではなかったと考えられる(11)。

国内市場の成長

中東地域は、はるか以前から織物の中心地の一つであり、オスマン帝国においてもその点には変わりがなかった。そもそも「コットン」という英語の語源からしてアラビア語なのである。また、現在では石油の生産地であるがゆえに、国際紛争のまっただなかにある北西部イラクのモースルはヒッタイトの昔から織物の町として知られていた。現在「モスリン」の名で知られるこの高級織物の原産地がモースルなのである。また、「ダマスク織」の名とともに知られるシリアのダマスカスは、日本では緞子《どんす》の名で知られる絹織物で、これを英訳すると「ダマスク」となる。さらに、アンカラのアンゴラ山羊のふさふさした毛で織られる「モヘア」は、一八三一年に南アフリカのアンゴラにその名もアンゴラ・ヤギを飼育することに成功して技術移転がおこなわれるまで、トルコのアンカラの特産物であった。イナルジクによれば、アンカラ―ベイパザル間の村々のモヘアはフリュギア時代（アナトリア西部に前七〇〇年ごろまで栄えた王国で、首都はゴルディオン）にまで遡るという。ブルサへは毎年平均五〜六のイランのキャラバン隊が来て、一〇〇万ドゥカートの価値を持つ、すくなくとも一二〇〇ユク（約一〇〇〜一二〇トン）の絹を持ってくる。これらは、当時一〇〇〇台の絹織り機で大部分が織られた。ブルサではイランの絹だけでなく、アラブとインドの香辛料、薬、染色の重要な市場でもあった。これらはメッカ―ダマスカス―アレッポ経由で来て、エディルネ経由でバルカンへ、ハンガリーへ、ポーランドへ、そして北方の国々へ再輸出された(12)。

一方、アクサライ、ギョルデス、クラ、ウシャクは絨毯で国際的に有名であった。当時のヨーロッパでは、アナトリア産の絨毯は舶来品で、東方との貿易で、巨利を得ていたフッガー家やヴェネツィア商人の隆盛の一端を支えていたと言われ、また王侯貴族の財産目録の中にこれらトルコ絨毯がしばしば記録されているという(13)。

この時期オスマン帝国では、アナトリア各地で織られた織物は、とくにイズミルからヨーロッパに向けて輸出された。イナルジクによれば、「ヨーロッパ、とくにマルセイユへの輸出の最大のものである綿織物の最大の生産地と輸出地はイズミルであった。一八世紀初頭にイズミルからマルセイユへの輸出は三〇〇万フランのような巨大な金額に達したことは、重商主義を追求するフランス政府を困惑させた。マルセイユの商工会議所資料に基づいてP・マッソンと日本の深沢克己はイズミルそして南東アナトリアから大量に輸入される白と青の厚い綿織物がスペインに再輸出されたこと、スペインはこれをさらにプランテーションで働く奴隷たちに着せるためにアメリカのコロニーに送ったことを述べている。後、同じ青い綿織物がアメリカ合衆国の南部諸州の綿花農場で働く奴隷に着せるために利用された。ブルー・ジーンズを染める青の染料であるインディゴは、すでに一五世紀の段階でオスマン帝国の最重要な輸入品となった」(14)。

このように、一六・一七世紀以降のオスマン帝国は、商品経済の進展が広範にみられ、オスマン領各地に地方経済の中核となるような都市が成長していったのである。前章で述べたアレッポ交易圏の活況とも関連して、いわばその後背地に位置するアナトリア諸都市の産業の活性化につながった例を、南東アナトリアの古都ディヤルバクルと中部アナトリアのトカトの町を例として取り上げよう。

ディヤルバクルは、アレッポの北東、ティグリス川の上流に位置し、ここから筏(ケレキ)を用いてバグダードとバスラに接続するとともに、一七・一八世紀にはイランのタブリーズを出発してアレッポに向かうふたつのキャラバン・ルートの終結点として重要な位置を占めていた。この町の歴史は古いが、オスマン帝国時代にはディヤルバクル州の州都であった。人口は、一五一八年に一万二〇〇〇人強、一五六四年に二万三〇〇〇人、一五八〇年ころは二万八〇〇〇人というデータがあるが、あくまで目安である。

ディヤルバクルの主要な産業は織物業で、とりわけアカネによって美しく染色された「シャファルカニ」(トルコ語はキルバース)と呼ばれた綿布が有名である(15)。深沢は、ディヤルバクルの更紗製造は一七世紀から知られており、その製品はアレッポからマルセイユに向けて間断なく輸出されていた。これは綿布の優良さと染色の美しさで知られ、そのマルセイユ向け輸出貿易は一八世紀に著しく発展を遂げたという(16)。

中部アナトリアのトカトもまた、今日に至るまで捺染で知られた土地柄である。その人口は一六世紀の初頭に七、八〇〇〇人であったが、一六世紀の第三四半期に一万三〇〇〇人以上、一六四〇年代には一万五〇〇〇〜二万人に達したという。トルコの経済史家メフメト・ゲンチによれば、「ハンガリー語で「トカト」とは捺染を意味する。西アナトリアとアナトリア各地から原料を調達して一六世紀後半にはじまったトカトの綿織物業は糸から始まり、綿布、染色、捺染のすべての工程を持っていた。この工程における地域内の分業に関する研究は存在しないが、いまのところ、糸と織布の分野は近隣の小さな町と村でおこなわれたと考えられる」と述べている(17)。トカトの織布と更紗はクリミアやロシアのほかヨーロッパ各地へも輸出されている。先にあげた深沢の更紗に関する研究から判断すれば、トカトの捺染技術もアルメニア人の手によってイラン経由でインドから移植されたと思われる。

ふたたびゲンチの研究に戻れば、トカトの発展はアナトリアの交通路の交差点の一つだったことに関係する。イランからくる絹キャラバンはトカトに来て、そこから黒海諸港へ、西方のブルサ、イズミル、イスタンブルへ行く。シリアとバグダードから来たキャラバンも皆トカトへ来る。トカトの繁栄は一八世紀に頂点に達した。

第四節　官僚制国家としてのオスマン帝国

デヴシルメ出身者からオスマン官人へ

メフメト二世時代以後、スレイマン一世のもとで中央集権体制を整えたオスマン帝国の支配を支えたのは、第三・四章で述べた「デヴシルメ」出身者を中心とする多様な人材であった。しかし、一七世紀に入ると、デヴシルメはほとんどおこなわれなくなり、しだいに、ムスリムとして生まれ、自由人として成長した人びとが帝国の屋台骨を背負って立つ時代になっていく。かれらのなかには、デヴシルメ出身者の子供の世代、あるいはさきに述べた人口増加・都市の拡大・市場経済の発達といった社会変動のなかで、それぞれの仕方で獲得した経済力やコネを媒介として新たに参入した人びとが含まれていた。ただし、デヴシルメが体現していた「スルタンの奴隷」という立場はかれらがスルタンや宮廷と関わりを持つ限りではなお持続していたことも忘れられてはならない。かれらは党派を形成し、しばしば宮廷やハレムを巻き込んで激しい権力争いを繰り返した。こうした新しい軍人・官僚は、かつてのデヴシルメ官僚層をも含めて、「オスマン官人」と呼ばれた。かれらは、トルコ語で「オスマンル」と呼ばれたが、要するにオスマン帝国の軍人、書記、ウラマーたちが「オスマン帝国に仕えるもの」として意識し、用いた表現である。血統的な意味での民族的出自は問題にならない。オスマン帝国の職にあり、イスラム教徒であり、オスマン的教養を身につけている事などがその条件であった。

オスマン帝国の成立以来、たえず成長をとげてきたオスマンルの各勢力は、一六世紀にはようやく自己再生産できるだけの厚みを持つに至る。人材供給を支配層外部からの不定期の供給や、少数の名家に頼っていた時代は一六世紀から一七世紀にかけて克服されていく。デヴシルメの廃止やさまざまな分野での子弟・用人の採用、ウラマーの世界における任官制度の発展などがそのあらわれである。オスマン帝国政府に依存して生活するこうした中央の軍人・官僚層の充実に伴って、かれらの政治における発言力とオスマン王家に対する相対的な自立傾向が強まっていくのである。支配層の有力者は自分の家に用人（カプ・ハルク）を多数抱え、このなかから人材を中央政府にも送り込むようになっていった。有力者同士は、官職、出身地、神秘主義教団などの多彩なネットワークで結び付いていた。しかし、政府の職は恒久的なものではなかったから、官職を巡る抗争が熾烈を極めたのである。

こうした集団の形成は、特定の制度的枠組みをもって形成されたわけではないが、有力な党派の長である軍人政治家たちの動向で政治が決まるまでになった。官職への任官は、多くの場合、有力者による推薦や党派政治の力関係で決まった。こうした、オスマン官人の世界で、大宰相に次ぐ要職である州軍政官は、多くの家臣団を抱えていたから、かれらを養うためにさまざまな経済活動に手を染めている。たとえば、一六三九年五月にバグダード州の軍政官に任命されたデルヴィシュ・メフメト・パシャ（一六五五没）という人物は、インドおよびイランとの交易に加えて、金融業、バグダード近郊の沼地の干拓による農地の開墾、都市商工業への進出によって莫大な富を蓄え、多数の家臣団を養ったことでつとに知られている。かれは、一六五三年に大宰相に任命されている(18)。この人物のキャリアが示唆しているように、オスマン官人の台頭の背景には、一六世紀の「パクス・オトマニカ」の平和のもとで実現した市場経済の進展、都市の発達といった時代背景があったことは間違いあるまい。

ハレムを巻き込んだ権力闘争

オスマン官人たちの間で繰り広げられた権力闘争は、スルタンやハレムを巻き込んで展開されたから、ハレムの政治への干渉が著しくなった。これもまた、従来の「衰退論」を補強していた。この傾向を代表するのが、ムラト四世（在位一六二三〜四〇）の生母であるキョセム妃であろう。ムラト四世が二九歳の若さで急逝すると、その後継者は、のちに「デリ」（気の狂った者の意）と渾名される弟のイブラヒム（在位一六四〇〜四八）しか存在しなかった。このころは、「兄弟殺し」の悲惨さを回避する手段として、アフメト一世（在位一六〇三〜一七）が、王子たちを宮廷の中にとどめ、地方に行政官として派遣しなくなった時代である。この制度は後世「カフェス（鳥かごの意）制」と呼ばれているが、この幽閉制がとられるようになると、一族の年長者（多くの場合前スルタンの弟）が帝位を継承するようになる。これによって、オスマン家内部でのライバル出現の危険も未然に回避された。

イブラヒムの治世中に宮廷を取り仕切っていたのは母親のキョセム妃であった。イブラヒムに残された唯一の役目は男の子を生んで王家の子孫を残すことであった。しかし、それがなかなか実現しないことから、王家の血筋が断絶してしまうことを恐れた高官たちの中には、その場合にはクリミア・ハン国の王族の一人を候補に立てようという意見があった。そうだとすれば、「近世のオスマン帝国」は、一面では中央ユーラシア型国家からの「脱却」の過程である反面、他面では、この伝統がなお継続しているのをみることができる。

イブラヒムは結局、三人の息子を残したからオスマン王家の血筋は保たれた。しかし、かれの宮廷にはいかがわしい祈禱師が出入りして政府高官の地位を得たりしたから、能力のない取り巻きたちの行動に業を煮やしたウラマーや軍人政治家たちの合意により一六四八年にかれは廃位され、その直後に宮廷の一室で、絞

図6-2　今日に残されている「バーブ・アーリー」の一つ
筆者撮影

殺された[19]。この間に、反キョセム派がメフメト四世（在位一六四八～八七）のもとに集まり、キョセムはかれらによって捕らえられ処刑された[20]。

このように、一六世紀後半から一七世紀半ばにかけては、スレイマン一世の王子バヤズィトとセリム（二世）とのあいだの王位継承争いにはじまり、一五八九年の常備軍団員の反乱、一五九〇年代から一六〇八年にかけて東アナトリアからシリアにかけて続発した「ジェラーリー諸反乱」（中級・下級の軍人に率いられた没落スィパーヒー、農民、遊牧民の反乱）、さらに一六二二年にはオスマン二世の殺害にいたる「イェニチェリの暴動」といった具合に政治的混乱が見られた。これらの政治的・社会的混乱もまた、かつてはオスマン帝国衰退論の有力な根拠とされていた。

一六五六年に老練な政治家キョプリュリュ・メフメト・パシャ（一六六一没）が大宰相に任命されることによって、ようやく政治的混乱は治められることになる。ボスニア地方出身のクロアティア人あるいはアルバニア人といわれるかれは、イスタンブルの宮廷で教育を受けたのち、八〇歳前後の高齢で大宰相に任ぜられると、まず、イスタンブル市内で大きな影響力を見せていたカドゥザーデ派と呼ばれる一種のイスラム原理主義集団や敵対する軍人集団を粛清して権力を掌握した。かれの息子たちも相次いで大宰相として帝国運営のかじ取りをしたことから、「キョプリュリュ時代」といえる一時期を築き、オスマン帝国を再興した由緒のある家系として今日まで存続している。

この間政治の中心は、いつしかトプカプ宮殿をはなれて、大宰相府へと移り、その正面入り口の「高き門」、すなわち「バーブ・アーリー」（仏語シュープリーム・ポルト、しばしば略してポルト）がオスマン政府そのものを示す言葉となっていった。このように、一六世紀半ば以降のオスマン帝国の官僚機構の担い手は、大宰相を頂点とするオスマン官人たちであったから、そこに今日まで残された数億点といわれる膨大な数のオスマン・トルコ語文書の存在は、多数の書記官僚群の立ち働く姿を彷彿させるとともに、こうした「組織の帝国」を支える文書主義ともいえるオスマン帝国の性格の象徴でもあった。これもまた、モンゴル帝国の「文書主義」を彷彿とさせる。

ウラマーのイルミエ組織——変容と発言力の拡大

第四章で紹介したように、一五三七年にマドラサの教授職やカーディー職のための任官資格（ミュラーゼメト）制度を発足させて以来、ウラマー層もイルミエ（序列）組織として自律的な官僚機構の性格を獲得する。帝国各地からシェイヒュルイスラムやカザスケルの下に、姻戚関係などの縁故を頼りに官職を得ようとする者たちが殺到するようになり、なかにはウラマーとして不適格な者が散見するなど、マドラサが上位の官職のウラマーと保護者—被保護者を結ぶ利害の場となり、その結果、学問探究の場というよりは官職を求めるための場に変容していった面がある。そのために「イルム〔学問〕ではなく、官職を貪欲に求める」(21) ウラマーの堕落ぶりを糾弾する声が上がった。

しかしながら、一方では、イスラムを統治理念としたオスマン帝国支配の正統性を保障するウラマー官僚機構の整備・発展は、スルタンの恣意的な専制支配を掣肘する役目を果たしたことも事実である。一五八〇～一八二六年間のオスマン帝国史を、「第二のオスマン帝国」と呼んで注目されているB・テズジャンは(22)、イギリスの名誉革命の前年、すなわち一六八七年一一月八日の朝早く、オスマン帝国の指導的なウラマーたちがアヤソフィア・モスクに集まりメフメト四世の廃位を要求する軍隊と最終的に話し合った際に、シェイヒュルイスラムが、集まったウラマーたちに向かってスルタンは廃位されるべきか否かを問うたとき、アナトリアのカザスケルが最初に肯定的な返事をしたことを指摘している。加えて、テズジャンは、この人物の父は一六四八年にメフメト四世の父であるイブラヒムの死刑を合法化する法的見解（ファトワー）を出した人物であることなどの事例を提示すること、および民衆と一体化したイェニチェリ軍団とウラマー層とが主役を演じたことによって、オスマン的な絶対主義と立憲主義との相克に「第二のオスマン帝国」期の特徴を見出している(23)。

一方では、正統的な信仰に対する意識の高まりが、宗教的な引き締めへとつながり、従来の「寛容」の度合いに影を投げかける側面もあった。たとえば、一六二三年に即位したムラト四世は市場経済の発展によって変容を遂げつつある社会に対して、コーヒー、タバコ、酒の禁止などの綱紀粛正政策を実施することによって、国内秩序の回復を実現することに努めた。そうした風潮のなかでカドゥザーデ派が、スンナ派イスラムの慣習に忠実であるべきことを主張し、多宗教の混在するコスモポリタンなイスタンブルの町に、これまでなかった宗教間の緊張をもたらした。こうした正統派信仰に対する意識は非ムスリムへの改宗への圧力としても作用した。その鋒先はバルカンのキリスト教徒や宮廷内のユダヤ教徒医師たちや、さらにユダヤ教徒の間でメシア運動を展開し、この世の終末と救済とを説いて広範な支持を得ていたサバタイ・ツヴィにまで及んだ。

このサバタイ派はユダヤ教徒たちの間では異端派として世界的に知られるメシア運動である。運動は、やがて地中海貿易で急激に台頭し、アレッポと双璧のレヴァント貿易の拠点に成長したイズミルにおいて高揚した。その後、オスマン官憲に逮捕されたツヴィは、イスタンブルへ送られ、スルタンの監視のもとにシェイヒュルイスラムによる尋問を受け、最後にイスラムに改宗した(24)。かれに従って改宗した支持者は、トルコ語で「ドョンメ」(改宗者)と呼ばれている。改宗を余儀なくされたとはいえ、かれのような人物が、殺されることもなく、最後に釈放されたのは、異端審問の歴史を持つキリスト教社会では考えられないことではなかろうか。

カドゥザーデ派の台頭は、スンナ派イスラムの諸慣習の墨守を主張したから、エビュッスウードの寛容なハナフィー派法学理解に慣れ親しんできたコスモポリタンな首都イスタンブルにおける保守主義の台頭として理解される面があった。この運動は、先に名を挙げた大宰相キョプリュリュ・メフメト・パシャによって弾圧されたが、約半世紀のちの一七〇三年のエディルネ事件のときにも、この派の残存勢力というべき下級のウラマーたちが「イスラムの正義」をかかげて大衆を扇動してその先頭に立ったという。

第五節　ティマール制の変質

軍事組織の変容――騎射から火薬の時代へ

レパントの海戦以後、オスマン帝国がただちにヨーロッパから撤退したわけではないことはすでにみたとおりである。しかし、その後もオーストリアやイランとの間で断続的に続いた戦争は、やはり帝国の軍事・国家体制、そして社会に大きな影響を及ぼした。一般に一六～一七世紀のヨーロッパは「軍事革命」の時代といわれている。一七世紀になって大砲は小型化し機動的なものに改良されていたにもかかわらず、オスマン帝国はコンスタンティノープルを攻め落とした時の「巨砲」の味が忘れられず、いまでは役にも立たない巨砲に固執していたことがヨーロッパ諸国との戦いに敗北した原因であるというような現場からの報告もある(25)。だが一方でオスマン帝国は、一六世紀末のオーストリアとの戦争が始まるとすぐ、オーストリアの新技術を模倣して戦場で活用したという面もある。「軍事革命」とは、イタリア式築城術の導入、鉄砲の改良とそれを操る歩兵軍の充実、火器を使った攻撃を中心に据えた兵法の改良に求められる(26)。

一六世紀以降、騎馬兵も鉄砲を持つハプスブルク家の戦法に接し、オスマン軍の構成は、火器を用いる常備軍中心へと変化を余儀なくされた。火器の使用が普及したことで騎射を得意とする在郷騎兵スィパーヒーの役割は、後方の支援といったような二次的なものに後退した。このため、政府はイェニチェリの数を増やすとともに、スィパーヒーに対しては厳しい措置をとった。そのひとつの方法は、戦場で「点呼（ヨクラマ）」

を実施し、かれら本来の義務である出征義務を果たさぬスィパーヒーの「封土」の没収である。没収された「封土」からの税収は国庫のものとなり、その徴収は請負に出された。その徴収を請け負ったのは、いまや地方に進出したイェニチェリが多かったが、そのほかにも流動する社会の中で、なにがしかの富を手にした雑多な人びとがティマール「封土」へ参入した。このことを念頭に置くと、ティマール制騎兵軍団から歩兵軍団への重点の移行を、火器の発達という、技術的問題だけに重点を置くわけにはいかないことがわかる。

ティマール制下の「封土」は農業生産の監理と社会秩序の維持という本来の役割を失って、むしろ投機の対象となったとさえ言える。それには、上巻第四・五章で述べたように(上巻一六九頁参照)、ティマール制が本来貨幣経済を前提としており、「封土」といっても農地だけを意味しているのではなく、スィパーヒーと農民との社会関係を示す水車使用税、結婚税、罰金税といった税や、「上級封土」の場合は都市諸税をも含む、いわば「生計・収入」を意味する「ディルリク」の徴税権を与えられた制度であったという、その性格に深く根ざしている。つまり、中央政府は、「ディルリク」を一定の領地としてではなく、一つの「収入」と考えていた。この点は、「小農帝国」とはいえ、自給自足的イメージでは捉えられない、商業の盛んな中東に位置するオスマン帝国自身の性格にも由来する。

政府は、それでもなおティマール制を廃止することはせず、これを存続させようと努力したから、ティマール保有者の名目上の数は、一五二七年の二万八〇〇〇騎から、一六三一年には三万七〇〇〇騎に増加している。この間、ティマール制はもはや軍団としての実質を失い、本来の戦士であったスィパーヒーたちのなかには、あるいは匪賊の群れに身を投じた者や、あるいは農民化していった者が少なくなかったと思われる。

一六〇七年に蜂起したアナトリアの反乱者カレンデルオウルは仲間に送った手紙の中で、オスマン王家はもはや圧政者以外の何者でもないと述べ、ユスキュダル（ボスフォラス海峡に面するアジア側の町）からこちら側、すなわちアナトリア以東の支配をオスマン家に諦めさせねばならないと、反オスマン感情を吐露している(27)。これは、オスマン政府の支配が、いまや正義（アドル）から圧政（ズルム）に転じている、つまりイスラムの正義から逸脱していると認識されたからに他ならない。と同時に、アナトリアとバルカンを区別し、オスマン王家をあたかもイスタンブル以西のバルカンを代表する存在と見ている心象が読み取れる点でも重要である。ちなみにカレンデルオウルはアンカラ近郊の農村に生まれた人物である。一方、スルタンも、臣民のそうした心情をよく理解していたと見えて、地方官などによる民衆への圧迫を禁ずる趣旨を盛り込んだ「正義の書（公正の書）（アダーレト・ナーメ）」と名付けた勅令をしばしば発布している。ここにいう「正義」の概念は、上巻第四章で詳しく論じたが、その起源が古代イランに遡る中東諸国家の君主観の象徴であると同時に、トルコ・モンゴル諸王朝の伝統における「慣習（トレ）」あるいは「禁令（ヤサ）」の理念でもあり、それがイスラムの中に取り入れられ、最初のトルコ系イスラム国家であるカラ・ハン朝、そしてセルジューク朝を経てオスマン帝国に受け継がれたのである。その実現のための場所として設定されていたのが、第四章で紹介した御前会議において臣民の嘆願を聴くという機能である（上巻一五一頁参照）。ただし、新しく即位したスルタンがおのれの公正な支配をアピールするために正義の書を発布することもあった。もっとも有名な「正義の書」は一六〇九年にアナトリアとバルカン全域に宛てられた包括的な内容を持つアフメト一世のものである。これは、徴税行為に名を借りた民衆への圧迫を厳しくいさめた内容をもつもので、離農を強いられた農民の土地がベイレルベイ（州軍政官）、サンジャク・ベイ（県軍政官）、イェニチェリ、ウラマーらによって「私有地化」されつつある状況を指摘し、土地国有原則の立場から、かれらによって買い集められた地券（土地証文）を無効とし、三年以内にその土地を農民の手に返すよう命じている(28)。このように、スルタンは臣民に対する「正義」を実現する主体であるという伝統的な役割をアピールしていたのである。

それでも、一七世紀を通じてアナトリアはなお治安不安が絶えることがなかった。というのも、すでに述べたように、ティマール保有者であるスィパーヒーの没落が進行し、これに代わって、地方軍政官の私兵団、規律の乱れたイェニチェリ、銃を扱える農民からなる傭兵（セグバン）などが、常に治安不安の要因をなしていたからである。政府としても、度重なる戦争のための経費、インフレによる物価の上昇、ますます増加するイェニチェリなどの軍人や書記官僚やウラマーへの俸給などのための財政に生じた赤字を補塡するために増税をおこなわざるを得なかったから、それが民衆への圧迫と捉えられたのである。

一方、イェニチェリ軍団の方もこの時期、急速に変わりつつあった。林によれば、イェニチェリの数はムラト一世時代に二〇〇〇人程度、ムラト二世時代に三〇〇〇人、メフメト二世時代に五〇〇〇人から一万人程度に増加し、スレイマン一世時代には一万二〇〇〇人から一万三〇〇〇人、そして一六〇九年には四万七〇〇〇人に急増している(29)。このように、スルタンの常備軍が爆発的に増えたのは、カイロ、バグダードをはじめ主要都市にはイェニチェリが派遣されたからでもある。かれらは、自身の利害を主張し、自己再生産の可能な「社会グループ」に変容しつつあった。その結果、妻帯の禁止は影を潜め、兵員の子弟や親戚縁者が採用されるとともに、兵員の身分が世襲化し、特権化したからである。かれらは、新しいスルタンの即位などに際してボーナスの支給を要求し、受け入れられないと見るや「大鍋をひっくり返す」という象徴的な行為によって不満を表明した。

イェニチェリ軍団のこうした変容の原因は、第一にイェニチェリの子や親類縁者、さらには流動化する社会の中で、なんらかの形でこの軍団にもぐりこんだ人間も多数いたと思われるからである。というのは、本来は、イスタンブルの兵舎で暮らしていたかれらも、やがて町の中で暮らし、結婚して商工業に進出するような時代になっていた。かれらは、とくに皮なめし業、大砲製造、馬具製造など軍に関係するような手工業の発展に貢献したといわれている。また、市中の治安の維持と火消しの役もかれらの仕事であった。その結果、かれらはいまや、スルタンや政府に対して都市民の世論を代表する存在となっていた。同時に、商工民の側からも、なんらかの形でイェニチェリ軍団員の資格を獲得した者も少なくなかったに違いない。こうしてイェニチェリと商工民は、いまや事実上渾然一体化した。こうした状況の中でイェニチェリはスルタンの支配に対する民衆の反感や抗議の声を代弁する存在となっていったのである。たとえば、従来は単なるイェニチェリの暴動と位置づけられていた一六二二年のオスマン二世の廃位、そして殺害事件は、専制君主としての己を誇示しようとしたスルタンの権威を掣肘する「民意」を代弁したものであるといったニュアンスで説明するのが、最近の傾向である(30)。

一方、ティマール制が衰退していくにつれて、地方の警備体制を強化する必要が生じたため、イェニチェリ軍団は地方にも駐屯するようになった。林が示したあるデータによると、イェニチェリ全体の三割から四割が地方の都市や城砦に配置されていたという。かれらは駐屯した社会に定着していった結果、ティマールを与えられたり、徴税の下請負人になるなどの副業を得たりして、次第に地方の有力者になる者もあらわれた。時代は下るが、私が調査した一七六二年から一八五二年のサライェヴォの「イスラム法廷記録」七六冊の中に記録されている住民の「遺産目録」の総数五四七〇人（男性三四九二人、女性一九五八人、キリスト教徒四一三人、ユダヤ教徒二人）のうち、人名の前に何らかの称号ないし尊称が付されているムスリム住民二四一一人のうち、イェニチェリであると思われる称号をもっている者は約六一％を占めており、ムスリム男性全体に対する比率は約二七％である。そして、これらイェニチェリたちの職業をみると、たとえば、この軍団の一兵卒とおぼしき「ベシェ」の称号を持つ者の中には、皮なめし職人、ブーツ職人、鋳掛屋、染色職人、馬具職人、コーヒー店主、パン屋など町の中流層にあたる普通の都市民の名が見える。つまり、かれらは軍人としてこの町に配置されているというよりは、商工民でありながら、この軍団の名簿に名を連ねることによって税金の支払いを免れようとしている者のように思われる。というのも、一七四〇年に政府はイェニチェリ株の売買を公認し、富裕な都市の職人、商人たちがこれを購入したからである。このようにして、イェニチェリと市民の一体化はさらに進んだが、かれらは、その代償として、かれらの一部は戦争に駆り出されて戦死している。ちなみに、一八二六年にイェニチェリ軍団が廃止されると、サライェヴォでの「ベシエ」の「称号」は突如として消滅している(31)。

新規諸税の導入

一六世紀後半以後、オスマン官人層や常備軍団員の増加、インフレなどが政府の財政をひっ迫させつつあったが、それが初めて赤字を計上したのは一五八一年であるといわれている。このような状況の中で、すでに指摘したように、新大陸銀の流入によって、一五八四年に銀貨の流通価格は金貨との交換比率において約半額に暴落したこともあり、政府は一五八九年に銀の含有率を減らした新銀貨を市場に出した。貨幣の改悪である。しかし、この銀貨で俸給を支給された常備騎兵（六連隊）の大暴動が一六〇三年に発生し、財務長官の首が飛ぶ事態が発生した。

貨幣の改悪といった姑息な手段ではもはや財政の悪化を回避できないことを悟った政府は、折しも一五九三年に始まったオーストリアとの戦いに莫大な費用（現金）を早急に調達する必要に迫られて、すでに徴収されていた各種の「戦時特別税」に加えて「アヴァールズ税」と称する新たな税の導入に踏み切った。その徴収方法として、これまで存在しなかった「アヴァールズ戸」という架空の「納税戸」なるものを設定して、これをこの税の徴収のための基本単位としたのである。これは一定額の税の支払いが可能になるように、貧富の差に比例した数の複数の家を一つの「納税戸」にまとめたものである(32)。このほか非ムスリムへの「人頭税ジズヤ」も大幅に増額された。イスラム法は非ムスリムに対する一定の税率を定めていたが、インフレ率に連動してある程度政府が裁量することを認めていたからである。この税も、貧富の差により三段階に分けて税額が決定されるのが原則であり、その額がそれぞれ増額されたのである。すでに多くのティマール保有者層が没落し、また州軍政官や県軍政官たちの任務が短期化したり、出征による長期不在などの理由によって、ティマール制という制度的枠内では、もはや新たに設定されたこれらの税の徴収がスムーズに遂行できないのが実情であった。このため、これらの税は、ティマール制とは別に、カザー（郡）単位にまとめて課税され、徴収された。その結果、郡の行政を担うカーディーと、かれの主宰する郡政会議のメンバーである「アーヤーン」と呼ばれる有力者層の役割が一層重要となってゆく。カーディーは、とくに租税の割当てと徴収に責任を持ち、物価の統制、紛争の調停などをその主要な任務とし、郡内のギルド代表、やアーヤーンたちと相談して最終的採決を下すことができた(33)。多田守は、戦役への兵員の動員、徴税、そして治安の維持がティマール制に基づく方法から、カザー、すなわち郡を基本とした体制へと移行しつつある様相をアナトリア中部の郡を事例として明らかにしている。ただし、多田は、政府は最後までティマール制を維持することに努力を惜しまなかったこと、またこの過程で、軍人のみならず、銃を扱うことのできる農民や遊牧民が導入されたことは、同じ時期のヨーロッパ諸国にも見られる現象であったことをグローバルな比較制度史の視点から主張している(34)。一方、急を要する戦費を賄うために、これらの税はすべて貨幣によって徴収されたから、その徴収には請負制度が採用された。この徴税請負方式は、貨幣経済の益々の進展とともに進んだ租税の金納化にも負うところも大きかったため、一七世紀を通じてその適用範囲は、ほとんどすべての税の徴収に採用されていくことになる。

徴税請負制の普及

徴税請負制という制度自体は、世界史的に見れば、古代から二〇世紀初頭にいたるまで、世界の多くの国で見られた制度である。イスラム史上でも、この制度は早くアッバース朝時代から導入され、オスマン朝においてもその初期から存在した。しかし、とくに一五九三年にはじまるオーストリアとの長期の戦争による莫大な戦費調達の必要性が、税の金納化とそれに適した徴税請負制の採用とに踏み切らせたのである。そして、一七世紀を通じて見られた貨幣経済進展の結果、従来地域によってまちまちだった貨幣が統一され、グルシュと呼ばれた大型の新銀貨が市場に出された結果、イスタンブルからカイロまで同じ貨幣が通用するようになったこともこの制度の拡大に一役買っている。この制度は、「ムカーター」（「切り取られたもの」の意）の名で、様々な生業から生み出される税源をひとつの「徴税単位」としたうえで、競売、すなわちだれでも参加できる方法で、その徴収を特定の人物に請け負わせる方法である。

この制度は、最初は部分的に適用されていたが、一八世紀になると、ほとんどすべての税源に適用されるようになった。一六・一七世紀の段階では、たいていの場合、請負を望む者が「請願書」を提出するだけで十分だったようであるが(35)、一八世紀になると、首都イスタンブルをはじめ、カイロ、アレッポ、ダマスカスなどの大都市で、年度初めに当該年度の税源からの徴税権が公開で、競売・落札という方法で、私人（徴税請負人）に売却された。かれらが第一段階の徴税請負人である(36)。一七世紀の徴税請負制研究の第一人者であるリンダ・ダーリングは、競売にはだれでも参加できる、すなわち官僚、ウラマー、軍人、地方エリート、商人、富農、未亡人、遊牧族長、非ムスリム共同体のメンバー、そして奴隷さえ参加することができると述べている(37)。彼女はまた、従来ティマール制から徴税請負制への移行を帝国の中央集権支配の弛緩を象徴するものと受け取られがちであったのに対して、「中央集権的な徴税システムを新たに創出した結果、国家の歳入は増加を続けた」ことを明らかにした(38)。

一六九五年に発布された有名な勅令の文面によれば、短期間の徴税請負制度は、その期間中にできるだけ多くの利益を引きだそうとする徴税請負人による再生産を無視した過酷な収奪を招いたため、以後徴税権を生涯に及んで行使できる終身徴税請負制が採用された(39)。ただし、終身徴税請負制は、競売にかけられた徴税請負権の落札と同時に高額の「前払い金（ムアッジェレ）」を支払う必要があった。このため、終身徴税請負権を落札しようとする者の手には、短期請負以上の「資本」が必要であった。そのため、落札後の契約不履行を恐れた政府は、イスタンブルで最初に落札する者に保証人となるべき金融家を立てることを義務付けた。これらの金融家の多くは、ユダヤ教徒、アルメニア人、正教徒であった。アメリカのオスマン史家A・ザルツマンは、これらサッラーフ（両替商）たちの金融網には、地方の小サッラーフからイスタンブルの大サッラーフ、そして国際的な金融網といった階梯が存在したと述べている(40)。

オスマン政府は、当初この終身徴税請負制度の適用には慎重な姿勢を見せてその適用範囲を限定していたが、財政難の救済策であるこの制度は、やがてほとんどの税目に適用されるようになり、これが次節で述べる地方の名士、すなわちアーヤーン層勃興の大きな契機となった。従来は、それによって首都に住むエリートからなる第一段階の終身徴税請負人は地方に対する影響力を喪失し、逆にアーヤーンは、オスマン帝国の大原則である国家的土地所有を形骸化し、農民を過酷に搾取するなど、国家権力弱体化の原因となったと理解されてきた。しかしザルツマンは「イスタンブルを中心とするエリートたちは徴税請負市場の最も信頼できる、そして利益の多い部分を支配していた。彼らの帝国における終身徴税請負契約においてなされた全投資における割合は、一度たりとも六五％（一七三四年）を下回ることはなかったし、それどころか一七八七年には八六％に達した」と述べている。また「パシャ一家（カプ）を、単なる家族的絆だけでなく、

図6-3　17世紀前半のダマスカス州の徴税請負原簿の一葉　筆者撮影

同時に帝国の各方面に散らばっている、そして彼らの保護の元にある人びと、奴隷たち、配下の地方官たち、下請負人たちなどからなる広大な網の目に基づくひとつの「会社」と考えることができる」といい、これに対して、「どちらかというと家族関係に基づいて組織化された「アーヤーン会社」は、これらの契約が前提とした支払いを、あるいは個人的な資産、あるいは地域レベルでなされた負債によって支払った」と述べている(41)。とはいっても、徴税請負制はアーヤーン層にとっては最も重要な経済的基盤のひとつであることには変わりがない。

第六節　一八世紀前半の平和と地方有力者層の台頭

一八世紀前半の国際関係

一八世紀に入ると、ピョートル大帝（在位一六八二～一七二五）の改革により強国となったロシアが、不凍港を求めてバルカン半島へ南下し始めた。ポルタヴァの戦い（一七〇九年）でロシアに敗れてオスマン帝国に亡命したスウェーデン王カール一二世（在位一六九七～一七一八）の返還を要求したピョートルを拒絶したオスマン帝国は、一七一一年のプルート川の戦いでロシアを破り、ピョートルは危うく捕虜になりかけるなど、このころはまだ、オスマン帝国がやや優勢であった。一七一五年、オスマン帝国は、ヴェネツィアに奪われていたモレア（ペロポネソス）半島の奪還をめざしてヴェネツィアに宣戦布告し、短期間のうちにモレアを占領した。だが、この勝利はオーストリアを刺激し、一七一六年に両国は戦争に突入した。オスマン帝国は、ハンガリーのペトロワラディンにおいてオーストリア軍に敗北した。この間にアフメト三世（在位一七〇三〜三〇）の娘婿で大宰相となったネヴシェヒルリ・イブラヒム・パシャ（一七三〇没）はオーストリアと和平し、一七一八年のパッサロヴィッツ条約によってヴェネツィアからモレア半島を奪回したが、オーストリアへワラキア、セルビア、ボスニアの一部を割譲するという大きな犠牲を払わねばならなかった。このように、オーストリアとの関係は、ふたたび一進一退の状況ではあったが、パッサロヴィッツ条約締結後、ひさかたぶりに平和な時期を迎えた。

チューリップ時代

パッサロヴィッツ条約締結後の平和な時期を迎えたオスマン帝国では、オスマン官人による官僚機構はさらに発達して、一般行政および財務行政の両部門が十分に整えられた。このことが、従来のように徴税請負制の発達が中央政府による地方社会の把握を困難にしたという認識とは逆に、財務官僚が文書操作を通じて徴税請負業務を把握することによって、むしろこの制度を足場に勃興した地方名士（アーヤーン）層をも中央権力のもとにからめ取っていくことを可能にしたと言われている。また、ヨーロッパ諸国と同じ土俵で外交関係を取り結んでいく時代になったことにより、外交をよく理解する実務派の官僚も成長していくことになる。このようにして中央官僚層が実力を蓄えて行く半面、副都エディルネに宮廷のスタッフともども長く滞在して巻狩《まきがり》に明け暮れていたことから「狩猟者」の異名で呼ばれたメフメト四世と、かれに続く三代のスルタンたちは、イスタンブル住民の信望を失いつつあった。そのようななかでムスタファ二世（在位一六九五～一七〇三）が軍制改革を試みたことはイェニチェリの反発を招き、これにいまやイェニチェリと一体になった商工民、そしてとくにカドゥザーデ派と見られる原理主義派のウラマーたちが加わって大挙しエディルネに迫るという事件（第一次エディルネ事件）が一七〇三年に発生し、自分の一族を重用し、不正な蓄財をしたと非難されたシェイヒュルイスラムを殺害し、スルタンの退位をも勝ち取った。この事件は、たとえその真の目的が経済的・世俗的なものであってもイスラムの正義を掲げた運動を鎮めることが難しくなってきたことを示す点でも画期的であった。この反乱の過程で、「オスマン王家にかわり、より操りやすいあらたな「王家」をかつぎだそうとする議論すらみられた」(42)。事件後に即位したアフメト三世は宮廷をイスタンブルに戻し、反乱の中心にいたイェニチェリの司令官やカドゥザーデ派のウラマーを処刑させた。以後、アフメト三世はスルタンの権威を高めるべく努力を傾けた。

一七一八年のパッサロヴィッツ条約後、つかの間の平和が訪れた一二年間は、宮廷や高官の間でチューリップ栽培が流行したため、後世の歴史家から「チューリップ時代」と呼ばれた。チューリップはもともと西アジアの原産（異説あり）であったが、一七世紀のヨーロッパで投機的なブームを起こし、これがイスタンブルに逆輸入されて、宮廷や富裕層の間でブームを引き起こしたのである。この命名は、一七六八年に露土戦争が勃発するまでの、相対的に平和だったイスタンブルの繁栄を象徴するものでもあった。

この時代、アフメト三世と財務に通じた大宰相イブラヒム・パシャが率先した建築活動によって、久しぶりに首都として復興したイスタンブルの町には、繊細な植物文様と優美なシルエットをもつ「アフメト三世給水泉」（チェシュメ）や富裕な高官がボスフォラス海峡沿いに別荘を建てるなど、オスマン独自の建築や装飾美術がこの時代のイスタンブル文化を彩った。

その反面、「チューリップ時代」は宮廷や高官の華美な生活の裏で、物価が上昇し民衆の間には不満が渦巻いていた。その結果、一七三〇年に水兵あがりのパトロナ・ハリルという人物を首領とした暴動が勃発し、それは大宰相イブラヒム・パシャの首の引き渡しと、アフメト三世の退位とによって終結した。しかし、この事件によってイスタンブルの繁栄は終わったわけではなく、一七六八年にロシアとの戦争が勃発するまでなお続いていく。

地方名士（アーヤーン）層の勃興

アーヤーンの語源は「目」を意味するアラビア語の複数形の一つであるが、イスラム史上では、古くから、ある都市または農村、あるいはある時代、王朝、部族などの「有力者」といった、漠然とした意味で使われており、オスマン朝においてもそうであった（上巻第五章参照）。しかし、ここで用いられる「アーヤーン」の概念は、これとは一応別個のもので、一七世紀末から一九世紀前半にいたるまでオスマン帝国の地方行政上、カザー（郡）の行政を牛耳り、事実上「郡長」とでもいうべき権限をふるった人びとを意味する。さらに、郡レベルを越えて、サンジャク（県）あるいはそれ以上の地域を事実上支配下におさめたアーヤーンも現れ、研究史上は、むしろこれらの大勢力、すなわち「大アーヤーン」の中央政府や地域社会との関係が、一九世紀にはじまる「近代」を念頭に議論されている。

一六世紀後半以後、ティマール制が解体の度合いを強めるにしたがって、この制度が軍事ならびに徴税制度の根幹としての機能を果たせなくなり、また、アヴァールズ税などの新規の諸税の徴収が郡を基本単位としたことに加えて、兵士の戦役への動員や地域の治安維持の機能も郡単位になされるようになったことから、郡におけるアーヤーンの発言力が増すとともに、かれら相互の権力闘争もまた激しさを加えていった(43)。そうしたなかで、本来は地方法官（カーディー）の主宰のもとで開かれる会議の補佐役として加わっていた複数の名士（アーヤーン）のなかからただ一人の人物が補佐役として会議を取り仕切る「アーヤーン職」が自然発生的に成立した(44)。したがって、アーヤーン職とは、政府によって設けられた官職ではなく、住民の側から自然発生的に生まれた一つの官職である。こうして、アナトリアとバルカンの多くの地域においてアーヤーン職が一つの制度として事実上普及していった。ブルガリアのオスマン朝史家V・ムタフチエヴァは、一七四七年に現ブルガリアのヘザルグラード地方において、数人の地域のアーヤーンの中から住民がただ一人の人物を「そのカザー（郡）のアーヤーン」として任命した事実をもって、アーヤーン職制度成立の証拠と主張した(45)。アーヤーンに選出された者は、毎年カザー行政に要する費用を賄うためにおこなわれる租税徴収のための割当簿を作成し、それに基づいて徴収すること、それに加えて治安維持、戦時における軍需品、糧食、志願兵などの調達と輸送に携わることが主要な任務であった。そして、その任務の代償として「アーヤーン代」と称する俸給を租税割当簿に追加したのである(46)。

しかし、一方では、当時次第に拡大しつつあるヨーロッパ諸国との通商貿易路に近い、エーゲ海沿岸のイズミル、サロニカ（現テッサロニキ）、カヴァラ（現ギリシア）、あるいはドナウ川経由で中・東欧諸国との貿易で重要性を獲得したルスチュク（現ブルガリアのルーセ）などの地域のアーヤーンは、中央政府にとって無視することのできない大きな勢力を築くことになる。このように「大アーヤーン」は中央の政局に影響を与え、かつ広範な地域をその影響下におさめたのであり、研究史上注目されてきたのは、むしろ、かれら「大アーヤーン」である。たとえば、世界史上における「近世」概念適用の可否を問題提起したアメリカのジャック・ゴールドストーンは、オスマン帝国史家の研究を援用しつつ「この新しい階級〔アーヤーン〕は事実上私的土地所有者あるいはワクフ〔イスラムの寄進財〕の受託者であり、徴税請負と商業によって富を蓄積し、一八世紀の地方社会において政治的・軍事的権威を持った」と述べている(47)。私も同意見である。しかし、オスマン帝国史家のアーヤーンに関する最近の研究動向は徴税請負制による国家の側からのアーヤーン勢力掣肘の側面を重視し、むしろ「名望家の台頭が、オスマン帝国の国家システムの拡大や地方エリートのオスマン国家への統合のプロセスと同時に進行したものとして捉え」る方向で進められているという(48)。ただ、こうした研究では、もっぱらこの問題を「国家論」の立場から、すなわち上からのベクトルで論じられているように思われる。これに対してアーヤーンの問題を「地域社会論」として下からのベクトルで考える必要もあるのではなかろうか。これがこの問題における私の立場である。

アラブ諸地域の状況（一七〜一八世紀）

以上述べてきた状況は、中央権力の直接統治のもとに置かれたアナトリアとバルカンのケースであるが、アラブ地域のように緩やかな間接統治下に置かれた地方でも、帝国中央の動きに呼応して、同じように在地の有力者が台頭しつつあった。加藤博はそれを在地社会の成熟と評価しているが(49)、具体的には次のような事態が各地の実情に応じて進行していた。この辺の事情について簡潔に述べておこう。

まず、エジプト州では、一六世紀末以後、その多くがチェルケス人などのマムルークである「ベイ」と呼ばれる有力軍人が台頭した。一八世紀になると、イェニチェリ軍団のなかからカーズダグリーヤと呼ばれる集団が台頭した。この集団のリーダーは終身徴税請負権を集積し、それによる利益をイエメンのコーヒー豆交易に投資して巨万の富を蓄えた。その後、この集団のリーダーとなったのは「雲をつかむ男」の異名を持つアリー・ベイである。かれは義弟アブー・ザハブとのカイロでの戦いで一七七三年に敗死した。しかし、その後もカーズダグリーヤの自立化への策動はやむこともなく、ナポレオンによるエジプト侵略まで勢力を維持した(50)。

ダマスカス州、アレッポ州、トリポリ州といったシリアの山間部では、一六世紀にオスマン帝国治下に組み入れられて以来ティマール制が布かれ、イェニチェリが派遣されていたが、総督には、州や県の有力者が任命される傾向にあった。長谷部はこうした地方名家の台頭の背景には上に述べた徴税請負制の影響があったと指摘している。一八世紀のシリアで台頭したアズム家のイスマーイールは一七二〇年代にダマスカス州の総督職を手に入れ、以後一九世紀初頭まで、アズム家の人びとがシリア諸州の総督職を担い、「帝国の統治の有効な媒体として機能した」(51)。この一族は、イェニチェリ軍団を掌握して軍事基盤を固め、終身徴税請負権を集積し、穀物の投機で蓄財し、州都のダマスカスに豪華なアズム御殿を構え、メッカへの大巡礼の往還の安全を守護するダマスカス総督の任務を果たし中央政府の厚い信頼を得た。

イエメンでは、一六世紀末以降、シーア派の一分派であるザイド派の勢力が強まり、その支配下のモカは、花形商品であるコーヒー豆の積出港として繁栄した(52)。一方、長谷部は、一七世紀のオスマン帝国の東アラブ地域の支配は、イエメンを除けば、州総督やカーディー（地方法官）を中心とした帝国の支配は一七世紀を通じて安定していたと評価している。その反面各州の主都におけるイェニチェリの台頭と土着化が見られ、その結果、さまざまな要素を内部に取り入れて肥大化し、都市の商工民と一体化を強めたという。これはまさに首都イスタンブルにおけるイェニチェリの状況と対をなしているといってよい。

アラビア語で「西方」を意味する「マグリブ」すなわちエジプト以西モロッコ以東（今日のリビア、チュニジア、アルジェリア）の北アフリカ領については、一七世紀に入ると、アルジェリア州は海軍と海賊に代わってイェニチェリが優位に立った。州総督は中央から派遣されたが、一七一〇年以降「デイ」と呼ばれる有力者が州総督に任じられるようになった。チュニジア州では、一六二〇年代にコルシカ島出身の「ヨーロッパ人マムルーク」ムラード・ベイが州総督に任じられた。長谷部は、「こうした地中海圏のヨーロッパ人の軍事（解放）奴隷としての活用は、マグリブ諸州の特徴である。以後、ムラード・ベイの家系が王朝化し（ムラード朝）、一七〇二年まで州総督職を独占」したという興味深い事実を指摘している。長谷部はさらに「一七〇五年、チュニス州の騎兵軍を率いるギリシア系軍人のフサインが実権を握り、以後このフサイン家が州総督職を独占して王朝化した。これがチュニジア共和国誕生（一九五七年）まで続いたフサイン朝である」と言い、「こうした展開は、州政治の安定に主眼を置いた帝国支配の再編として理解すべきであろう」と総括している(53)。これはまさに、オスマン帝国支配の「緩やかさ、柔軟さ」の証左であろう。同じことは、リビアに成立したカラマンリー朝（一七一一～一八三五年）についても、さらにエジプトのムハンマド・アリー朝（一八〇五～一九五三年）についても言えよう。

以上、一六世紀末から一八世紀に至る「近世」に見られた地方社会の変容を、直轄地であるアナトリアとバルカンおよび遠隔地であるアラブ諸地域について、主として地方有力者層の勃興という側面に焦点を当てて述べてきた。「近世」という時代は世界史上の各地においても「有力者」＝「名望家」の台頭が見られた時代であるように、私には思える。たとえば、日本の「豪農」、朝鮮の「両班」、中国の「郷紳」、そしてイギリスの「ジェントリ」の名をあげることができる。オスマン帝国では、とりわけ直轄地であるアナトリアとバルカンに勃興したアーヤーンがこれらと比較しうる名望家に該当するように思われる。そこで以下に、そのための具体的なデータとして西アナトリアのマニサ（旧名マグネシア）地方を中心にエーゲ海東岸一帯を影響下におさめたアナトリア随一のアーヤーン家系であるカラオスマンオウル家を例にとって、具体的なデータを提示しつつ、上に名を挙げた世界史上の「名望家」との比較の材料を提示したい。ただし、この一族はアーヤーンのなかでも傑出した家系であり、いわゆる「アーヤーン」層の平均的な例とは言えないかもしれない。オスマン帝国に限って言えば、日本史のような「地方文書《じかた》」と言われる豪農家系が直接残した史料は存在しない。すべては公的な性格を持つ文書であって、カラオスマンオウル家ほどの一族であっても、ただの一片の史料も手元には存在しない。共和国時代になって、一族の方々が売却した農地（チフトリキ）の売買文書が数点あるだけである。したがって、以下に紹介する一族の歴史は、イスタンブルの「(旧)首相府オスマン文書局」、一族の本拠地であるマニサの「イスラム法廷」台帳が主たる史料である(54・55)。

第七節　アーヤーンの富と権力の基盤──比較名望家論への素材として

比較のための座標軸

以下に、カラオスマンオウル家を具体的な事例として取り上げるが、その前に比較をおこなうには、そのための座標軸が必要であろう。これを確定することは難しいが、私は、とりあえず、第一の座標軸は、名望家層勃興の共通項として、第五章で扱った銀の大流通が引き起こした「大交易時代」の経済・社会変動に象徴される一六世紀の世界史上の変動にその淵源があると考えている。第二は、名望家層のそれぞれの在地社会における経済的・社会的基盤は土地所有にある。ただし、オスマン帝国の場合は、耕作地はすべて「国家的土地所有」の下に置かれているのが大原則であったから、アーヤーンの所有するチフトリキ（大農場）といっても基本的には事実上の土地所有であった。とはいえ、このことは逆にスルタンによる財産の没収にもかかわらず、土地は私的財産と考えられていなかったから、没収の対象にはならず、次世代へと受け継がれたのである。第三は、地域の文化の担い手ないしはその伝承者としての側面である。

以上の三点を、国家権力と民衆の間をつなぐ存在としての名望家層のいずれにも共通する要素であると考えることができるのではなかろうか。ただ、トルコの場合、その文化の基底に「文字文化」よりも遊牧民としての「口承文化」の伝統があるからであろうか、アーヤーン一族の「家系史」といった文字史料はほとんど存在しない。私が一族の歴史を綴ることができたのは、ごく少数の一族出身の文人の文学的回想録を除けば、すべて公的な性格を持つ文書史料である。

カラオスマンオウル家の概要

一族の名祖、カラ・オスマン・アガ（一七〇六没）は農業・牧畜・ラクダによるキャラバン業といった経済活動を通じて頭角を現した富農である。そして、一七四三年から一七五五年までサルハン県の代官職（ミュテセッリム）を務めた長男のハジ・ムスタファ・アガ（一七五五没）が一族のアーヤーン家系としての事実上の始祖である。このムスタファ・アガは、一七五五年に地域住民からかれの圧政を訴える嘆願書が中央に多数送られた結果、六月にこの職から罷免され、処刑された。その発端は、「サルハン県税」を巡る問題があった。なぜならば、この税のイスタンブルにおける第一段階の終身徴税請負権所有者は、のちにルメリ州軍政官にまで上り詰めることになる、中央政界において極めて影響力のある人物だったからである。ムスタファの処刑後、政府はただちにムスタファ・アガの財産没収手続きに入るが、その過程で発布された勅令の文面にはつぎのような文言が見られる。すなわち、「このように重要な命令が発布されたからには、これを完遂するために、諸国のアーヤーンたちが支援と努力を示すことは、かれらの「国家の僕《しもべ》」としての任務であることと知れ」という文言である。このことは、デヴシルメ制が実行されなくなって久しいこの時期になってもなお、スルタンに仕える軍人ないし官僚といった官職保持者を「スルタンの奴隷」とする認識が生きていることを示している。このため、カラオスマンオウル家一族は、一時期滅亡の危機に立たされたが、一七六八年に勃発したロシアとの戦争（～一七七四年）に傭兵軍団の編成、軍需品や糧食の調達などの功を認められて復興した。こうした経験もあって、それ以後この一族はスルタンや中央政府との関係を良好に保つことに腐心したようである。

ハジ・ヒュセイン・アガ（一八一六年没）がサルハン県代官に任命された一七九六年から、かれが病没する一八一六年までがこの一族の最盛期である。かれはサルハン県の南隣に位置するアイドゥン県の代官職（ムハッスル）をも兼任した。同じころ、かれの叔父にあたるオメル・アガ（一八一二没）がサルハン県の北隣のカレスィ県（主都ベルガマ〈旧名ペルガモン〉）の代官（ヴォイヴォダ）を務めていた。その結果、一族の勢力圏

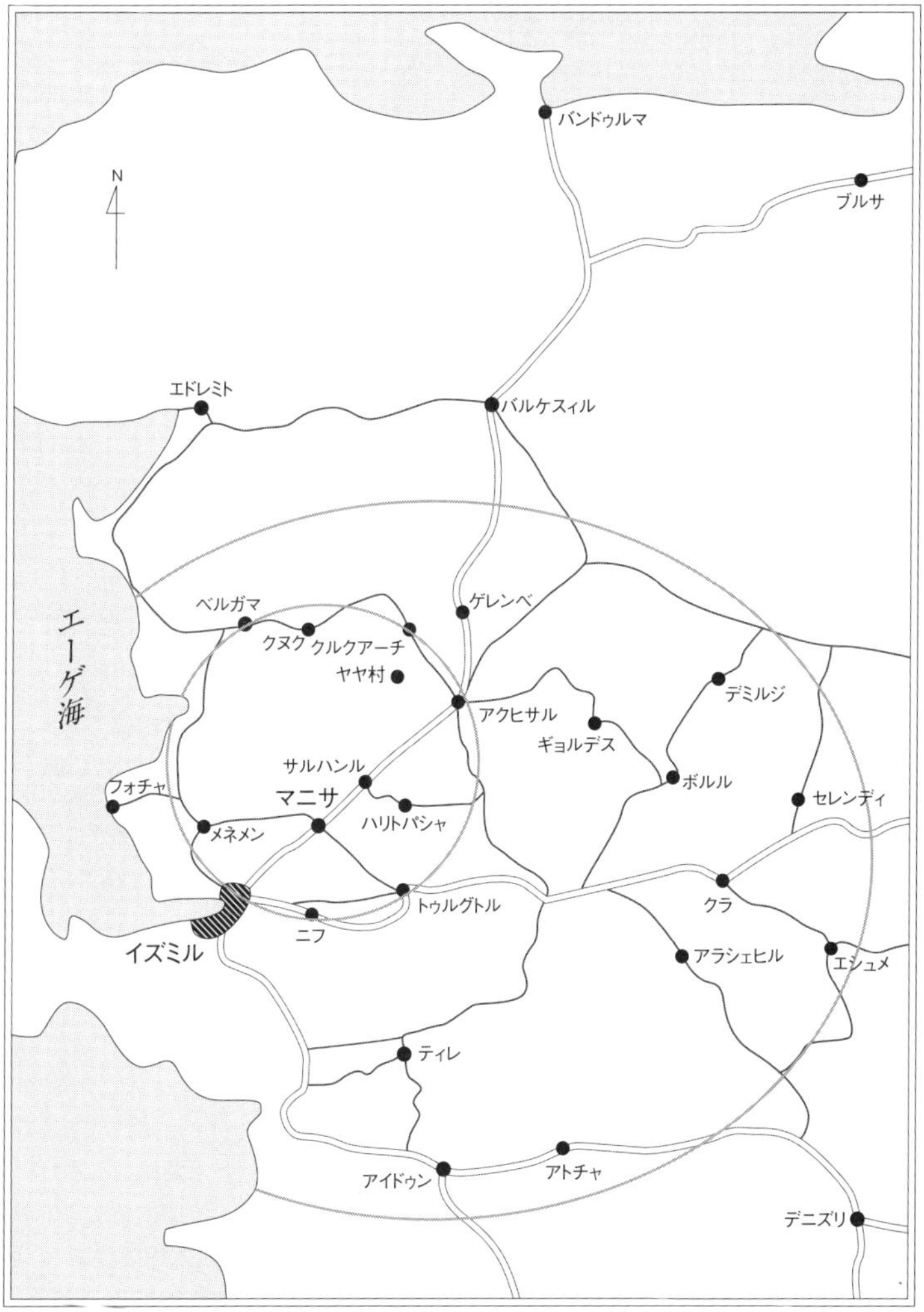

図6-4 カラオスマンオウル家の勢力圏を示す同心円的二重構造

表6－1　遺産目録に見るヒュセイン・アガの資産構成

資産内容	クルシュ	%
都市の動産（現金，「奴隷」，各種物品）	341,025.5	14.8
都市の不動産（ヤヤ村を含む）	488,065.0	21.2
農業関連不動産（チフトリキ，農地，菜園，オリーヴの木）	290,269.0	12.6
牧畜関連動産（家畜小屋内の家畜）	327,593.0	14.2
貸付金と徴税請負利益	800,315.0	34.8
合計	2,164,391.5	100.0

＊1815年付のイギリス領事報告によると，当時の1ポンド＝スターリングは3クルシュ相当であった。なおこの「遺産目録」によると，当時牝の成羊1頭の値段は15クルシュ，小麦1キレ（25.65kg）は6クルシュであった

はエーゲ海東岸のほぼ全域におよんだ。

右の図の外円が地方官職と徴税請負権の行使に基づく一族の広域支配領域であり、内円は土地「所有」（チフトリキ）やワクフ（宗教的寄進）に基づく狭域支配領域である。外円は、第八章で扱う「西洋化」改革の過程を通じてなされた中央集権化政策によって徴税請負制が廃止されたことなどによって消滅するが、内円は、「西洋化」によっても失われることはなく、部分的に今日まで続いている。

オスマン帝国滅亡後の時代になっても、この一族がマニサ地方のみならず、トルコ共和国の政治家や知識人を輩出している原因はそこにある。

表6－1は、ヒュセイン・アガが一八一六年に死去した直後にスルタンによって没収された遺産の項目別分類表である。かれが残した合計二〇〇万クルシュ余（当時のイギリスの一ポンド＝スターリングは三クルシュ）にのぼる遺産全体の三四・八％にあたる「貸付金と徴税請負利益」欄は、かれの資産形成の中で徴税請負人としての立場が重要であることを示している。この項目にある貸付金とは、かれがサルハン県内の有力者たちに徴税請負権の下請負

のために融通した資金や、村や遊牧民集団の租税の立替をし、それらがいまだに未回収であるために「貸金」として計上されている項目と思われる。つまり、こうした人びとから構成される「人間のピラミッド」を通じて、かれは、広範な地域に影響力を及ぼしていたのである。これに対して、かれが「所有」する八つのチフトリキ（大農場）を含む「農業関係不動産」の欄は一二・六％にすぎない（この欄に見られる「農地」は例外的にかれが所有した小地片である）。

利益と危険の両刃の剣――徴税請負権

一族の富と権力の基盤のひとつは、県の代官職に付随する徴税請負権にあった。たしかにこれは多くの利益を一族にもたらし、かつ、その再下請構造からなる人間関係のピラミッドを通じて広域な領域を支配下におさめることができた。ただし、これには毎年ごとにその権利を得るために中央政府との良好な関係を常に維持することが必要であった。この点がまさに、アーヤーンの側から見れば弱点であり、国家の側から見れば強みであった。ハジ・ムスタファ・アガが、一七五五年に政府の派遣した追討軍の手によって処刑された事実は徴税請負権の持つ危険性の証明でもある。このように、徴税請負権はアーヤーンにとって両刃の剣であったが、他方では、多くの利益と地域社会に対する影響力の確立にとって重要なものであった。

チフトリキ（大農場）経営

最近のアーヤーン研究は、国家の側、すなわち上からのベクトルによる徴税請負権に関心が集まっているが、これを地域社会との関係という下からのベクトルに注視すれば、一族の富の基盤としてのチフトリキの経営、すなわち「土地所有」の側面がもっとも重要である。一族の成員全員の手にあるチフトリキの数は合計すると、約五〇点に達する。一族の事実上の始祖であったハジ・ムスタファ・アガのアーヤーンとしての権力の基盤は「土地所有」ではなく、徴税請負を通じて地域の商業をコントロールできたことによる、というイズミル駐在のフランス領事の報告に依拠したフランスのオスマン朝史家G・ヴァンスタンの研究(56)があるが、かれの処刑後に作成された遺産目録文書によれば、かれは二つのチフトリキを所有する地主である。この二つのチフトリキの内部には多数の木綿の種が翌年の播種のために蓄えられている。また、かれはマニサ平野の各所にある小都市に多数の綿花倉庫を所有し、大量の綿花を蓄えていた。これらは徴税請負権の行使によって農民から租税として現物収取したものと思われる。かれは、一三組のラクダのキャラバン隊（一組一〇頭前後）、イズミルに一軒のハーン（隊商宿、第八章図8－9の⑦）を所有していた。これらの史料は、たしかに徴税請負権が地域の流通をコントロールしうることを示しているからフランス領事の意見が全くの誤りではないことを示しているとはいえる。

一族のチフトリキについて最も詳細なデータがあるのは、表6－1として示した最盛期の当主ヒュセイン・アガの所有する八つのチフトリキである。これらのチフトリキで小麦、大麦、綿花が栽培されており、収入の面からみると、綿花が最大値を示している。しかしながら、綿花栽培の耕地面積を見ると、それは、チフトリキの全耕作地面積の約九％を占めるに過ぎない。つまり、大部分の土地は小麦・大麦を主体とした伝統的な農場経営であって、市場向けのモノカルチュア経営ではない。この点が、F・ブローデルとかれに依拠したI・ウォーラーステインのチフトリキ論に対するG・ヴァンスタン(57)と私の批判である。ただし、ヒュセインは、一階に一五室の倉庫、二階に二八の部屋、これに付随して一二軒の店舗からなる巨大なハーン

をイズミルに建設し（図8-9の⑥）、ここへマニサ平原の農産物、特に綿花を運ぶための一三組のラクダのキャラバン隊だけでなく、その名も「綿花ハーン」という隊商宿と綿花倉庫を県内に所有している。これらの不動産はヒュセインが国際貿易に深くコミットしていたことを示している。とはいっても、イズミルの後背地という地理的条件にありながら、輸出に特化した経営に傾かないのは、やはり、サルハン県の代官という立場上、地域の食料自給のみならず、この地方が、首都イスタンブルや露土戦争のための食料供給地に位置づけられているという、地域の名望家ならではの配慮によるものであろう。

ワクフ活動による富の地域への還元

スルタンにより、しばしば財産没収の憂き目に遭ったカラオスマンオウル一族がこれを回避する最後の手段は、財産の一部をワクフとして寄進することだった。イスラム社会に独特のこのワクフ制度については、上巻第五章で詳述したとおりである（上巻一九五頁参照）。

私がアンカラの「ワクフ総局」で発見したカラオスマンオウル家の九人の人物のワクフ文書によると、かれらは、モスク五、マドラサ一〇、図書館一、給水場三八の他、多数の橋・道路・水路・井戸など合計一〇〇点ほどの宗教・教育・公共施設を建設して寄進（ワクフ施設）し、その維持・運営のために、総計八二〇点あまりの財産を寄進（ワクフ物件）している。その内訳は「ハーン（隊商宿）」一三軒、「ヨーロッパ人専用家屋」九軒、「ギリシア系正教徒専用家屋」三七軒、「ユダヤ教徒専用家屋」四軒のような商業活動と結びつく物件（計一三一軒）に加えて、床屋一一軒、公衆浴場三軒、コーヒー・ハウス一一軒、雑貨屋（バッカル）八四軒、パン屋三一軒など、地域の日常生活になじみ深い店舗（計三四一軒）が全体の五八％を占めており、この他に繊維製品店（五六軒）、手工業場（鍛冶屋二一軒など、一九二軒）、粉ひき小屋（五二軒）、ぶどう畑と果樹園（計四四軒）である(58)。

ワクフ文書に記載された条件を検討すると、寄進者は生きている限り自分がワクフ管理人を兼ね、自分の死後は、自分の直系男子たちが代々この任務に就くという条件を付け加えている。このような特徴を持つワクフは「家族ワクフ」の範疇に分類される。この一族のワクフ文書は、一族が徴税請負やチフトリキの経営によって得た富の一部を宗教・教育施設や公共部門のインフラ整備という形で、地域社会へ還元していることを示しているが、他方では一族はワクフ制度を利用して、その富をスルタンによる財産没収にもかかわらず、子孫へと継承することに成功していたともいえる。

地域文化の担い手として

カラオスマンオウル家に限らず、アーヤーンの多くはある段階でトプカプ宮殿の門衛長官職の資格を与えられたために「アガ」という武官系の称号で呼ばれている。その資格によってアーヤーンを体制内に取り込もうとする中央政府の政策であったが、アーヤーンの側も、スルタンの権威を背景に持つことによって在地社会での存在感を高めることができた。このため、アーヤーンには武骨な武人というイメージとともに、策を弄して徴税請負権を獲得し、重い税金を取り立てる存在といった負のイメージが付きまとっている。しかし、アーヤーンによる写本の収集、図書館の建設、そしてそれに関する資料を検討すると、そうした既成のイメージとちがって、アーヤーンたちの地域文化を継承する文人ないし名望家という側面が浮かび上がってくる(59)。たとえば、ハジ・ムスタファ・アガは、『クルアーン』のほか一七冊の写本を、自分が一族発祥の地であるヤヤキョイ村に建立したモスクに付随する図書館に寄贈している。かれの三男プラト・メフメト・アガ(一八〇六没)は『クルアーン』、『クルアーン注釈書』、『ファトワー集』、『カーヌーン・ナーメ』のほか、歴史書、文学書、生薬学書など合計八一点の写本を、父が建立したこの図書館に納めている。

一族最盛期の当主ハジ・ヒュセイン・アガ(一八一六没)は、若いころはマドラサの教授であったことから、ウラマーの尊称であるエフェンディの名で呼ばれていた人物である。かれは、一八〇六年にスルタンに送った一通の手紙で、マニサのムラト三世(在位一五七四~九五)の建立したモスクにある多数の写本が、手入れが悪いために傷んでいることをスルタンに知らせた後、町には学問を志す学生が多いのに比べて一つも図書館がないと主張して、このモスクの境内に自分の金で石造りの堅牢な図書館を建造する許可を申請し、スルタンもこれに許可を与えた。

図6-5 ヒュセインが自費で建設させた「ムラディエ図書館」 著者撮影

この図書館はムラト三世の名にちなんで「ムラディエ図書館」と呼ばれて今日に至っている。マニサの郷土史家の一人は、図書館の建設が終わったのち、ヒュセインによって一〇〇〇冊近い写本が調達されて開館したこと、ヒュセインがマニサの代官とムラト三世モスクのワクフの管財人の任務とを兼ねているときに、モスクにある写本の保護のために図書館を自分の金で作らせたことが、マニサの人びとの間で噂されていたと述べている。これが単なる噂ではないことは史料が示しているとおりである。未確認ではあるが、この図書館にヒュセインによって寄贈された写本の多くは、イランのサファヴィー朝やエジプトのマムルーク朝などからオスマン帝国の皇子たちに献上されたり、皇子を取り囲んでいた数多くのウラマー、詩人、文人、芸術家たちの残したアラビア語、ペルシア語、オスマン・トルコ語による写本と思われる。というのは、マニサは皇子たちが軍政官として派遣されていた由緒ある県〔サルハン県〕の主都だったからである。また、ヒュセイン・アガ自身が収集した写本も少なくなかったと思われる。この時代の豊かな写本文化が、カラオスマンオウル家の図書館によって、今日まで「伝承」された意義は大きい。

以上が、アナトリア随一のアーヤーン一族に関するデータである。この一族は、オスマン帝国末期からトルコ共和国初期にかけて外交官として活躍し、かつ小説家・劇作家として著名なヤクプ・カドリ・カラオスマンオウル（一八八九〜一九七四）を出している。かれは、ある時インタビューに答えて、自分が小説家になったのは「家にたくさん本があったから」と答えている。この人の回想録に出てくる一族の一員にハリト・パシャという人物がいる。かれがパシャと呼ばれたのは、アブデュルハミト二世に名馬を献上したことからスルタンにパシャ〔将軍〕位を頂戴したからである(60)。この人は第一次世界大戦後ギリシア軍が西アナトリアを占領した際に自分のチフトリキを守るために戦って殉死した。ヤクプ・カドリの回想録によれば、ハリトは「不作の時には自分の倉庫から穀物を分け与え、娘たちが結婚する時には花嫁道具を整えてやって父親のように面倒をみてきたルム〔オスマン帝国領内のギリシア系正教徒〕たちが自分を襲うはずがない」といって逃げなかったために殺害された(61)。

オスマン帝国は広大な領域にさまざまの民族・宗教・言語・文化を包摂した国家であり、ここに例として取り上げたカラオスマンオウル家は一八世紀以後に帝国各地に勃興した地方名士層のうち、アナトリアとバルカンの一部を勢力範囲にするにすぎない。広大な帝国領内の各地に勃興した地方勢力は、それぞれの地域の持つ地域性に応じてさまざまな特徴を持つことは当然のことである。しかしながら、近世のオスマン帝国は中央権力に対抗する地方権力が勃興しつつあった。このことはオスマン帝国のみならず、世界各地に見られた。日本の豪農、中国の郷紳、そしてイギリスのジェントリなど、近世は世界各地において、中央権力と民衆の間をつなぐ地方権力が介在した一つの時代として特徴付けられるのではなかろうか。

第七章

世界とつながるオスマン文化

第一節　オスマン宮廷

宮廷文化の中心ハレム

ここまでオスマン帝国時代の政治・経済・社会について眺めてきた。ここで一息ついて、一六世紀に形成されたオスマン文化と、その一八世紀に至るまでの発展、すなわち成熟してゆくさまを眺めよう。この文化の問題について、たとえば、高校の世界史教科書のように、オスマン帝国といえば、コンスタンティノープル征服（一四五三年）、エジプト征服（一五一七年）、そして第一次ウィーン包囲（一五二九年）、あるいはイェニチェリ軍団といったように、もっぱら軍事国家としての側面が語られてきた。このため、「オスマン帝国はなんていやな国なんだ。強いばかりで文化がない」（ある高校生の言葉）という印象が強い。しかしこれは高校生が悪いのではなくて、教科書が悪いのである。また、イスラム文化といえば、『アラビアンナイト』（正しくは『千夜一夜物語』）、「アラベスク」といった具合に、古いアラブの文化が取り上げられることが多い。しかし、これまで見てきたようにユーラシア大陸の極東から極西へと移動した過程で様々な文化と接触し、それを取り入れてきたのが「オスマン文化」である。そこで、以下、しばらくそうした文化について思いを巡らせてみたい。

ハレムとは、「禁ぜられた」、「神聖なる」を意味するアラビア語に由来するが、転じて、家庭の中で女性

図７-２　ハレムの踊り子
18 世紀，トプカプ宮殿博物館蔵

図７-１　ハレムの楽団
18 世紀，トプカプ宮殿博物館蔵

たちの起居する場所をも意味するようになった。この言葉は、一八世紀にいわゆる『アラビアンナイト』がフランス語に翻訳されて以来、ヨーロッパ人の間で知られるようになったが、それは、好色で権力欲のつよいスルタンの意のままに操られ、華やかに見えても、その実は屈辱的な毎日を送る悲しい宿命を背負った女性たちの閉じ込められた空間を想像させるものとなった。しかし、それは、まさにヨーロッパ人による「オリエンタリズム」の産物であって、実態とはかけ離れている。ハレムの女性たち、たしかに彼女たちの大半は奴隷商人を通じて購入されたり、臣下から献上されたりしてハレムに入ったのである。しかし、そうした彼女たちも先輩たちから読み書き、宗教的知識、そして行儀作法を教えられて宮廷の女官にふさわしい生活態度を身につけて、やがてはスルタンに見染められて子を生み、皇妃としてあるいは皇母として華やかな生涯を送った女性も少なくなかった(1)。なお、ハレムの詳細な歴史については、小笠原弘幸の著書を参照されたい(2)。

いまは博物館となったトプカプ宮殿に展示された家具や衣服・装飾品をみると、さすがに厳しい選択眼によって選り抜かれた逸品ぞろいであり、ハレムの女性たちがコスモポリタンな文化を身に付けた東西文化の美しき担い手たちであった往時を偲ばせる。つまり、宮廷や高官たちのハレムは、オスマン文化の上流サロンなのである。彼女たちは、それぞれの個性と能力に応じて、音楽、裁縫、刺繍などの教育を受けたが、特に音楽に重要性がおかれた。それはセルジューク朝宮廷の伝統を受け継いだと言われているのだが、女官たちから編成される一種のオーケストラさえあった。

一九世紀以後ヨーロッパ文化の受容期に入ると、いち早くそれを取り入れて自家薬籠中の物としたのも彼女たちだった。宮殿の裏にある「薔薇の庭園」の静寂を破る軽やかなピアノの旋律は新しい時代の到来を告げる警鐘となったのである。

林佳世子は、「母后やハセキ（スルタンの寵姫）らは、ヨーロッパの王室間の外交に似た活動が任されていた。メフメト三世の母后サフィエ妃がイギリスのエリザベス女王に送った書簡からは、彼女らがロイヤルファミリー同士のつきあいの礼儀にならい、贈り物の交換をしていたことがうかがわれる」(3)という。その背景には、上巻第五章で紹介したイラン・インドから取り寄せた豪華な絹・綿織物といった高級な布地から仕立てられた豪奢な宮廷用服飾文化を共有していたことも、それを可能にしたといえるのではなかろうか。

オスマン宮廷工房の世界

イスラム諸王朝の宮廷には「ナッカシュ・ハーネ」と呼ばれる装飾美術に関連する職人たちの働く工房があった。「ナッカシュ」とは、美術家・装飾家を意味する言葉である。ここでは絵師、能書家、金箔細工師、製本職人、貴金属細工師、刺繡職人、石細工師、ガラス細工師といった面々が働いていた。イスタンブルではバザールの中にもこうした工房があったが、とくにトプカプ宮殿の外廷に「ナッカシュ長」のもとで一体となって仕事をしている「ナッカシュ・ハーネ」が重要である。オスマン朝の装飾美術の枠内に入るすべての作品のモチーフはかれらによって生み出されたのである。かれらは、タイルのデッサン、建築装飾、本の装丁、絨毯、絹布のデッサンなど宮廷で使われる物の見本を提供するから、宮廷で使われる物のすべてに類似性が見られるのはそのためである。そしてそれは、オスマン様式として全国的に共通することにもなる。この点に関して、たとえば私はトルコの農村や町で農家や遊牧民のテントで織られている絨毯のモチーフは母親から娘へと受け継がれてきた長い年月を経た伝統的なモチーフではないかと密かに想像していた。しかし、ある時イスタンブルのオスマン王家のモスクに敷く絨毯を西アナトリアの有名な絨毯製作地ウシャクの町で宮廷の「ナッカシュ・ハーネ」から送られるモチーフで織るように命じている史料に出くわして驚いたことがある(4)。

美術史家宮本恵子によれば(5)、オスマン朝装飾美術の中心である「ナッカシュ・ハーネ」には、セリム一世時代にタブリーズやヘラートといった東方から連れてこられた画家たちが多数存在したばかりでなく、バルカンやヨーロッパ出身の画家が相当数存在したそうである。宮本は、ナッカシュ・ハーネで制作された絵画にはヨーロッパ風の筆遣いがみられることも指摘している。トルコの歴史家イナルジクによれば、セリム一世がチャルディラーンの戦い（一五一四年）後にタブリーズから強制的に連れてきたナッカシュは一六人で、そのうちの二人は絵師、すなわち木炭で人間や形象を描く絵の専門家である。一般に、アゼルバイジャンから来た、あるいは連れてこられたペルシア人職人の多くはアゼリー・トルコ人である。この他に一八人が記録されているが、一人は筆箱・墨壺（ハッカク）職人、一人は絹布の織物職人、三人は金箔職人、二人はガラス細工職人、一人は銅細工職人、一人はタイル職人、一人は絨毯織りで、かれらの息子たちを含めて全部で六一人である。オスマン朝が、イランと中央アジアに共通な宮廷文化を模倣していたこのころは、オスマン芸術に東方芸術のモチーフの影響が濃厚である。それは、ブルサのイェシル・モスクの壁のタイルをタブリーズ出身の親方たちが作ったことからはっきりしている。だから、ブルサを商業と芸術の両方の観点から第二のタブリーズと呼ぶことができるという。一般に、オスマン芸術が中央アジア・イランの高度な芸術を受け入れるに際して、アゼリー・トルコ人たちの役割が大きかった。これにはオスマン朝以前にその影響を受けていた都市アマスィヤとコンヤが仲介として重要な中心地であったという(6)。

オスマン絵画の系譜と特徴

イスラム世界の絵画の系譜については、中国史家ではあるが、広い視野から研究を進めた宮崎市定の優れた研究がすでに一九四〇年という早い段階で発表されている(7)。そこでまず、以下に宮崎の研究を要約する。中国の絵画は六朝時代から唐にかけての時代に先進のペルシア世界（すなわち中国史の「胡」）より絶えず影響を受けていた。そのペルシアではササン朝の末期に文化の爛熟期を迎え、その余波が中央アジア、インドにおよんで、さらに中国に達したのである。しかし、アラブ人が六四二年にササン朝を滅ぼし、ペルシアをイスラム化したことによって、ペルシア世界では、イスラムの教義に反する絵画の空白時代が現出した。

これに対して、中国では唐王朝三〇〇年の間に絵画の技法は、仏教の隆盛とともに、驚異の発達を遂げ、それを宋王朝に伝えたのである。宮崎はさらに、アッバース朝末期に北方より南下してイスラム世界の覇権を握ったトルコ人（セルジューク朝の成立）は「異端容認の寛大さ」でこの地方を治めた。しかし、絵画はイスラムの教義の禁じるところであったから、まずは人目につきにくいミニアチュールとして、イスラムの絵画は登場した。モンゴル王朝イル・ハン国（一二五八〜一三五三年）の創始者フラグによるアッバース朝の滅亡によって、イスラム世界の絵画は大きな転機を迎えるという。宮崎はその原因のうち最も重要なものをフラグが国家建設に当たって伴ってきた中国の工匠一千家族のなかに画家がいたことは疑いないとし、かれらによってイル・ハン国時代の絵画の基礎が置かれたという。そして、その典型的な例として、極彩色の絵入り写本の現存するラシードゥッディーンの『集史』を挙げている。つづいて宮崎はこの本のミニアチュールの性格を次のように位置づけている。すなわち、この本のミニアチュールには、久しく地下に潜行していた古いペルシアの伝統が復活されているが、このミニアチュールを熟視すると、その背景には中国画の特徴である「花鳥」や「山岳の稜線」などの影響がある。次の段階はティムール帝国（一三七〇〜一五〇七年）である、と宮崎は言う。ティムールの没後、その子シャー・ルフ（一四〇九〜四七）がヘラートに拠点を置いてイスラム世界を治めた頃がイスラム世界のミニアチュールの黄金時代である。宮崎はこのいわゆるヘラート派の作品のなかには毛筆を用いて全く「東洋式に、恐らく作者も支那人ではないかと疑はるるものがある」という。そして宮崎は、最後の巨匠ビヒザードによってヘラート派の最後が飾られ、かれがミニアチュールに残した「署名」をのちの絵師たちが模倣したという有名な話を紹介している。ティムール帝国の滅亡後、ヘラート派は分散したがサファヴィー朝（一五〇一〜一七三六年）の首都タブリーズとムガル帝国（一五二六〜一八五七年）

のインドがミニアチュール芸術の中心となったとし、宮崎はここで筆を置いている。宮崎の筆はオスマン帝国にまで及んではいないが、イル・ハン国やティムール帝国を経由してオスマン帝国のミニアチュールにおよんでいることは図7-3（六五頁）に見る通りで、宮崎の指摘した「花鳥」や「山岳の稜線」が描かれている。

以上に要約した宮崎の論文は、その後の研究史から見ても少しも古いところがない。たとえば、モンゴル史家杉山正明も、「イスラム出現以後は、具象化の伝統が中東からぱたりととだえる。もとより、イスラムが偶像崇拝を嫌ったからである。（中略）状況を一変させたのは、モンゴルであった。一二五八年、フレグ率いるモンゴル軍によってバグダードが開城し、アッバース朝カリフが事実上消滅したことは、イスラムというものの枠を緩め、よくもわるくも規制や桎梏から振りほどく効果を持った。（中略）ふつうにイスラム・イランという連想する細密画は、本当はモンゴル時代以降のことである。ムハンマドの肖像をはじめ、一三世紀までのイスラム史に関する著述・刊行物の中でミニアチュールの挿絵などが使われていても、じつはその絵はたいていモンゴル時代のものである。イスラム地域においては、モンゴル時代を境に画像・図像に関わる状況が大きく変わることは、史料の面からだけでなく、世界文化史上においても際立つ現象と言っていい」と述べている(8)。

これらの説に対してトルコ人の学者N・ボズクルトは、ナッカシュの技術は中国、イラン、メソポタミアにまで遡るといい、「三世紀のイランに生きたマニ教の教祖ナッカシュ・マニ（二一七四頃没）自身が描いたミニアチュールがとくにウイグル人の間に広く知られるようになり、彼らがイスラムに改宗すると、それがイスラムのミニアチュールに影響を与えたといわれる。このため、セルジューク朝時代のミニアチュールや陶器の絵付けにはウイグルの影響が色濃くみられる」(9)という。これについては宮崎も、ビヒザードは「イスラム世界にて最も有名な書家にて、伝説上の書家 Mani と併称さる」(10) と述べている。ボズクルトはさらに、「ビヒザードの師はイラン―モンゴルの共通の形式の先駆者であるブハラ出身のジハンギルの弟子であった。そしてジハンギルは中国人 Gung の教え子であった。タブリーズ、シーラーズ、イスファハーン、ブハラ、サマルカンド、そしてヘラートはモンゴル政権の崩壊後もミニアチュール芸術の中心としての性格を保持し続けた。ムガル帝国でもヒンドゥー教徒とムスリムが一緒に仕事をしていたことはよく知られている」(11) と述べている。

宮崎の関心はもっぱらモンゴルへの関心に留まり、オスマン時代には及んでいない。これに続く節では、東洋絵画が西洋のルネサンス絵画へ及ぼした影響が論じられ、とくにジョットなど初期ルネサンス絵画へのモンゴルの影響が論じられている。ここもまた、たとえば、西洋美術史家田中英道の議論を先取りしているように思われる。宮崎は、中国では遅くとも西暦一一世紀を中心とする「東洋学芸復興期」までに、絵画がすでに立派な芸術品としての地位を獲得していたが、同じ時代の西洋にはいまだ見るに足る絵画がほとんどなにもなかったといえると述べて、ジョット（一二六六～一三三七）などの初期のイタリア・ルネサンス画家の絵に見られるモンゴルの影響を論じている。田中英道もまた、同じ時期のイタリア・ルネサンス絵画へのモンゴルの影響を論じ、「「西洋」文化がいつのまにか西洋の領域のみで自己発展したという「歴史」観が成立したとき、「西洋」歴史は他の世界を従属関係に置いたといってよい。そして歴史資料の取捨選択が始まり、高い「文化」をもつ東洋への閑却が意図されたのである。一四・一五世紀の「ルネサンス」などという「歴史」用語も、そこにギリシア・ローマの「再生」しか見出さず、東洋の役割は何も考えられていない。「近代」という言葉自体にさえ、西洋の「産業革命」や「市民革命」の評価しか含まれていないのである」と述べている(12)。

さて、宮崎の議論で欠落していたオスマン帝国時代のミニアチュールである。コンスタンティノープル征服後のオスマン宮廷の絵師の間には、イタリアのルネサンス絵画を勉強するために、メフメト二世の命によってヴェネツィアへの留学から帰ってメフメト二世の肖像画を描いた絵師が存在した（上巻第三章九四頁の図3－5メフメト二世の肖像画参照）ように、初期の段階では、むしろイタリアのルネサンス絵画の影響が見られるようである。つまり、さきに述べた宮崎や田中の研究に学べば、「東洋絵画」の影響を受けたイタリア・ルネサンス絵画は、ジョットの時代に比べて、すでにレオナルド・ダ・ヴィンチ（一四五二～一五一九）などの手によって大きく発展し、逆にオスマン絵画に影響を与える勢いであったとも考えられる。イスラム美術史家桝屋友子は「一四五三年にコンスタンティノープルを攻略してビザンティン帝国を滅ぼしたばかりのオスマン朝宮廷の関心は、写本絵画よりもイタリアを中心とするヨーロッパ絵画にあったようである。ところが、一五一四年にオスマン朝はサファヴィー朝の首都タブリーズを陥落させ、宮廷画家をイスタンブルに連行するとともに、宮廷図書館の優れた挿絵入り写本を戦利品として奪い去ったことが、オスマン朝における写本芸術に一大変化をもたらした。

イスタンブルの宮廷工房ではまずペルシア風の挿絵入り叙事詩写本が制作されるようになったが、スレイマン一世の治世以後はオスマン朝史を扱った挿絵入り写本にシフトし、その結果王朝の戦闘や宮廷場面を生き生きと描くオスマン朝絵画の黄金時代が到来した」(13)と、オスマン宮廷におけるミニアチュール制作の変遷を簡潔に要約している。図7－4は『スレイマン・ナーメ（スレイマンの書）』の挿絵として、オスマン・ミニアチュールの古典的作風を完成させたと言われるナッカシュ・オスマン（生没年不詳、セリム二世とムラ

図7-3　巻狩を楽しむオスマン・スルタン（右）　16世紀，トプカプ宮殿博物館蔵
図7-4　鹿狩りを楽しむスレイマン一世（左）　16世紀，トプカプ宮殿博物館蔵

ト三世の時代にナッカシュ・ハーネで働いた人物といわれる）の描いた絵である。これを見ると、見事に鹿を射止めたスレイマン一世が手にしている中央ユーラシア以来の遊牧民の「複合弓」、そしてさらに背景に見られる山の稜線、渦を巻いたような雲には中国絵画の影響が見られる。一方、ナッカシュたちはすでに述べた「スルタンの奴隷」身分に位置づけられた「カプ・クル」であり遠征に出かけ、その間に仕事をしていた。オスマンのミニアチュールに行軍や戦闘の模様を描いたものが多いのはそのためである。ナッカシュ・オスマンをはじめとしたナッカシュたちの画法はきわめて写実的であり、年代記や祝祭の書の挿絵として描かれたミニアチュールは、写実性、物語性、そしてユーモアにあふれているだけでなく、歴史学の重要な史料として利用できる。このことは、イスラム美術とは、すなわち抽象的なアラベスク文様であるといった常識をくつがえすものである。その例が図7-5である。この絵は一五二二年のロードス島の征服のあり様を描い

図7－5　ロードス島の征服　トプカプ宮殿博物館蔵

たものである。上段に当時としては最新式の鉄砲で攻撃を仕掛けるイェニチェリの様子が見られる。下段にはなにやら穴を掘っている兵士たちの姿がユーモラスに描かれている。これは極めて頑丈につくられた城壁を破壊するために、工兵（ラウムジュ）たちが城壁の根元まで穴を掘り進み、そこに爆薬を仕掛けて破裂させ、それによって城壁を破壊したことが、ロードス島征服の大きな力となったという「史実」を見事に描いている。なお、オスマン・ミニアチュールはいくつかの異なる場所での出来事を一つの画面の中に描きこむことがあるが(14)、ここでは、アナトリアの対岸で吉報を待ちわびるスレイマン、城兵を鉄砲で攻撃するイェニチェリ、そして地下を城壁に向かって掘り進む工兵の様子が一つの画面に描きこまれているのである。これもナッカシュ・オスマンの筆による『スレイマンの書』の挿絵である。かれらの中には宮廷で教育を受けたナッカシュ・ハサン・パシャのように大臣位待遇を受けた者も存在する。一七世紀中葉の旅行家エヴリヤ・チェレビは、ナッカシュたちが絵を描くことは「シャリーア」によって禁じられていたので、かれらはギルドを組織していたにもかかわらず、このギルドの始祖（ピール）は存在しないと述べている(15)。

このように、モンゴル帝国を通じてイランのサファヴィー朝、インドのムガル帝国へミニアチュール美術として受け継がれた中国の美術はオスマン帝国において、ヨーロッパのルネサンス絵画の影響をも受けながらその写実的な画風をさらに発達させた。偶像崇拝を排するイスラム王朝であるにもかかわらず、オスマン帝国では歴代スルタンの肖像画の伝統さえ生まれるに至った。

トプカプ宮殿所蔵の陶磁をめぐって

現在、トプカプ宮殿博物館に所蔵されている東洋陶磁には素晴らしいものがある。イスラム美術史家杉村棟によれば、「中国陶磁は、総数一万三五八点といわれている。そのうち青磁は一三五四点、元明各種陶磁器三二〇九点、清代陶磁器五七九五点である。日本の陶磁は総数七〇〇点であり、古伊万里が多い」(16)。

なぜ、このように多数の陶磁が収集されたのであろうか。杉村は、それは「宝」として集められたのではなく、実際に食卓の食器として使われたからであると述べている。実際に写実的なことで知られるオスマン絵画をみると、しばしば宮廷の高官と思しき人びとが大宴会を催している様子が描かれている(図7-6)。これはどこか、遊牧国家の伝統である宴会政治(トイ)の伝統をしのばせる。それはともかく、これらの陶磁は、購入されたり、献上されたり、戦利品として没収されたり、あるいはまた税金の一種として徴集されたものもあるという。杉村は、コレクションの中で染付が多いのは、食事に毒が盛られると、色が変わると信じられたので、歓迎されたという説を紹介している。

それでは、これらの陶磁はいかにして遠く中国から、はるばるとイスタンブルまで到来したのであろうか、ということが次の問題である。その多くは前章で述べたレヴァント貿易によってインド洋を経由して運

図7-6　宮廷の「宴会（トイ）」風景
トプカプ宮殿博物館蔵

ばれたと思われるが、フィレンツェの商人ペゴロッティ（一二九〇～一三四七）の『商業指南』という書物にはクリミア半島のタナから「中国まで馬車、ラクダ車、水路などで早ければ七、八ヶ月で行くことが出来ることが書かれ、道中は全く安全だと書かれている」というように、シルクロードの北道を経由して運ばれたことを示すミニアチュールがトプカプ宮殿博物館に存在する。タナはのちにティムールによって破壊されたが、一三・一四世紀は東西通商路の一大要地であり、ペゴロッティもそのことをよく知っていた(17)。他方では、元朝の青花はイスラム地域でも多くの模造品が作られるようになった。つまり、元朝の青花の西伝にはイル・ハン国が深くかかわっていたのである(18)。堀川徹もいうように、この国は西方のビザンツ帝国および南方のマムルーク朝と宥和政策をとったために、モンゴルの大経済圏が機能し、一四世紀前半に中国の景徳鎮で生産されるようになった染付（青花）が国際的に流通したのである。この染付こそ、「中国の優れた磁器生産技術とイランからもたらされた上絵付の技法およびコバルト顔料が結び付いて染付が生まれた」のである(19)。そして、「その遺品の希少を以って知られる元代景徳鎮窯の染付磁器がイランのアルデビル廟とトルコのトプカピ宮殿に多く残り、世界に比類のないコレクションとなっている」のである(20)。

景徳鎮については杉山正明も、次のように述べている。一四世紀の景徳鎮では、中国で「青花」、日本では「染付」とよばれるあたらしいタイプの磁器がつくられるようになる。これは白磁にコバルト系の顔料で絵付けをしたものであり、それまでの中国ではほとんど見られなかった。澄み切った白色の素地の上に紺青の筆で、竜や鳳凰・麒麟などの霊獣や鯉、または葡萄唐草やザクロ・スイカなど西方系の文様、人物像などが描かれた。現在、イスタンブルのトプカプ宮殿博物館をはじめ、欧米・日本などに堂々たる逸品が収蔵されている。

西アジアにおける中国磁器の珍重、ペルシア陶器における絵付けの習慣、ラピスラズリの代用品としてのコバルト顔料の盛行、そして世界帝国モンゴルの経済力と嗜好。この四つの要素が重なったとき、青磁や白磁などモノ・トーンを基調とする中国磁器に劇変がおとずれ、磁器の最高級品を生産する景徳鎮において、モンゴル時代の後期に青花が誕生し、とくに官窯でつくられたその逸品は西方に大量に輸出されることになったと思われる。

景徳鎮から山越えして泉州にいたった青花磁器は、船積みされて海上の交易ルートを通じて東南アジアやインド、さらにイランのホルムズ港やエジプトにもたらされた。東南アジア・インド・エジプトなどの港市や遺跡からは、元代青花磁器の破片が大量に見つかっている。現在、トプカプ宮殿博物館に収蔵されているものは、オスマン朝がマムルーク朝を併合したときに、カイロからもってきたものが主流だろうといわれている。青花磁器の尊重は、モンゴル時代以後も西アジアに色濃く残り、それはヨーロッパをも巻き込んだ。ヨーロッパはそのイミテーションづくりにやっきとなり、デルフト焼きをはじめとするヨーロッパ窯業が始まる(21)。

以上の杉山のこの記述を見ると、オスマン帝国は、その国家の性格のみならず、文化的にも先行する諸王朝から様々な要素を取り入れていることがわかる。それらは、現在のトルコのキュタヒヤあるいはイズニクの陶芸技術にも受け継がれているに違いない。

オスマン帝国——恐怖と魅惑

二〇〇五年に東京で開かれたドレスデン国立美術館展のカタログには「オスマン帝国——恐怖と魅惑——トルコ戦争とトルコ趣味」という一節が設けられている。この説の執筆者はドイツ人であると思われるが、この説には以下のような記述がみられる。

「一六八三年のウィーン包囲に始まった戦争は一六九九年まで続く。（中略）この十数年間におびただしい数のオスマンの武器が、戦利品としてヨーロッパの王侯貴族の所蔵するところとなった。貴族の間で異国風の戦いの装束を祝祭にもちいる風習が広がるにつれ、こうした品々は次第に垂涎の的となり、売買や贈り物の対象にもなった。時には戦火を交え、その中で、皇帝とスルタンとの攻防において、重要な役割を果たし、東方と西洋の接点ともなったのが、トランシルバニアである。（中略）やがて金銀細工師や武具師が次々とここに移り住むようになり、トランシルバニアは武具を中心とする手工芸で興隆を極めていく。これら工芸師たちの仕事場では、西洋と東方の各々趣味に合わせた豪華な装飾を施した武具が作られ、膨れ上がる需要に応えるようになる。（中略）このため、ドレスデンの宮廷では「トルコ人」は必ずしも悪役を意味するものではなかった。特に祝祭などにおいては、トルコ人に対する強い憧れが畏れを遙かに上回っていた。例えば、選帝侯自ら、あるいはザクセンの貴族がスルタンに扮することさえあり、無限の権力と栄光を体現するその偉容は、ある意味で君主の手本となった。このように、ザクセンでは「トルコ人」が自らの勝利を示すための脇役としての「悪」ではなく、熱狂的な崇拝の対象として、扱われることが多かったのである」(22)。イェニチェリ軍団は、馬具や武具、甲冑などの手工業部門を軍団内部に抱えていたので、軍団の駐在する都市における手工業の発展をもたらした。上に示した武具や衣装はおそらくイェニチェリ軍団に属する工芸家たちが製作したものと思われる。かれらの製作した品々がハンガリー全域から移住した工芸家たちに与えた影響力は計り知れないものがあったに違いない。

第二節　影絵芝居「カラギョズ」の成立と発展

カラギョズとは

一六世紀のイスタンブルでは、操り人形、手品、軽業、若い男女による踊り、語り物（メッダーフ）などさまざまな芸がムスリム、キリスト教徒、ユダヤ教徒、あるいはイタリアなどからやってきた芸人によって披露されていた。また、逆にトルコの芸人がイタリアで綱渡りなどのパフォーマンスを披露していた。そのなかで、最も有名なのが「カラギョズ」の名で呼ばれている影絵芝居である。

カラギョズの上演形態、芝居の内容など多くの点で、その具体的な記録の残されている一九世紀末以後の形態を参考にせざるをえない。それによると、上演形態は、ラクダなどの皮をなめしたうえで、油で半透明にして彩色した、三〇センチほどの高さの人形をおおよそ八〇センチから一メートルの白い布を張ったスクリーンにオリーヴ油などのランプないし太いローソクの光を当てて投影する。

人形には、ひとつないし二つ（カラギョズのみ）の穴が開けられており、ここに直径一センチ、長さ五〇～六〇センチの先端を削った棒を差し込んでこれを操るのである。このため、顔はすべて横向きであるが、炎の揺れにより映し出される影絵は幻想的で神秘的な雰囲気を漂わせている。大事なことは、この芝居に出てくる登場人物のすべてを一人の影絵師（カラギョズ師）が操り、かつセリフや歌を披露することである。この点から見ると、かれは日本の「落語家」に似た技量の持ち主である。なお、カラギョズとほとんど同じレパートリーを持つ大道演芸「オルタオユヌ」が、カラギョズと一六世紀のヴェネツィアに流行した即興喜劇「コメディア・デラルテ」との影響で生まれたが、これは生身の人間がそれぞれの役を演ずる。このカラギョズとオルタオユヌの関係は日本の人形浄瑠璃（文楽）と歌舞伎の関係に似ている。オルタオユヌでも女役は男性（女形）が演ずる。

図7-7　カラギョズの上演風景　Wikimedia Commons

カラギョズの芝居の内容は、主人公であり、かつ、この芝居の名前ともなったカラギョズと、その相方であるハジワトという二人の人物の「掛け合い」にはじまり、イスタンブルに住むさまざまな人びとを、民族、宗教、職業、出身地などの違いから来る外見、ふるまい、言葉遣い、職業上のくせなどをタイプ化し、パロディ化したものである。とくに、方言や訛りが笑いの種とされることが多い。現在出版されているカラギョズの台本集は、一九世紀末に当時の影絵師たちから聞き取り調査をして編集されたものであるが、芝居の題材は、古典イスラム文学や『千夜一夜物語』などの民話を除いては、大げさなドラマが展開するわけではなく、イスタンブル住民の日常生活の些事が、コミカルに、ときにはエロティックに演じられる。また、政治的テーマをユーモアをからめながら鋭く風刺してスクリーンに映し出したという。

ところで、この芝居がいつから「カラギョズ」の名でよばれるようになったかについては、はっきりしない。最初はアラビア語で「影」を意味する「ハヤール」と呼ばれていたからである。一七世紀には主人公である「カラギョズ」の名がこの芝居の名とされたという意見もあるが、まだ結論的なことは言えない。というのは一九世紀になっても「ハヤール」と呼ばれることが多かったからである。とすると、「カラギョズ」の呼称だけがもっぱら使われるのは存外新しいことかもしれない。

図7－8　二人の主人公、カラギョズ（右）とハジワト（左）
Wikimedia Commons

主人公のカラギョズは、イスタンブルの庶民を代表する人物である。かれはどんな困難にもくじけず、笑いを絶やさない禿げ頭の男で、なにかのはずみでターバンがずり落ちると、下からその禿げ頭が露出して爆笑を誘う。子供たちの人気者でもある。このように、一見粗野だが、相手の言葉に対して、動物的な臭覚で当意即妙の言葉を浴びせる能力こそが、かれの最大の武器である。の基本的キャラクターは「道化」であり、そのころのヨーロッパ、たとえばシェイクスピア劇やコメディア・デラルテに出てくる道化たちの仲間である。相方のハジワトは、上流階級のマナーを身につけ、古典文学の造詣も深く、知識も豊富で、イスラムの宮廷文学に固有の韻を踏んだ高尚なオスマン・トルコ語を話す。町衆の信頼も厚い良き相談相手である。このように、一見、非の打ちどころのないキャラクターではあるが、学者ぶったところがあり、相棒のカラギョズに騙され、殴られ、翻弄されるが、カラギョズなしには一日も過ごせない。こんなところに、民衆演芸としてのカラギョズの秘密がある。ハジワトの緑色の衣装は、イスラム教では神聖な色とされており、またかれの名前自体「ハジ」すなわちメッカへの巡礼を済ませた者に対する尊称であることを暗示している。かれは少しばかりアヘンの常用者の雰囲気もある。

この二人の「掛け合い」からこの芝居は始まるが、その核心は、教養人を自任しているハジワトの高尚なオスマン・トルコ語による学者ぶった物言いを、無教養なカラギョズが類似音だが、別の意味を持つ「素朴な」トルコ語に聞き違える、というコントラストからくる笑いが醍醐味である。この二人の掛け合いは、どこか江戸落語に出てくる長屋の「大家さん」と店子である「八っつあん」「熊さん」との掛け合いに似ている。ここがカラギョズ師の腕の見せ所で、名人の手にかかると、ここだけで観客は一晩中笑い転げたという。この二人の掛け合いは、最後にハジワトの小難しい言い方に腹を立てたカラギョズがハジワトを殴り倒すことで終わる。つまり、ハジワトが代表するエリート層に対する、カラギョズ、つまり庶民の勝利が民衆の共感を呼ぶのである。言語学者勝田茂がいうように(23)、エリート層の独占物であるオスマン・トルコ語と一般庶民のトルコ語という言語の二重構造を背景として、エリート層に対して強烈な異議申し立てをしているのである。また、演劇学者たちは、ハジワトとカラギョズの対話の「すれ違い」、すなわち言語が論理的な意思の疎通を妨げているところを、現代の「不条理演劇」と相通じると分析している。

登場人物は、この二人のほかに、すべて「ゼンネ」の名でよばれる女性たちがいる。カラギョズとハジワトの妻、貴婦人、娼婦、召使、踊り子、魔女などである。イスラム世界の女性というと、ヴェールで顔を覆うことを義務付けられていたり、隔離されていたり、という具合に抑圧された存在というイメージを持たれることが多いが、それとは反対に、カラギョズに登場する女性たちは気丈である。そもそもカラギョズは妻の尻に敷かれ、稼ぎのなさをなじられる情けない存在である。また、『血のニギャール』のように一七世紀の文献に出てくる芝居では、ニギャールという名の娼婦はいつも胸をはだけたトップレス姿で登場する。このほか、日本の江戸落語に出てくる「若旦那」を思わせるチェレビは、いつもめかしこんでいる若い伊達男である。親の遺産を食いつぶして、ぶらぶらと遊んで暮らしており、女の尻ばかり追いかけている。反対にのっそりとした大男のヒンメット（大男の木こり）はアナトリアから来た正直な田舎者のトルコ人、デリ・ベキル（いつも酔っぱらっている町の警備役）、大変なおしゃべりで「b」をいつも「p」と発音する独特の訛りで笑わせる黒海の東南部沿岸地方出身の「ラズ」と呼ばれる人びと（多くは船乗り）、金のやりとりをするたびにお祈りをする信心深いアラブ人、言葉のはしばしにペルシア語を使うカーペット売りのイラン人、大麦から作られる一種の発酵飲料である「ボザ」売りや森の番人であるアルバニア人、両替商（サッラーフ）、高利貸しのユダヤ教徒などである。

このほかに文学・民話・伝説・神話などに表れる人間やジン（悪霊）、妖精、魔女、ドラゴン、ブーラーク（預言者ムハンマドを天空へと導いたという伝説上の天馬）などの非現実的なキャラクターも登場する。この点から見ると、カラギョズは現実の生活場面から醸し出される笑いとは別に、民俗的な要素をふんだんに含んでいることがわかる。この点から見る限り、カラギョズは、トルコ世界、イスラム世界、そしてさらに東方の、広い世界の民俗文化に通底する性質を持っていることを示している。

カラギョズは本来即興劇であるから、その内容は親方から弟子へ口伝されたこと、そして、一九世紀末になって、ようやく文字化されたために、現在知られているシナリオがいつの時代に対応するのかを特定するのは難しいが、現在知られているシナリオは通常「古典物」と「新作物」に分けられる。「古典物」はラマザン（断食月）の夜の余興として連日演じられていたため、イスラムの暦にあわせた形で二八～二九編あったといわれている。「新作物」を含めると三九編で、すべて出版されている。

図７-９『ブランコ』の一場面
［提供］メティン・アンド

このうち、日常生活に関するシナリオ、例えば『渡し舟』『ブランコ』『酒場』は、いずれも客として現れる様々な人物の方言、訛り、職業癖などがパロディ化されるところから笑いが生ずる。『代書屋』は、なぜかカラギョズが文字を書ける設定になっている。素朴なトルコ語しか知らないかれが、客として訪れるチェレビや貴婦人の話す高尚なオスマン・トルコ語を自分が知っている素朴なトルコ語に勝手に書き換えていくさまは、シナリオを読んでいるだけでも笑いを抑えることができない。このように、カラギョズはすべて喜劇仕立てであるから、例えば中世ペルシア文学の典型的な悲劇である『フェルハドとシーリーン』でさえ、本来のストーリーは愛し合っているが結婚を認められない二人の死で終わるはずが、カラギョズでは二人はめでたく結ばれる、というハッピー・エンドのメロドラマ仕立てになっている。

カラギョズの起源と性格

カラギョズの起源に関する定説はまだない。一四世紀のブルサでモスクの建築現場で働いていた二人の左官の対話があまりに面白いので、他の職人たちが笑い転げて仕事が進まないのに腹を立てたスルタンのオルハン（在位一三二四〜六二）が二人を処刑させたが、あとでそのことを後悔し、二人に似せた人形を作らせたという話が、カラギョズ師たちの間で知られている。そのほかにも諸説があるが、もっとも有力な起源説は、東南アジアと西アジアとの間のインド洋を媒介とした中継貿易の発達による文化交流の所産と考える説が有力である。つまり、影絵芝居は、中国から東南アジア（とくにジャワ）へ、そこからアラブ諸国に、そしてさらにイスタンブルに伝わったとする説である。ただ、これが定説となりきれない理由は、ジャワの「ワヤン」が、人形の足元から操り棒を垂直につきあげるようにして、上下に動かして演じられるのに対して、カラギョズの場合は人形の体にあけられた穴に棒を横からに差し込んで動かす、という技法上の根本的相違があるところが難点になっている。

トルコの伝統演劇とヨーロッパの演劇との関係についての論点の一つに一六世紀以降のイタリアに生まれた仮面即興喜劇コメディア・デラルテとカラギョズとの関係がある。その主人公の一人アルレッキーノ（ハーレクイン）のアクロバティックな演技で知られるコメディア・デラルテは、現在の、いわゆる「コメディ」の原点である。カラギョズもその基本的な性格は人形による即興喜劇であるから、この二つは演劇として同質であるといえる。演劇評論家田之倉稔は、「最近ではその起源をトルコ、あるいは中国の民衆芸術に求める説も現れている」と記している(24)。ここにいう、トルコの民衆芸術がどれを示すのかは不明である。しかし、最近のある研究は[25]、コメディア・デラルテを生みだしたころのイタリアが、日本も含めて、極東からインド、中央アジア、イラン、そしてアナトリアにいたる広大な東方世界から祭や芸能をめぐる文化的影響を大きく受けており、たとえば、「西洋における「黒い皮のマスク」（これは中央アジアにおけるシャマニズムの儀礼の何千年もの伝統から来るのだが）のこの時代における突然の出現を東方に求める以外に説明することができるだろうか？　コメディア・デラルテの興業に本質的なこの要素の存在を正当化できるのだろうか？」と問いかけている。したがって、「コメディア・デラルテの起源をイタリアの内部だけに求めるのは、ヨーロッパ中心主義のそしりを免れないということになる」と述べている。

一九七七年にイランのシーラーズで開催された演劇に関する国際会議に参加した山口昌男は、この会議での報告の中でニューヨーク大学のピーター・チェルコフスキーが「コンメーディアがイラン＝トルコ起源か、黒塗り道化がコンメーディアに影響されているのかよくわからないところがあるが、民俗レベルでのユーロ＝アジア的モデルという概念を規定してみてはどうかと提案した」と述べたのち、山口は、「われわれはともすればカーニバル的哄笑の感覚が西欧社会の民俗をモデルにして出来上がり、（中略）意外にもわれわれが普遍的画一的なイメージを描きがちなイスラム世界の真っただ中にもそうした伝統が豊かに息づいてきたということは大きな驚きであった」と記している[26]。

ユダヤ教徒の役割

その起源に関する定説がないのと同様に、東方から影絵芝居がイスタンブルに伝来した当初、その内容がどんなものであったかについても、じつは情報がない。まず、一六世紀にこれが伝来した当初は、主人公であるカラギョズとハジワトによる軽妙な対話だけだったのではなかろうか。

のちに詳細に紹介することになるが、一五八二年におこなわれた五〇日におよぶ王家主宰の「祝祭」の様子を記録した『祝祭の書』には図7‐10のようなミニアチュールが描かれている。その中央に白い衣装を身に着けてターバンを巻いた二人の男がいるが、かれらはフェルト職人であると普通は説明されているが、演劇史家メティン・アンドは、同時にかれらはカラギョズとハジワトの役を演じているのだと説明している(27)。この影絵芝居カラギョズは一九世紀末に収集された台本を見ても常にこの二人の対話によってはじまり、ここが影絵師の腕の見せどころである。その後に、カラギョズの妻をはじめとする登場人物が現れるのである。

このようにしてはじまったと思われるイスタンブル版影絵芝居「カラギョズ」の演劇としての発展を考え

図7‐10　1582年の祝祭におけるカラギョズとハジワト　1582年，トプカプ宮殿博物館蔵

るうえで、コメディア・デラルテの影響を考える必要があることはすでに指摘したが、その際、一四九二年のスペインにおける有名なユダヤ教徒追放令によって追われたユダヤ教徒が多数オスマン帝国、とくにイスタンブルに受け入れられたことが重要である。すでに上巻第四章で述べたように（一七七頁）、一五三五年にはイスタンブルのユダヤ教徒は四万人を越え、一つの都市としては、世界一ユダヤ教徒の多い都市といわれていた。メティン・アンドは、「かれらは娯楽を好むセリム二世の宮廷に道化師・手品師として入った。ユダヤ人が移住した時はスペインがイタリアのコメディア・デラルテと接触した時期と一致していることを忘れてはならない。スペインのユダヤ人たちは、トルコに来る前に影絵芝居を知るわずかな機会があった」と述べている(28)。他方、文化人類学者のイルハン・バシュギョズは、かれらは「一五三九年という早い段階で音楽師・踊り手・花火師・手品師・人形遣い・カラギョズ師・大道芸人としてオスマン王家の祝祭に参加していた」と記している(29)。一七世紀中葉のエヴリヤ・チェレビの『旅行記』には何百人もの芸人からなるユダヤ教徒の「団体」（コル）が記録されている。こうしてみると、一六・一七世紀の段階でコメディア・デラルテの技法がユダヤ教徒たちによってカラギョズの中に持ち込まれた可能性が高い。しかし、バシュギョズもいうように、カラギョズは（身振りよりも）言葉の要素が重要であるから、かれらが言語を通じていかにイスタンブルの民衆に受け入れられていったかを明らかにすることが必要である。メティン・アンドがいうように、カラギョズを構成する主要な要素は、ギャグ、滑稽な無駄口、おしゃべり、ナンセンスな会話、掛け合いといったものであるとすれば、語学が達者でユーモアのセンスにあふれたユダヤ教徒たちといえども、自分たちが持ち込んだ芸をどのようにしてイスタンブルの民衆の間に普及させたのであろうか。一九世紀末のカラギョズ師たちからの聞き取りによって収集され出版された台本集を見るかぎり、カラギョズは、その冒頭でハジワトが吟じる古典ペルシア文学風の四行詩（セマーイー）とイスラム神秘主義的な心性を吐露する詩（ガゼル）といったイスラム色の濃い雰囲気で始まっている。また、カラギョズの普及が、民衆的なイスラム神秘主義教団ベクタシュの普及と歩調を合わせるようにして進んだこと、そしてカラギョズ師の多くはこの教団員だったともいわれている。ただしその反対にカラギョズが本来持っていたイスラム神秘主義的傾向が、イスタンブルの多様な「民族」とその文化に触れる中で、しだいに後景に退き、さまざまなタイプの人間のパロディ化に重きが置かれるようになった、すなわち世俗化したという意見も存在するので、この問題は一筋縄ではいかない(30)。

時代の世相を映し出す

今日に残るカラギョズの演目の中には、一七・一八世紀の文献にその名の出てくるものもあるが、それらが今日のものと同じ内容であるかどうかはわからないのが難点である。すでに指摘したように、カラギョズの技術は親方から弟子へ口伝で伝えられてきたために文献資料がないのである。唯一の文献ともいえる一七世紀中葉のエヴリヤ・チェレビの『旅行記』を見ると、「影絵（ハヤール・ズィッル）」の名で言及されているが、芝居というよりは「物まね（タクリード）」を主としたもののような印象を受ける。したがって、以下の論点はすべて文献による実証ではなく、私の印象に過ぎないことをお断りせねばならない。

カラギョズの歴史的展開を考察する上での大きなヒントは芝居の登場人物や芝居の演目、セリフなどである。そもそも主人公のカラギョズがいつも失業中でハジワトの援助で職にありつくといった存在そのものが、前章でふれた一六世紀後半以後の経済社会変動の中で、地方から溢れ出た人びとが職を求めてイスタンブルに流入し、就職難となった時代を反映しているのではなかろうか。カラギョズのこの状況が「チャップリンに似ている」と指摘する研究者もいる。登場人物の一人で、ジプシー（ロマ）語で「マティズ」と呼ばれるデリ・ベキルという人物は、町の警備役であるが、酔っ払いで、いつも片手に酒壺を持ち、片手に三日月刀を持っているこわもての存在である。かれはスレイマン一世の時代には恐ろしいほど規律の正しいことで知られた軍団で、イスタンブルの治安維持と火消し役をも担っていた常備歩兵軍団イェニチェリのひとりである。しかし、カラギョズに登場するこの人物は、一六世紀末以後この軍団が無頼化して「国家の権威を振りかざす」「一種の愚弄すべき警察官」タイプに成り下がっているといわれる。しかし、かれが介入することによって騒ぎがおさまるという憎めない存在でもある。そこには兵営を出て社会と一体化したイェニチェリ軍団に対する民衆の複雑な心性が窺われる。さらに、一九世紀末から二〇世紀になると、一八世紀末以後の西アナトリアに台頭した任俠無頼集団（ゼイベキ、後述）の頭領エフェも治安維持者として登場する。かれらは「西洋化」に名を借りた中央集権化政策に抵抗して「匪賊」化したが、オスマン帝国最末期の第一次世界大戦後に西アナトリアを占領したギリシア軍に抵抗するゲリラ作戦で「祖国解放」の英雄となったのである（一四四〜一四七頁参照）。

第三節　コーヒー・ハウス文化とその西方への伝播

コーヒーのイスタンブルへの伝播

エチオピアあたりが原産地のコーヒーが、紅海を渡ってイエメンに伝わり、それが最初は薬用として飲まれはじめる。やがてスーフィー教団の修行（ズィクル、念神勤行）で用いられた。かれらは、コーヒーを神のたまもの、神の恵みの一つと考え、これを用いることでいっそう敬虔な祈りをささげることができると考えたのである。しかし、スーフィー教団は、これに入会したふつうの人びとにとっては一種の社交場でもあるから、やがてコーヒーは、嗜好品としての性格を強め、一六世紀の最初の一〇年までにイエメンからヒジャーズ（メッカ、メディナのあたり）、カイロに、さらに次の一〇年でシリアにもひろがった。イスタンブルでは、ひとりはダマスクス、いまひとりはアレッポの二人の有力な商人が一五五一年（一五五四年説あり）にイスタンブルに最初のコーヒー・ハウスを開いたという説がある。これはコーヒーが前章で論じた「アレッポ交易圏」の有力な商品であると同時に、レヴァント貿易のいまひとつの幹線路である紅海に沿って北上し、カイロからイスタンブルに至る道を経由したことから、すでに第六章で述べたように、イエメンでは、一六世紀末以降、シーア派の一分派であるザイド派の勢力がコーヒー豆の交易を通じて強まり、その支配下のモカは化形商品であるコーヒー豆の積出港として、インド洋西海域の商人やヨーロッパ商人が集い、競合する港市として繁栄した(31)。事実、深沢克己も「この飲料の消費は、一七世紀末からヨーロッパで急速に広まり、オランダ東インド会社の重要な輸入品目となるが、イギリスとフランス両国はレヴァント市場でも大量に購入した。当時コーヒーの産地はイエメンとアビシニア（エチオピア）であり、紅海南端のモカがその集散地だったので、アフリカ大陸を迂回する喜望峰航路よりも、モカからジッダとスエズを経由してカイロにいたるレヴァント通商路の方が、輸送費の点でも品質保持の点でも有利であったからである」と述べている(32)。その後五〇年のうちに、イスタンブル、カイロ、アレッポ、そして小規模な都市に何百という店が開かれ、人びとの社交場となった。イスタンブルへは海路によって運ばれ、陸揚げされたから、金角湾に面し、ボスフォラス海峡にも近いエミノニュ地区のタフタカレ街区あたりから町全体に広がった。ここは、そもそもイスタンブルへ海路運ばれてくるすべての食料品の集荷場でもあった。ここでコーヒー豆は煎られたあと、挽かれて商人に売られるのである。ここには現在でも「エジプト・バザール」があり、この一帯はコーヒー豆の卸商や薬種商の店が軒を連ねている。

しかし、コーヒーはカフェインを含んでいるので、イスラム法（シャリーア）の規定に反するためにスレイマン一世時代のシェイヒュルイスラムであるエビュッスウード・エフェンディのファトワー（法判断）によって禁止された(33)。けれども、コーヒーの売買から生ずる税収は国家にとってすでに大きな収入源になっていただけでなく、コーヒーの喫飲になじんでいた民衆や商人たちの不満の声が宮廷に届き、かれの禁令は撤回されざるを得なかった。カイロでは一六世紀の後半という初期のころでさえ、コーヒー投機で莫大な財産を蓄えたウラマーが何人かいたという話さえ伝わっている。その後も禁令は何回か出された。その最も厳しい例が綱紀粛正で有名なムラト四世（在位一六二三～四〇）によるものである。これは一六三三年の大火を口実に出された禁令で、その目的は、カフェに集まった人間の反体制的世論を抑圧することであったといわれるが、あるいはコーヒーにアヘンを混ぜて飲むことがはやったために中毒者が増加し、イスラム法学者たちの批判の的となったためかもしれない。イスタンブルを代表する大衆演劇「カラギョズ」影絵芝居の登場人物に「麻薬常習者」が現れるのはこうしたコーヒーの飲み方がはやったからかもしれない。結局、コーヒー喫飲の風習は、しだいにイスタンブル住民の間に溶け込んでゆき、コーヒー・ハウス（トルコ語のカフヴェ・ハーネの直訳）はアナトリアとバルカンをはじめ、帝国各地からイスタンブルへ移住した多様な人びとの間に「イスタンブルっ子」とでもいうべき気質が醸成される場となっていった。

コーヒー・ハウス文化の興隆

イスタンブルのコーヒー・ハウスには夏冬を問わず一年中営業される室内型のものと、夏だけ営業される海岸や小高い丘の上に作られた野外型のものとの二種類があるが、そのいずれを問わず、とくにラマザン月（断食月）の夜のコーヒー・ハウスの繁盛は、宗教的義務が日常生活のリズムを決める習慣と結びついて、しだいに社会的・宗教的慣習のひとつになっていった。その結果、コーヒー・ハウスは人びとが情報を交換する場となり、また、宮廷やオスマン政府のニュースが伝わる場ともなっていった。最新の噂話を聞くには、コーヒー・ハウスに少しの間座っていれば十分であったという(34)。

図7-11　16世紀後半のコーヒー・ハウス
Dublin, the Chester Beatty Library 蔵

コーヒー・ハウスは、規模や性格によってさまざまであったが、数のうえからみて、もっとも一般的なのは、イスタンブル住民の日常生活の

場である街区（マハッレ）のコーヒー・ハウスである。一七世紀の文人キャーティブ・チェレビは、人びとは王子から乞食まで、他の人と議論し合うことを楽しんでいると述べているように、ここは老いも若きも等しく様々な人が出入りしていた。図7-11を良く見ると、一番奥にひとかどの人物とみられる御仁が、お付きの者たちと鷹揚にコーヒーを楽しんでいる。その前では、文学青年らしき若者が新作の詩でも披露しているようだ。その下では「キョチェキ」と呼ばれる若い男子の踊り子がカスタネットを手に踊っている。その手前の若者たちは「タウラ」と呼ばれるバックギャモンに熱中している。この「タウラ」はいまでも中東諸国の庶民の楽しみの一つである。この図からは、こうした様子を見て取ることが出来るが、ただし、一つだけ注意しなければならないことがある。それは、オスマン帝国のミニアチュールはたしかに写実的ではあるが、一つの画面に出来るだけたくさんの情報を盛り込むことによって、スルタン陛下の業績を示そうという意図があるため、実際には違う場所でおこなわれた別々の事柄を一つの場面に描き込むことがあるからである(35)。

コーヒー・ハウスのいまひとつの類型は、職業を同じくする人びとの集いの場である。金角湾に沿ったエミノニュ地区のコーヒー・ハウスは、荷揚労働者（ハンマール）、渡し守、墓石彫り、輸送業者、建築現場で日銭を稼ぐ者などのたまり場であった。

そこはまた、アナトリアからイスタンブルへの出稼ぎ人が増えた一七世紀以後、その日その日の仕事を振り分ける「職安」的機能を果たすようになった。現在のイスタンブル大学正門前のバヤズィト広場から大通りを下ってアクサライ地区にいたる地域は、町の経済の中核を担う商人や職人たちが職種ごとになじみのコーヒー・ハウスに集まって商談に花を咲かせる場であった。同じバヤズィト広場に近く、「カパル・チャ

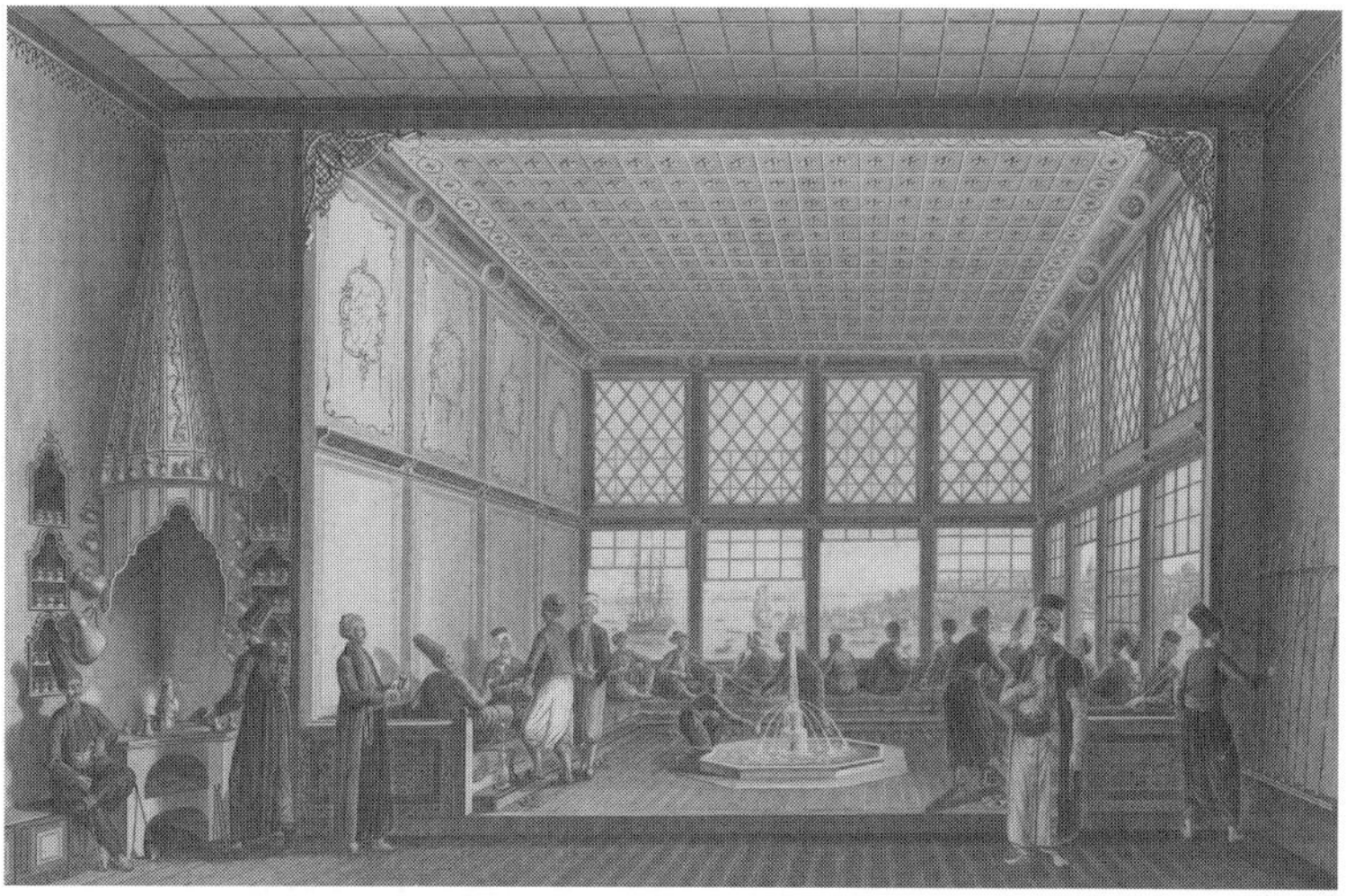

図7-12　19世紀イスタンブルの豪華なコーヒー・ハウス
1819年，Aikaterini Laskaridis Foundation Library 蔵

ルシュ」（屋内バザール）と呼ばれるイスタンブル随一の大バザールとこれを取り囲むハーン（隊商宿）の密集するあたりは国際貿易に手を広げる裕福な商人たちの集まる場所で、ここにあるコーヒー・ハウスは大店の主人たちが情報交換をする商工会議所といった趣であったに違いない。変わったところでは、「エジプト・バザール」の周辺やバヤズィト広場に面したあたりには「カラギョズ師」のコーヒー・ハウスがあり、その近くのシェフザーデ・モスクに面した地区には、吟遊詩人（アーシュク）やメッダーフ（語り物師）たちのたまり場であるコーヒー・ハウスがあった。

すでに述べたように、一七世紀中葉以後、デヴシルメ制度が徐々に適用されなくなって、スルタンの精鋭部隊であるイェニチェリ軍団の成員たちが、兵舎を出て、結婚し、町の商工業部門にも進出するようになると、かれらのたまり場として「イェニチェリのコーヒー・ハウス」が時の政治・社会・文化の上で重要な位置を占めるようになった。国家権力や宮廷にとって最も警戒すべきはこのコーヒー・ハウスであった。ここでは、「国家談義」と称して時の政治を批判する政談がおこなわれ、反乱の温床となったからである。また、その発端は、多分に伝説に彩られているが、イェニチェリ軍団は、すでに第二章で詳しく検討したように、数あるイスラム神秘主義教団の中でも最も民衆的な性格を持つベクタシュ教団と深い関係にあった。このコーヒー・ハウスには、教団の長老（シャイフ）の席があり、特定の日におこなわれる教団ゆかりの儀式や、新しい店の開店にあたっておこなわれる一種のオープン・セレモニーなどは、イスタンブルの庶民文化の中に独特の痕跡を残した。一八世紀になって「トゥルムバジュ」と呼ばれる西洋風のポンプ車による「火消し隊」が編成されると、イェニチェリのコーヒー・ハウスはかれらによって受け継がれ、やがて任俠無頼の徒のたまり場となった。

このように、街区や職業を核としたさまざまなコーヒー・ハウスは、帝国各地から首都イスタンブルに移住した人びとがひとつ屋根の下に溶け合う空間であったと同時に、民衆の政治的・文化的世論形成の場となった。近代のエジプトにおけるコーヒーとコーヒー・ハウスの機能については、「一九世紀後半以降の西欧帝国主義の支配からの解放が課題となった時代、カフヴェ・ハーネは民族革命形成のサークルの拠点となった。その先駆けを務めたジャマルッディーン・アフガーニーを囲んで、ムハンマド・アブドゥフやサアド・ザグルールが帝国主義からの解放を語りあった」のである(36)このように、コーヒー・ハウスの世論は、イスラム世界のどこでも、いまなお重要性を失っていない。

コーヒー・ハウス文化のヨーロッパへの伝播

「コーヒーがアラブから来たのはたしかだが、コーヒー・ハウス文化は純粋にヨーロッパのものである」

という認識がヨーロッパ人のあいだにあるが、これは、全くの見当違いな、ヨーロッパ中心主義以外の何物でもない。イギリスのコーヒー文化に関する優れた研究を発表した小林章夫でさえ、その著書の冒頭で、一五五四（ないし一五五一）年に「コンスタンティノープルに世界最初のコーヒー・ハウスが開店し、イスラム教徒の迫害にもかかわらず大いに栄えたらしい」(37)と述べている。この文章は、コーヒー・ハウスが最初にイスタンブルで開店したこと自体は把握しているものの、それはキリスト教徒のための店であるかのような印象を与えている。しかしそれは、研究史の現段階では、むしろ仕方のないことで、ロンドンにおけるコーヒー・ハウスの実態を克明に伝えた小林の著書は、イスラム世界におけるコーヒーとコーヒー・ハウス文化の研究にとっても大きな示唆を与えるものである。

ヨーロッパ諸国におけるコーヒー・ハウス文化を論じるのは、もとより本書の扱う範囲ではないので、ここでは、コーヒー・ハウスのヨーロッパへの伝播に関するさまざまな説のうち、本書のこれまでの記述と関係する興味深い話を一つ紹介するだけにとどめておきたい。

以下に紹介するのは、フランスへのコーヒーの喫飲とカフェ文化の伝播に関する一説である。一六六四年にヨーロッパ諸国の支援を受けたオーストリアでザンクト・ゴットハルトの戦いに敗れたオスマン帝国はヴァスヴァル条約でオーストリアとの間に二〇年間の和平条約を結び、ヨーロッパ諸国との間に大使の交換が約束された。このときオスマン帝国がフランスに派遣した大使スレイマン・アガはイェニチェリ軍団の幹部の一人である。かれは、一六六九年八月に一二人の従者を連れてフランスへ出発した。このころにはイスタンブルでコーヒーの喫飲はすでに日常化していて、従者の中にキルコルというアルメニア人が加わっていた。当時のフランスはドイツとの間に緊張関係があり、オスマン帝国とぜひとも友好関係を結ばねばならなかったから、ルイ一四世は宮廷の調度品や衣装を新しくしたりしてオスマン帝国からの使節を待ち受けていた。しかし、スレイマン・アガは、フランス宮廷の儀礼を無視して尊大にふるまったので、これに腹を立てたルイ一四世は、アガの帰国後にかたわらのモリエールにトルコ大使を罵倒する戯曲を書くことを命じた。これが翌年完成した音楽喜劇『町人貴族』である。この作品は、リュリが作曲し、イスタンブルに長い間領事として滞在した経験を持つアルビューがトルコ人に関する知識を提供したといわれるが、メティン・アンドによれば、この作品はトルコ人に関するわずかな真実と数多くのでっちあげの混合物である(38)。この作品の最後の結婚式の場面は、トルコ人の衣装を着た一人のムフティーと一二人の楽器奏者、六人の踊り手が登場し、「トルコ人の儀式」が演じられる。また、でたらめだが、どこかそれらしく聞こえるトルコ語が盛んに語られる。この作品は大成功をおさめ、その後何回も演じられたという。

スレイマン・アガのほうは、自分の宿舎を東洋風に飾りたて、パリの貴人たちにコーヒーを振る舞い、やがてかれの宿舎は貴族やその夫人たちのたまり場となった。スレイマンの帰国後パリに留まったアルメニア人コーヒー係のキルコルはパスカルと名を改めてパリに残り、一六七二年にパリ最初の質素な屋台の「カフェ・トルコ」を開き財をなしたという。

第四節　祝祭の広場から行楽地へ

ヒポドロームにて

多様な言語・宗教・民族の文化のるつぼであるイスタンブルで、それがまさに沸騰する瞬間がある。それがオスマン王家主宰の「祝祭」である。これはオスマン朝の初期より、さまざまな機会に催された。王子や王女の誕生、王子の割礼、学問はじめ、王子・王女の結婚、戦勝記念、外国使節の到来などである。祝祭のおこなわれた場所はビザンツ帝国時代の一三三〇年に建設された馬術競技場、すなわちヒポドロームで、オスマン時代もトルコ語で「アト・メイダヌ（馬の広場の意）」と呼ばれた（現在は「アフメト三世広場」）。ここはトプカプ宮殿から近く、いわば政治の中心にも近かったが、祝祭の規模が大きくなるにつれて手狭になり、金角湾の対岸にある「オク・メイダヌ（矢の広場の意）」、さらに金角湾の源流付近の「キャウト・ハーネ（紙工場の意）」へと移ったが、時にはトプカプ宮殿裏のボスフォラス海峡と金角湾の合流点にあたる海上でパフォーマンスがおこなわれることもあった。

しかし、まずは一五八二年にムラト三世（在位一五七四〜九五）が主宰した祝祭のおこなわれている「アト・メイダヌ」へと急ごう。そこにはすでにスルタンや外国から招聘された賓客のためのパヴィリオンが用意されていて、ムラト三世がフランス、オーストリア、ポーランド、ヴェネツィア、イラン、インドなどの君主たちに送った招待状に応えて派遣された使者たちが待機しているはずである。一五八二年六月二日から七月二一日にかけておよそ五〇日にわたって開催されたスルタン、ムラト三世の王子（メフメト三世）の割礼を祝う祝祭は王書執筆官による『祝祭の書』が編纂され、「大量かつ良質のミニアチュールが当時の祝祭の様子を今に伝えている」(39)。

図7-13　射的競技（右）
16 世紀，ウィーン，オーストリア国立図書館蔵，Codex Vindobonensis Palatinus 8615

図7-14　ジリト競技（左）
16 世紀，ウィーン，オーストリア国立図書館蔵，Codex Vindobonensis Palatinus 8626

図7-15　「ピラフを盛った皿の奪い合い」の図（1530 年の祝祭）（右）
トプカプ宮殿博物館蔵

図7-16　スルタンの面前で手品を披露する手品師（1582 年の祝祭）（左）
トプカプ宮殿博物館蔵

祝祭には様々な行事があったが、その一つは武芸の披露である。その中心はいわゆる馬術である。オスマン帝国の淵源に当たる騎馬遊牧民時代の伝統であるスキタイ以来の短いが湾曲度の大きい複合弓による「射的競技」（図7－13）や馬上から長い棒を投げ合うジリト（図7－14）とよばれる競技が盛んにおこなわれている。ジリトは現在でもアナトリアの農村でも盛んにおこなわれている。しかし、図7－14に示した一六世紀の祝祭でこれをおこなっているのは、トルコ人ではなく、おそらくデヴシルメとして徴用されたバルカン出身の若者であろう。

祝祭の合間におこなわれる民衆への銀貨のばらまきや食事（ピラフ）の饗応が盛んにおこなわれた。これはローマ時代の、あたかも「パンとサーカス」を思い起こさせる風景ではあるが、他方では、中央ユーラシアの遊牧帝国の伝統である「宴会政治（トイ）」の変形といっていいかもしれない。第一章で紹介したことだが、最初のトルコ系イスラム王朝カラ・ハン朝の君主に献上された『クタドゥグ・ビリグ』の「お前の国庫を解放してお前の富を分配せよ。お前の臣民を喜ばせよ。大勢の臣下を持ったならば、聖戦をおこなってお前の在庫を満たせ。臣民の関心はいつも腹（を満たすこと）にあるからだ。彼らの飲食を欠かしてはならない」（上巻二七頁参照）との君主への忠告が思い出される。たとえば、一五八二年の祝祭は、始まってから三日目（六月四日）に、スルタンは約三〇〇〇皿のピラフ、約六〇〇〇個のパン、そして大量の羊肉を無償で提供した。これらがすべて広場に並べられた時、人びとは死に物狂いで殺到したと『祝祭の書』は記している。ちなみにピラフの語源はペルシア語であるが、これがトルコ語に入り、ヨーロッパへ広がったと思われる。

ところで、祝祭の内容を豊かにした存在として、スペインを追われてオスマン領内に移り住んだユダヤ教徒たちがいる。かれらの一部は娯楽好きのセリム二世の宮廷に道化師、手品師として受け入れられた。図

図7-17　宮廷で仮面をつけて踊る道化
トプカプ宮殿博物館蔵

7-16は、スルタンの面前で手品を演じて見せる手品師である。手品師をとくに取り上げたのは、以後オスマン帝国史を通じてイスタンブルの手品師はユダヤ教徒の専売特許となるからである。特に割礼式後の余興としてかれらが呼ばれた。

また、ある外国人観察者によれば、一五八二年の祝祭で、五〇人のユダヤ教徒が黒、緑、白、赤の三角旗を手にモリスコあるいはモレスコ（「小さなムーア人」の意）・ダンスを演じたという。このダンスはスペインに北アフリカから移住したベルベル系のイスラム教徒ムーア人の踊りである（図7-17）。

一方、ヨーロッパ音楽史家上尾信也によれば、「この踊りは一五～一六世紀ヨーロッパの祝祭、饗宴、舞踏会などで人気を博したアクロバティックな舞踏で、優雅で色彩豊かなコスチュームを身に着け、仮面やときには顔を黒塗りにして、靴や靴下に鈴をつけた。（中略）奔放な身振りや跳躍、身をくねらせて踊る異国情緒に溢れた男性舞踏であり、（中略）モレスカ（ムーア風）という言葉が示すように、北アフリカ系のイスラム教徒を想起させる舞踏で、地中海南岸からイベリア半島経由で、ヨーロッパに入ってきた」といわれる(40)。トプカプ宮殿や王家主宰の祝祭で舞踏を演じたかれらユダヤ教徒は、こうしてトルコの祝祭に中世スペインのカーニバル文化を持ち込んだといえるのではなかろうか。

祝祭の広場から行楽地へ

一七世紀のイスタンブルにおける祝祭に関する『祝祭の書』は知られていないので、一五八二年祝祭のようなまとまった情報を得ることは出来ないが、一七世紀初頭から半ばにかけてのあるヨーロッパ人の『旅行記』には、図7－18（左）に見られる興味深い絵が掲載されている(41)。

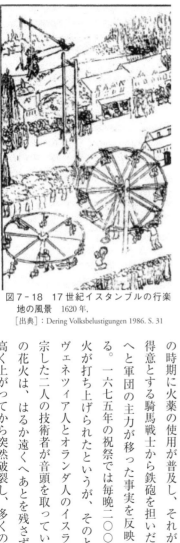

これは祝祭の一場面とは言い切れない面があり、まだ小型ではあるが、のちにヨーロッパ経由で日本にも入ってきた遊園地文化を先取りするような観覧車やメリーゴーランド、そして絵の上方にはとてつもなく高いところにブランコらしき装置が描かれている。

図7－18　17世紀イスタンブルの行楽地の風景　1620年,
［出典］：Dering Volksbelustigungen 1986. S. 31

一五八二年祝祭でも見られた花火は、一七世紀に入るとより一層技術が進歩したように見える。これはこの時期に火薬の使用が普及し、それが弓矢を得意とする騎馬戦士から鉄砲を担いだ歩兵隊へと軍団の主力が移った事実を反映している。一六七五年の祝祭では毎晩二〇〇種の花火が打ち上げられたというが、そのときは、ヴェネツィア人とオランダ人のイスラムに改宗した二人の技術者が音頭を取っていた。「この花火は、はるか遠くへあとを残さず飛び、高く上がってから突然破裂し、多くの星が飛

図７－19　祝祭の花形は花火
1720年，トプカプ宮殿博物館蔵

び散る」というから現代の打ち上げ花火と何ら変わるところがない。

われわれの手元には一七二〇年、オスマン帝国史上によく知られた「チューリップ時代」の『祝祭の書』も残されている。これを見ると、「ギルド」の行進は楽隊や道化を従え、実演を見せながら賑やかに山車を引いて行進している。綱渡りや仮装した巨大な人物像、イェニチェリに護衛されてテントを張り、椅子に腰かけて見物しているヨーロッパ人の一団も描かれている。これらに描かれた人たちのいきいきとした表情、綿密に描かれた服装や実演の様子など、一六世紀以来の伝統を受け継いで、これを発展させたミニアチュールの技術の素晴らしさを見ることができる（図７－19・20）。

また、軽業や奇術のテクニックの向上も著しい。この時代、トプカプ宮殿の政治的役割は後退し、それが大宰相の館に移ったこともあって、祝祭のおこなわれる場所はトプカプ宮殿のすぐ脇のヒポドローム（馬の広場）から新市街の「矢の広場」が中心となったようであるが、一方では、図７－20のようにトプカプ宮殿裏のボスフォラス海峡と金角湾の合流する広い海上に大きな筏を浮かべてその上で「大道演芸」（オルタオユヌ）を演じている一団の姿が見られる（図７－21）。

図7-20　ギルドの行進（右）　1720年，トプカプ宮殿博物館
図7-21　海上に浮かべた筏の上でのオルタオユヌ上演(左)　1720年，トプカプ宮殿博物館蔵

第五節　ルネサンス再考

光は東方から

ルネサンスとは、古代のギリシア・ローマ文化の「再生」という意味であるが、その由来は、教会を頂点とする伝統的権威が動揺し始めた時代に新しい生き方を求めた人びとが、古典文化の中に指針を発見しながら新しい文化を創造したからであり、決して模倣ではない、というのが、これまで長い間のルネサンス理解の仕方であった。これは、ルネサンスをもっぱらヨーロッパ内部における自律的な発展という文脈だけで説明している。こうした古典的ルネサンス観に対して、西洋史家の樺山紘一は、ルネサンスに対する東方の影響、たとえばビザンツやイスラム文明の影響、とりわけマムルーク朝やオスマン帝国との地中海貿易の拡大によるイタリア諸都市の経済的発展を重視したうえで、地中海世界の中の、多彩で生き生きとしたルネサンス像を提供している(42・43)。樺山は、「ルネサンスとは実質上〈再生〉ではなく、ヨーロッパが、地中海文明の広大な遺産の価値を認識し、先進の東方文明から古代を継承する過程で起こったものである。(中略)一五、一六世紀にはルネサンスと並行して宗教改革、大航海などの活動が進行しており、これらの時代的全要素の中にルネサンスも定置すべきである」としている。樺山はさらに、「ダンテの『神曲』の構想のなかにイスラームモチーフがあるという文学史家アシン・パラシオスの議論のように、仮説としてじゅうぶんに玩味できるものはあろう。あるいは占星術や錬金術がイスラーム経由でやってきたというのも事実だ。だが、こうした学とか論といった固い領域よりも、もっとやわらかな技術や知識にあってこそ、イスラームの文明がヨーロッパ人を裨益するところが大きかったのではないだろうか」と述べているのはまさに慧眼である(44)。というのも近年の国際社会における「ルネサンス再考」論も、まさにそうした観点から展開されているからである。

文明の融合論

先進的なヨーロッパ史の象徴であるかのように長い間語られてきたルネサンスとアジア諸国との関係を取り上げるときに注意しなければならないことがある。それは、この問題をルネサンスの実現に対する「アジアの貢献」という文脈で語ることである。これは、ヨーロッパ中心主義を批判するのではなくて、逆にヨーロッパだけに興った素晴らしいルネサンスの達成にアジアも貢献した、というニュアンスを伴いがちだからである。しかし近年、欧米やトルコにおいて盛んにおこなわれている議論は、そうした危険を乗り越えたレベルでなされているように思われる。

欧米の論者の場合は、ニューヨークで起きた、いわゆる「九・一一」事件以後のアメリカで戦わされた議論を出発点としているように見える。S・ハンチントンの『文明の衝突』(45)が、とくに「イスラムと西欧の衝突」を強調したのに対する反論として、それは、「イスラムと西欧の融合」の可能性を模索しているからである。たとえば、西欧におけるルネサンス研究の第一人者と目されるイギリスのピーター・バークは、一九九八年に出版された著作で、「奇妙なことには、ヨーロッパの周辺に位置すると考えられているイスタンブルとブダ〔後のブダペスト〕の二人の支配者〔メフメト二世とマーチャーシュ王〕が新しい文化の様式に最も興味を抱いていた。（中略）メフメトの興味は宮廷の外に共鳴しそうになかったが、初期ルネサンスにおいては西ヨーロッパとそしてイタリアにおいてさえもそうだった。（中略）私の意図は、西ヨーロッパの文化を近隣、とりわけビザンツとイスラムとの共存と相互交流の視点から概観することである。この二人の隣人は共に古代ギリシア・ローマの彼ら自身の「ルネサンス」を持っていた。（中略）フィレンツェとミラノの一五世紀のホスピタルのデザインは、直接・間接にダマスカスとカイロのホスピタルのデザインを模倣したものである」(46)などと述べて、イタリア・ルネサンスとイスラム世界との関係について具体的な示唆をしている。

一九九〇年代に入ってから欧米で出版された本の中には、ルネサンスをさらにグローバルな視点から検討することによって、ヨーロッパ中心主義的な見方を批判する著書や論文が近年盛んに書かれていることがわかる。たとえば、二〇〇五年に出版された、文字通り『ルネサンス再考――東洋との文化交流』(47)と名付けられた論文集の「イスラムとキリスト教世界の通気性のある境界――文明の衝突か融合か？」と題された序論の執筆者（W・ダーリンプル）は、「九・一一以後、イスラムとキリスト教の関係は今日もっとも中心的な話題のひとつとなった」と宣言している。そして、「すべてのレベルにおいて、オスマン世界は、直接にルネサンスの生活、そして知的覚醒を促した。ルネサンスは、ギリシア・ローマの根源から引き出された自己復活の過程と同じくらいに東と西との相互作用に多くを負っている。古代の再発見に加えて、イスラムと西欧との間の文化的・商業的交流がルネサンスの形成に決定的な役割を演じたことである」と述べている。

この論文集には八本の論文が収録されているが、いずれも西欧とオスマン帝国時代のイスラム世界との具体的な文化交流を取り上げており、その点、先に挙げた樺山の「こうした学とか論といった固い領域よりも、もっとやわらかな技術や知識にあってこそ、イスラームの文明がヨーロッパ人を裨益するところが大きかったのではないだろうか」という言説の正しさを証明している。この論文集の中で、興味深いさまざまなエピソードが語られているが、紙幅の関係もあり、わかりやすい例を一つだけ紹介する。それは、エリザベス女王とオスマン帝国のスルタン、メフメト三世（在位一五九五～一六〇三）の母后サフィエが豪華な衣装ときれいに捺染された布地を交換しているという話である。著者の一人で英文学者のG・マクリーンは、「この二人の女性は互いに会ったことがないにもかかわらず、お互いの体を覆う衣服を手に取ることによって奇妙な親近感を抱いたに違いない」と記している。この話は、当時盛んだった「レヴァント貿易」という下地の上において見れば、恐らく二人の手の内にある衣装と布地とは、高級なインド産の綿織物、あるいはイランの絹織物から仕立て上げられた衣裳だった可能性がある。もしそうだとすれば、互いに遠く離れた二人の女性は同じ服飾文化を共有していたことになる。この話は東西貿易がいかに国境を通気性のあるものにさせるかというだけでなく、いかに文化交流が重大なもので、芸術と知の運動の広範な交換なしにはルネサンスと呼ばれるものは起こらなかったということこの本のフレームを象徴している。そして、この本の末尾に収録されたオスマン朝史家C・フィンケルのヨーロッパ人による従来のオスマン帝国認識に対する強烈な批判が本書には込められているといえよう。すなわち「オスマン帝国にはルネサンスも、宗教改革も、啓蒙主義もない。一度拡大をやめれば自分の中に閉じこもり、その歴史はそれを救うためのヨーロッパ・スタイルの軍事改革が（一九世紀以後の西欧化改革を念頭に置いていると思われる）、避けがたい消滅を一時期伸ばした以外には何もない国家である。オスマン人は、世界に生起していることに関心がない。なぜなら、かれらは先天的に高慢の感覚を持っているからである。そしてかれらはヨーロッパとの通商をスルタンのキリスト教徒とユダヤ教徒の臣民を通じて行っていた、なぜならムスリムたちは外国語を知らないから。高慢なムスリムたちは商売に手をよごさない。オスマン人は好奇心を持たず、新しい世界を発見するのに失敗した。という悪意のあるヨーロッパ中心主義的見方」(48)に対する強烈この上ない批判である。

「トルコのヨーロッパ性」と「ギリシアのアジア性」

西洋史家谷川稔は「トルコをどう処遇するかは単に政治的安定の問題だけではなく、今後のヨーロッパの自己認識ひいてはその歴史像の塗り替えを左右する重大な試金石となろう。（中略）正教圏からはようやく二〇〇七年ころにルーマニア、ブルガリアが参加できるようだが、ギリシアが一二か国体制の発足メンバーとして早期にEU加盟を果たしているのとは対照的である。西洋文明の源流として位置付けられたギリシアの特別扱いは、従来のヨーロッパ・アイデンティティの問題性を端的に物語るものである。（中略）エーゲ海やイオニア海を共有し、古代ギリシアと一体性を持っていたはずの、トルコ西部の古代の記憶はどこへ消えたのだろうか。（中略）それはつまり、一九世紀西欧による「ギリシアの記憶」の改竄であり、「トルコの記憶」の抹殺と横領（アプロプリアシオン）である。さらに、両者が共有したビザンツ世界あるいは東地中海世界の（多様性を前提とした）文化的一体性を考えた時、目下EUから加盟を渋られているトルコのヨーロッパ性と「ギリシアのアジア性」は再考に値するだろう」と人文地理学者飯塚浩二の意見を思い出させる意見を述べている(49)。

飯塚はすでに一九六三年に出版された著書『東洋史と西洋史のあいだ』において次のように述べている。「このオリエントと不可分の地中海世界の歴史こそ、東洋史と西洋史の「あいだ」にある歴史であり、地中海の北の勢力が地中海を制圧するにいたってから以後の感覚で、オリエント＝地中海世界の歴史を、西洋史に、ことにヨーロッパ史の領分に横流しすべきではなかったろう。（中略）これが人文地理の立場からすれば、譲りがたい主張の一つである」(50)。樺山も、一九八五年に「ローマの知的文化の祖であるギリシアは、（中略）全体としては、ヨーロッパの祖源であると観念される。それは率直にいって誤解というべきであろうが、その後、現在に至るまでのヨーロッパ人の歴史観の基礎をなしている。ここでの古代の復活とは、べつの言い方をすれば、地中海の古代文明の「ヨーロッパ」による簒奪であった。（中略）ほとんど簒奪だというべきだとしたのは、ローマは狭義にイタリアの祖というべきであるし、ギリシア文明を受け継いだのは、ヨーロッパにさきんじて、まずもってビザンティンとイスラムの両世界だったからである」(51)。これを受けて、西洋史家岡崎勝世も「ルネサンス人の古代論では、古代ギリシア文明を継承・発展させてきたのがビザンティン・イスラム両世界であったこと、さらに「ヨーロッパ」がこれを両者から受け取ったという事実を、ことさら無視しているからです。そしてこのことは、一九世紀のヨーロッパ人の「古典古代」論にもいえるとわたしは考えています」(52)と述べて、樺山の言葉に賛意を表明している。

「自叙伝文学」はヨーロッパだけのものか？

トルコのオスマン朝史家チーデム・カフェスジオールは「例えば、肖像画、伝記文学、自叙伝、自画像がルネサンス人の個性と人間の発見のもっとも明瞭な印であるとすれば、一六世紀に中国、日本、イスラム世界においてこの種のものが互いに孤立してあらわれたことをどう理解すればよいのか」と問いかけている(53)。

これを受けるかのように、ルネサンスの特徴のひとつが、宗教の束縛から解放された「個人の発見」の時代であることを象徴するのが自叙伝文学の隆盛であるとしたヤコブ・ブルクハルトの意見は、その後ヨーロッパ内部でも多くの批判にさらされたようであるが、これをアラビア語で書かれたアラブ人、ペルシア人、トルコ人による自叙伝文学の立場から取り上げて、ブルクハルト以後の研究も含めて批判したのがアメリカのルネサンス史家D・F・レイノルズである。かれによれば、自叙伝文学はヨーロッパ文明だけに特有な文学であるという意見が第二次世界大戦後に突然起こったという。これらの意見を主張する者たちは古代オリエントやエジプトにおいて自叙伝が存在し、また、アラビア語による自叙伝文学がイスラムの歴史とともに古いものであることを知ってはいたが、それらはすべて「個人としての自覚に欠けている」として退け、真の自叙伝文学は古典ギリシアから始まるとしたようである。これに対してレイノルズは、こうした意見は、学生時代にアラビア語を学んだブルクハルトがアラビア語文学をある程度評価しているのに比べると、かえって後退した意見であるとし、たとえば、ムガル帝国の創始者であるバーブルによる『バーブル・ナーマ』という立派な自叙伝文学がイスラム世界には存在するのに、これらをすべて例外として位置づけていることは、ヨーロッパ中心主義以外のなにものでもないと厳しく批判している(54)。

一方、トルコのオスマン史家ジェマル・カファダルも「ヨーロッパにはこれこれがあるのに東洋にはない、というのはヨーロッパ中心主義である」といい、「この「ない、ある」という言い方は近代主義の派生語」であるという。そして、「イランやオスマンの詩人たちは、一五～一七世紀において非常に真摯な個人主義の姿勢がある（ブルクハルトの材料も多くは芸術家・詩人）。中世のアナトリアにおいて何百という作品、たとえば橋でさえ署名がある。セルジューク朝や前オスマン朝の写本、橋、ミフラーブ装飾にたくさんの署名がある。この署名人たちには、個人主義の姿勢がある。フズーリーには、地方出身（taşralı）の自覚がある。彼は『私の書いたものを都会人や宮廷人のあいだで注目されることはない。なぜなら私は不毛な土地と思われている土地の子供だからである』といっている。しかし、そこでも自らの個人主義を宣言し、他人を凌駕しようとしている。かれのトルコ語およびペルシア語のディーヴァーン（ここでは詩集の意――引用者）は恐ろしく深い哲学的詩作である」と述べると共に、オスマン帝国における自叙伝が一七世紀以後に増加したのは、ルネサンス流の「個人の発見」によるものだけではなく、一六世紀末以後のオスマン社会の混乱と動揺によるものだとし、自叙伝は「オスマン世界においても、ルネサンス同様、社会を根底から揺り動かす変動の痛みから生じたのである」と結論付けて、自叙伝を、「個人の発見」だけに結びつけること自体を批判している(55)。

第八章

近代への道

第一節　「東方問題」のはじまり

露土戦争（一七六八〜七四年）の大敗北

一七三九年のベオグラード奪還以来、三〇年にわたって続いた久方ぶりの平和の時期に、マフムト一世（在位一七三〇〜五四）はフランス人のボンヌヴァル（イスラムに改宗し、アフメト・パシャを名のる）などの「御雇外国人」の指導の下におこなわれた軍事改革によって西欧の新しい技術の導入を試みていた。しかし、ヨーロッパ諸国が一七世紀を通じて主権国家の存亡をかけて戦う過程で進められた軍事革命にくらべれば、オスマン帝国における軍事改革は極めて限定的なものであった。ただし、それは決してオスマン帝国が外部に対して目を閉じて内向きになっていたことを示すとは限らない。一七世紀を通じておこなわれたオスマン帝国の戦争はすべて首都イスタンブルからはるか遠く離れた辺境での戦争であったから、国家の存亡をかけた戦争ではなかった。

しかし、一七六八年に勃発した露土戦争は、両国の間の軍事技術の差をはっきりと露呈させることとなった。この戦争は、露帝エカチェリーナ二世（在位一七六二〜九六）がポーランド分割問題へ介入して黒海西岸からドナウ川沿岸地域へと軍をすすめたことから開戦の機運が高まったことに始まる。しかし、大宰相ムフ

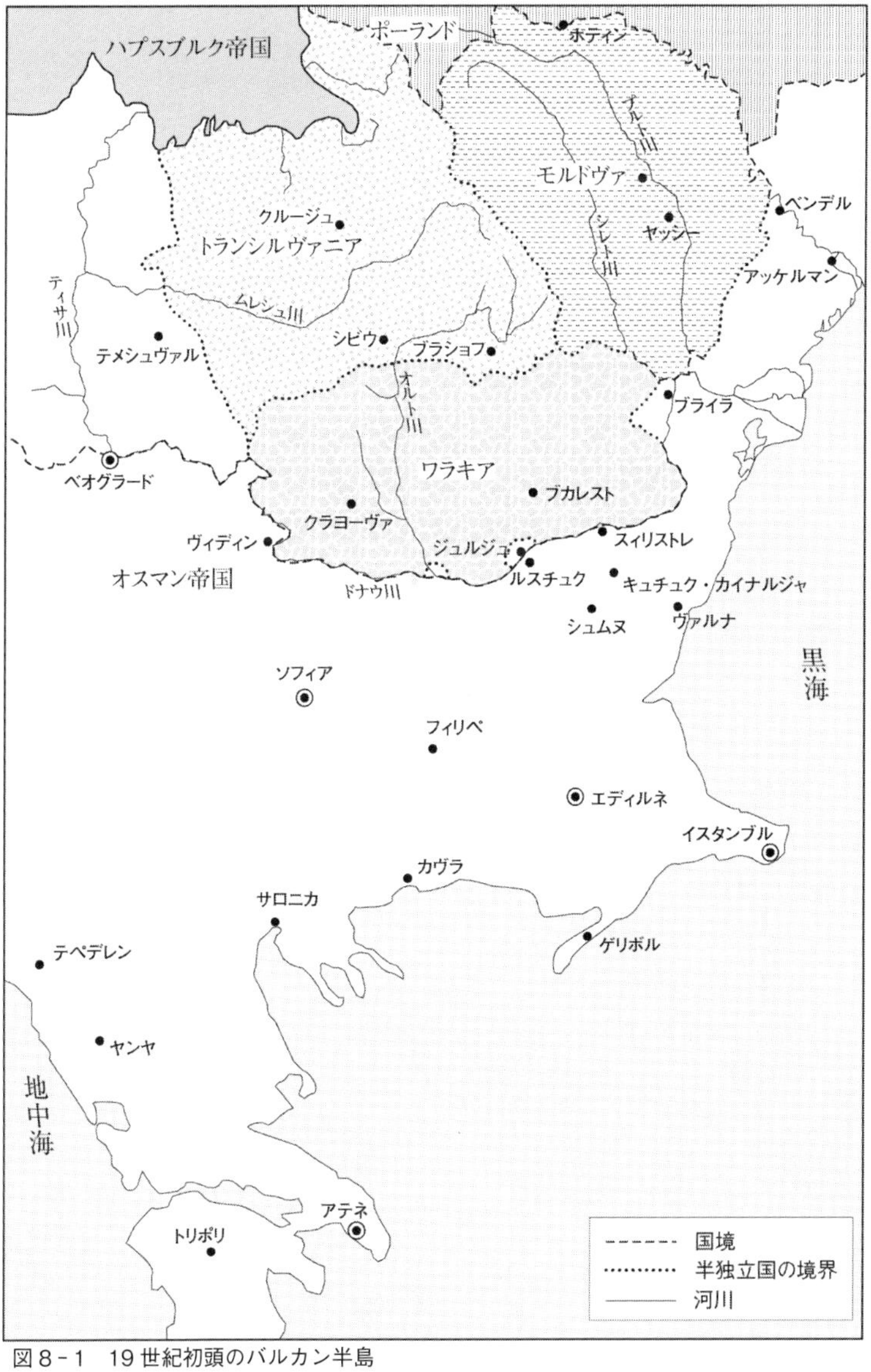

図８-１　19世紀初頭のバルカン半島

スィンザーデ・メフメト・パシャ（一七〇四？～七四）は、国内の体制が十分ではないことを理由に開戦に反対の立場をとったため、大宰相職から罷免された。この人物はオスマン帝国史上にさして名の知られた人物ではないが、この人の一族の伝記をたどると、一七世紀以来、デヴシルメ出身の軍人・官僚に取って代わった「オスマン官人」のおそらく最後のタイプに属する人物であったと思われる。

そこで、この人物について紹介しておこう。メフメト・パシャは、国際貿易都市アレッポ出身で長い間イスタンブルで裕福な商人として活動したムフスィン・チェレビ（生没年不詳）の孫にあたる人物である。かれの父アブドゥッラー・パシャ（一六六〇？～一七四九）も若いころは、父の仕事を手伝って商人として働いていたが、ジェッダ州知事として死去した兄の推薦で造幣局の役人として官界入りした（一七〇三年）人物である。アブドゥッラーは、アレッポ州知事などの要職を歴任した後、一七一八年にイェニチェリ長官、一七二一年から二七年までの六年間はボスニア州知事を務め、一七三七年に大宰相に任じられている。かれは『国の秩序に関する覚書』と題する著書において、大宰相の職務、イェニチェリ軍団やティマール制軍団の実情などを論じた知識人であった(1)。そうした人物、アブドゥッラー・パシャの息子が、ムフスィンザーデ・メフメト・パシャその人である。かれは、一七〇四年ごろイスタンブルに生まれ、父が大宰相職に任じられた一七三八年、東アナトリアのマラシュ県軍政官に任じられて宮廷から出仕し、その後一七四九年までの一一年間のうちに、黒海西岸のロシアとの国境に近い戦略上の拠点であるイネバフト、ベンデル、オズ、ホティンといった都市の「守備隊長職」を経験し、さらにマラシュ、アダナといった東部アナトリアの県軍政官を歴任している。その後も一七五二年から五六年の四年間にふたたびホティン、イネバフト、アウリボズ、ニーボル、オズといったバルカンの戦略上の拠点に再び赴任している。その間にスルタン、ムスタファ三世（在位一七五七〜七四）の信頼を得たメフメトは娘のエスマーと結婚して、オスマン王家の外戚に名を連ね（一七五七年）、その後ボスニア州軍政官、ルメリ州軍政官を経て一七六五年に大宰相に任じられた(2)。つまり、メフメトは、平均すると二年にも満たない頻繁な任地替えと、その任地の多くがロシアとの緊縛した外交関係から重要な国境都市の「守備隊長職」に任じられる事によって、将来の国家的要人の隊伍につらなるに十分なキャリアを積んでいる。メフメトのこうしたキャリアは、「官僚たちが短い在任期間でポストを移動しながらジェネラリストとして成長し、やがては国家の枢要な地位につく、という官僚養成のスタイル」にオスマン朝の「近代性」を見出す羽田の議論と通底するところがある(3)。

このように、若い頃からの経験によって帝国辺境の防備体制の不備をよく認識していたメフメト・パシャは、大宰相に就任するとただちにアナトリアとバルカン諸地域における「アーヤーン職」（第六章三八頁参照）をめぐる抗争を鎮めるための手段として、「アーヤーン職」の任免権を大宰相の手元に置く政策を実施するなどの中央集権化政策によって地方を把握することに努力していた(4)。かれは、この時期での開戦は時期尚早として反対したが、スルタンや高官たちの間に広まった開戦気運に押されて、一七六八年八月七日に大宰相職から罷免され、メフメトの「アーヤーン職政策」も放棄された。

結局、一七六八年一〇月にオスマン帝国はロシアに対して宣戦布告し、戦端が開かれた。しかし、オスマン帝国軍の主力は、すでに実態を失ったティマール制軍団や規律の乱れたイェニチェリ軍団にかわって、各地のアーヤーンたちが寄せ集めた傭兵軍団であったから、よく訓練されたロシア軍には立ち向かえなかった。ロシア軍はクリミア半島を占領し、イギリスと手を結んでバルト海から地中海へと派遣されたバルチック艦隊がエーゲ海のチェシュメ湾に係留されていたオスマン艦隊を焼き払うなど圧倒的な勝利をおさめた。

この間に起こったひとつの重要な事件がある。それは、一七七〇年二月のモレア（ペロポネソス）半島におけるギリシア人の反乱である。その背景には、ドナウ川北方の露土戦線を背後から脅かすことによって戦局を有利に導こうとするエカチェリーナ二世が半島に放ったスパイたちによるギリシア人の独立を扇動する動きがあった。このことは、イスタンブルのトプカプ宮殿博物館の文書部に残されている史料から裏付けられる(5)。しかし、反乱を支援するべく派遣されたロシアの将軍アレクシオス・オルロフの乗った戦艦が台風のために予定通りに半島に到着できなかったという偶然もあって、反乱は失敗した。このため、ギリシア史家の間では、この反乱を単に「オルロフ事件」として片付ける傾向がある。しかし、そうではない。スパイたちの扇動もあったが、反乱の現地民指導者である半島最南端のマイナ地方最大の有力者（コジャバシ、ギリシアおけるキリスト教徒のアーヤーンとも言われる）、ベナーキ（Panayotti Mpenakis）が、ロシアの援助によってオスマン帝国からの独立をみずから呼びかけるなど、明らかに独立を志向していた。ベナーキは、エーゲ海に開かれたモレア半島南岸の豪商、かつ大地主であった。かれはロシア軍の援助さえあれば、直ちに一〇万のギリシア人を蜂起させ得るとエカチェリーナ二世に報告させていたという。また、反乱によってオスマン支配から解放された地域ではコジャバシと教父層とを中心に独立した統治機構が編成されたという(6)。したがって、これは反乱であると同時に、オスマン領バルカン地域における最初の、しかし未熟な「民族運動」である、というのが私の考えである(7)。最近では、この反乱をギリシア人の最初の「プロト・ナショナリズム」とする見方もギリシア史家の側からも提起されている(8)。

この反乱に直面してオスマン政府は、直ちに一度罷免したムフスィンザーデ・メフメト・パシャをモレア州の総司令官に任命した。かれは、ただちにギリシア北部のアーヤーンたちに手紙を送り、反乱の鎮圧に馳せ参じるよう要請した。その結果、おおよそ一万の軍勢がモレア半島の中心地トリポリスに集結した。その結果、同年四月九日のトリポリスの戦いでアーヤーン連合軍によって反乱は、いともたやすく鎮圧され、メフメト・パシャは「モレア征服王」の異名をえた。しかし、当時のギリシアは、ベナーキのように独立を志向するエーゲ海沿岸部のコジャバシたちと、反乱には消極的で、オスマン政府に内通する内陸部のコジャバシたちとに分裂していたことも反乱が失敗に終わった原因のひとつでもある。その背景にはヨーロッパとの通商によって上昇する者たちと、内陸にあって保守的な地主経営を維持したい者たちとの間の対立があった。そして、反乱の鎮定に功のあったアーヤーンたちが反乱鎮定後、相次いでモレア州軍政官に任命され、宰相位を与えられて国家的要人の隊伍に加わっていったことも、その後の歴史に影響を与えることになる。

しかし、反乱鎮定後のモレア半島では、反乱者たちの追討に派遣された「アルバニア人」たちが乱暴狼藉をはたらき、そのすさまじさは、総司令官であるメフメト・パシャその人の手にさえ負えないありさまであった。かれは大宰相宛に送った手紙の中で、「アルバニア人兵士が次々と到来し、新に服従を誓ったレアーヤー〔キリスト教徒臣民の意〕を打ち殺したり、奴隷として捕獲している。私がこの半島にいる限り、アルバニア人の流入はやまないし、入った者は出ていこうとしないで好き勝手なことをしている」と述べ、他の地域に配置換えされることを要求している(9)。ただし、この手紙にある「アルバニア人」とは、いわゆる「民族」としてのアルバニア人とは異なることに注意しておきたい。また、この混乱を逃れて多くのギリシア人がアナトリアのエーゲ海沿岸地方一帯に移住したために、この地方の「ギリシア化」が進行したことは、のちに大きな問題を引き起こすことになる（一二九頁参照）。

反乱の鎮圧に成功したことによって、名誉を挽回したメフメト・パシャは、一七七一年一一月二八日に大宰相に再び任命されると、ただちに和平の道を模索してロシアとの交渉に入り、一七七二年五月三〇日に四ヶ月間の「ブカレスト休戦協定」を結ぶことに成功した。しかし、オスマン軍の実情を知らぬイスタンブルのウラマーたちの反対により一七七三年三月に再び戦端が開かれる。そして、ドナウ川を越えてオスマン軍の本陣シュムヌ（現ブルガリアのシュメン）に迫るロシア軍を目前にして大宰相兼総司令官たるメフメト・パシャは、ロシア側の主張をほぼ全面的に認める形で、一七七四年七月二一日にキュチュク・カイナルジャ条約を締結せざるをえなかった。その後、病身を抱えてイスタンブルに帰還する道中で、現ブルガリアのカロヴァッツの町で失意のうちに死去した。遺体は妻エスマーの願いによりイスタンブルのエユップ・モスクの墓所に埋葬された。

東方問題の発生

オスマン帝国は、この戦争に当時の国家予算（一四〇〇万クルシュ〈銀貨〉）を大幅に上回る三二〇〇万クルシュという莫大な戦費を費やしたが、その大半は先に述べたような戦争に食い扶持を見出す傭兵や規律の乱れたイェニチェリへの俸給に費やされた。そればかりか、膨大な賠償金の支払いを余儀なくされ、経済的にはもはや破産寸前の状態に追い込まれた。さらに、戦後に結ばれたキュチュク・カイナルジャ条約によって、黒海でのロシアの商船の自由航行権を認め、さらに、クリミア・ハン国がゆくゆくはオスマン帝国の属国の地位から独立するものと認めざるをえなかった。オスマン帝国は一七八七年に始まった露土戦争にふたたび敗北した結果、ヤッシー条約でクリミア半島のロシアによる併合を承認せざるをえなかった。ここに、メフメト二世時代以来、チンギス・ハンの血統に由来する「由緒ある」属国をロシアに奪われ、かつ「オスマンの海」だった黒海が開放された。その結果、ロシアの影響力は黒海を経由してイラン・アフガニスタン方面にも及ぶことになり、このことは、これを阻止しようとするイギリスとの間に世界史上に有名な「グレートゲーム」の発端となった。さらに重大なことは、オスマン帝国の属国であるモルドヴァとワラキアに対するロシアの保護権を認めざるをえなかったことが、以後オスマン帝国の内政に対するロシアの干渉に絶好の口実を与えることになった。こうして、オスマン帝国の弱体化が明らかとなり、その遺産をめぐるヨーロッパ諸国の争いである「東方問題」がはじまる。ただし、オスマン帝国が実際に滅亡するには、なお一〇〇年の歳月を要することになる。それは、オスマン帝国をあたかも振り子の分銅のように利用しつつ、その遺産の分け前を争う西欧列強にとって、オスマン帝国の存在は便利であったからでもある

一方、国内においては、アーヤーンたちの一部が兵士・軍需品の調達などに大きな役割を果たした結果、かれらがさらに力を蓄える契機となった。こうした状況は、アーヤーンたちがいずれも在地社会に強固な足場を築いていたこともあって、オスマン体制の大前提であるスルタンによる中央集権支配を脅かす存在となった。こうして、迫りくる外圧と内圧とに対処することを迫られたスルタンと中央政府は、西欧諸国と対等の立場で対抗するための手法として「西洋化」に乗り出すことになる。

第二節　セリム三世の改革

ニザーム・ジェディード（新秩序）

セリム三世（在位一七八九～一八〇七年）が即位した年はフランス革命と同じだが、オスマン帝国は一七八七年に再び始まった露土戦争のさなかであった。この戦いでもオスマン軍は総崩れとなったが、それを救ったのがフランス革命であった。これによってオーストリアとロシアが和平に傾き、一七九二年にモルドヴァのヤッシーで平和条約が締結された。この条約で若干の領土が失われこそすれ、モルドヴァとワラキアの返還が認められたことは、大きな収穫であった。とはいえ、このたびの戦争でもヨーロッパ諸国に比べて軍事力の弱体化を目の当たりに突き付けられたセリムは、フランスから招いた軍事顧問団に指導された「ニザーム・ジェディード」（新秩序）と名付けられた新軍団の編成に着手した（一七九三年二月）。この軍団の編成に協力的なアナトリアのアーヤーンたちが派遣してきた兵士に西洋式の装備と訓練を施したこの軍団は、一七九七年には二五三六名の兵員と二七名の将校を擁し、一八〇六年には兵士二万二六八五名、将校一五九〇名を数えるまでに成長した(10)。この間、アナトリアの有力なアーヤーンであるカラオスマンオウル家やチャパンオウル家は、いずれもこの軍団の設立に協力的であった。このことは、在地勢力ではありながら、中央政府との良好な関係を維持せざるをえないアーヤーン層の両義的な性格を良く示している。

セリムの改革は、この新軍団が「ニザーム・ジェディード」と名付けられたことによって、これ以外のすべての改革が同じ名前で総称されるようになった。セリムは、陸軍及び海軍技術学校の開設、フランス語の戦術書・数学書の翻訳、近代的な軍需産業の創出などの改革プランを実施する一方、ヨーロッパ諸国の動静を探るために、一七九三年にロンドン、そして順に九七年までにウィーン、ベルリン、パリに常駐大使を派遣した。ヨーロッパ諸国が早くからイスタンブルに大使館を常設していたのに対して、オスマン帝国は必要に応じて使節をおくる方法をとっていたのに比べると、大きな改革であった。とくに大使に随行した若い書記官たちが、西洋社会を間近に観察し、その言葉を習得し、新しいタイプの人間として帰国したからである。かれらこそが、近代オスマン帝国の担い手となる外交官、政治家、そして知識人の先駆者となった人びとである。

図8-2　セリム3世　1803年, トプカプ宮殿博物館蔵

エジプトの「自立」

この間、国際情勢も緊迫の度を強めていた。その発端は、ナポレオン・ボナパルトが一七九八年に敢行したエジプト遠征である。ナポレオンは、かつてオスマン帝国の軍事改革に顧問として参加することを志願したことがあるほど、フランスの地中海戦略にとってのオスマン帝国の地政学上の重要性をよく認識していた。ナポレオンは、エジプトからさらにシリアへの侵攻を企てたが、失敗してエジプトから撤退することを余儀なくされた（一八〇一年一〇月）。しかし、エジプト

図8－3　メフメト・アリ（ムハンマド・アリー）
1841年，ヴェルサイユ宮殿博物館蔵

では、フランスの侵攻に始まった混乱を収拾するためにオスマン政府によって派遣されたメフメト・アリ（エジプト史上にいうムハンマド・アリー）がマムルーク勢力を武力で強引に一掃してエジプトの実権を握ってエジプト総督に就任すると、ここに、事実上ムハンマド・アリー朝（一八〇五〜一九五三年）が成立し、「エジプト問題」は深刻な国際問題に発展した。

　このメフメト・アリの父イブラヒム・アガは現ギリシアの港町カヴァラの不正規軍の司令官であった。しかし、軍団とは名ばかりで、一般市民からの公募によってかき集められた無頼の集団という趣であったというから[11]、それはさきに紹介した露土戦争にアナトリアとバルカンのアーヤーンによって集められた「寄せ集め」軍団と全く同じである。そしてイブラヒムも、軍務のかたわら、むしろタバコ取引に従事していたという。カヴァラの後背に広がるマケドニア地方は良質なタバコの産地として有名であり、カヴァラの経済はタバコ取引を中心に展開していた。

　タバコ葉は、当時東地中海世界において重要な商品作物であった。そして息子のメフメト・アリは不正規軍団の司令官のポストとタバコの商いとを父から受け継いだのである。アリがタバコ取引の過程で、ギリシア人、アルメニア人、フランス人の商人と接触し、交渉術をはじめとする国際感覚を身につけたことで、後年、かれがエジプトの国家建設に際して人種、宗教の違いに関係なく、才能ある人材を登用したことにつながる。このことが、かれの成功の一因だったとすれば、じつはわれわれがすでに紹介したアーヤーンたち、とくに国際貿易路に隣接する西アナトリア、マケドニア、ドナウ沿岸に勃興した有力なアーヤーンたちのグループにかれを位置づけることが可能なのではなかろうか(12)。

なお、ナポレオンの侵略によって混乱したエジプト情勢の鎮定のために、政府はメフメト・アリだけではなく、カラオスマンオウル家やチャパンオウル家といったアナトリアのアーヤーンたちも派遣している。たとえば、一八〇三年にカレスィ県（主都ベルガマ）のヴォイヴォダ（代官）であったカラオスマンオウル家のオメル・アガを訪問したイズミルに駐在するイギリスのレヴァント会社領事の息子ピーター・ヴェリーは、オメル・アガがエジプトの情勢におそろしく詳しいことに舌を巻いている。それもそのはずで、オメル・アガは一七九九年と一八〇〇年に、二度にわたって、エジプトのアレクサンドリアにおける混乱を鎮めるために五〇〇〇人の兵士とともにエジプトに派遣されて帰ったばかりであったからである。ヴェリーはアガの館に一泊してトルコ料理のケバブに舌鼓を打ち、翌朝トルコ人の伝統的馬術競技である「ジリト」を見学している。かれは、ベルガマ近郊には多くの手入れの行き届いたカラオスマンオウル家一族のチフトリキが広がっていて、そこではギリシア人が小作人として働いているのを観察している。かれらの中には、すでに述べた一七七〇年のギリシア人反乱鎮定後のモレア半島の混乱を避けてエーゲ海を渡って逃げてきた者が少なくなかったと推測することができる(13)。

セリム三世の廃位

一八〇四年に勃発したセルビア人の民族蜂起がボスニアやブルガリアへも飛び火すると、かねてからオスマン帝国内の正教徒に対する保護権を主張していたロシアが介入し、一八〇六年に露土戦争が勃発した（〜一二年）。このような時代状況の中で、セリムは、軍事改革のみならず、さらに広範な改革を実施するために、政府高官たちに改革を推進するための意見書の提出を求めた。意見書の多くは、徴税請負制の弊害を指摘するものであった。そのうちの一人は、重要な税源（ムカータ）は終身徴税請負のかたちで売却せずに、造幣局の管理に移すべきであると主張している(14)。こうした意見を受け入れたセリムは、改革のために必要な資金を捻出する必要から、「ニザーム・ジェディード財務局」を新設し、これまでアーヤーンらの手に委ねられていた終身徴税請負権の重要な部分を回収してこの財務局に移管し、また商人、官僚、アーヤーンの財産没収を積極的におこなった。だが、セリムのこの改革は既得権益を脅かされ官僚、イェニチェリ、ウラマー、ファナリオット（イスタンブルのフェネル地区に住む有力なギリシア正教徒の金融業者）、そしてアーヤーンなど広範な人びとの反発を招いた。

この間にも露土戦争はなお継続していた。一八〇五年セリムは、ヨーロッパ側でも「ニザーム・ジェディード軍団」を組織することを宣言し、その人員をバルカン各地で徴募することを発表すると、バルカン各地に跋扈していたアーヤーンたちはこぞってこれに反対した。一八〇六年六月、人員の徴募、バルカンの匪賊の討伐、そして露土戦争への備えなどを口実にイスタンブルに駐屯していた「ニザーム・ジェディード軍団」をバルカンの入り口に当たるエディルネに向けて進軍させると、かねてよりセリムの改革に反対していた大宰相は、バルカンの最有力なルスチュク（現ブルガリアのルーセ）のアーヤーン、イスマイル・アガに手紙を送って反乱軍を組織させた。その結果、バルカンのアーヤーンたちはエディルネに集結し、軍団のイスタンブルへの撤退を要求した（第二エディルネ事件）。一八〇七年五月二五日、ボスフォラス海峡の守備についていたイェニチェリ部隊が、ニザーム・ジェディード軍の将校を殺害する事件が起こった。セリムはニザーム・ジェディード軍に兵舎に戻ることを命じたが、二七日になってイェニチェリ軍はイスタンブル市中へ向けて進軍し、これにウラマーも加わった。二八日、反乱者たちが宮殿に到着すると、セリムはニザーム・ジェディード軍の解散などを約束したが、二九日にシェイヒュルイスラムがセリムの改革をシャリーアに反するものと見なし、同時にかれの廃位を正当化するファトワー（意見書）を発するにおよんで、セリムは従弟のムスタファ（四世）に位を譲って引退した(15)。この時、イェニチェリが新たに即位したムスタファ四世と取り交わした「シャリーアの証書」の中でイェニチェリやウラマー、アーヤーンなどの既得権益の安堵と引き換えに臣従を誓った事実は「近世的政治システム上の「抑制と均衡」の回復を申し入れている」と佐々木紳は評価している(16)。

第三節　マフムト二世の時代

大宰相になったアーヤーン

セリム三世を退位に追い込み、ムスタファ四世（在位一八〇七〜〇八）を即位させたイェニチェリ軍団の手から逃れたセリムの改革を支持する若い官僚たちは、ドナウ沿岸の商都ルスチュク（現ブルガリアのルーセ）

でアーヤーンの地位を手に入れていたアレムダル・ムスタファ・パシャ（一七六五〜〇八）のもとに逃れた。ルスチュクは、黒海河口からバルカン・中央ヨーロッパを経てウィーンにいたるドナウ川の河畔にあることから、オスマン帝国とヨーロッパを結ぶ通商ルート上の極めて重要な位置にある港町としてヴィディン、スィリストレなどと共に当時繁盛していた港町である。したがって、これらの港町の「アーヤーン職」は極めて重要なポストであり、それだけにかれらの間では激しい権力闘争が繰り広げられていたのである。

アレムダル・ムスタファは父から受け継いだ農地と家畜の交易によってルスチュク近郊に大きなチフトリキを経営する富裕な人物として頭角を現し、激しい権力争いを勝ち抜いてルスチュクの「アーヤーン職」を獲得し、ドナウ沿岸地域の最も有力なアーヤーンとなった人物である。かれは一八〇六年に露土戦争がはじまると、セリム三世によってドナウ戦線の総司令官に任じられ、同時に宰相位を与えられてパシャとなったのである。こうして、かれはセリム三世の支持者となった。このため、セリムの改革を支持していた若い官僚たちがアレムダルのもとに身を寄せ、セリムの復位と改革の続行とを要請したのである。かれは改革に協力的なアナトリアのアーヤーンたちと連絡を取り、自分の支配下にある手勢を率いてイスタンブルに上洛した。しかしこのことがかれにとって命取りになるとは知る由もなかった。というのは、アーヤーンの権力の基盤はあくまでも在地社会にあったからである。イスタンブルではこの間に、セリムの後を継いだムスタファ四世の命によってセリムは殺害されていた。イスタンブルに到着したアレムダルは、反乱者たちの手から間一髪の差で命を救われたムスタファの弟マフムト（二世、在位一八〇八〜三九）を王位につけ、自ら大宰相となってセリムの遺志を継ぐことを明らかにした。ここに、一八世紀以来、地方社会の主導権を握ってきたアーヤーンは、その軍事力によって首都を支配下に置くことになった。その状況下に中央政府とアーヤーンの間に結ばれたのが、つぎに述べる「同盟の誓約」である。

同盟の誓約

改革の実行には、アーヤーンたちの協力が不可欠であることを熟知していたアレムダルは、帝国全土のアーヤーンにイスタンブルへの上洛を命じた。エジプトでほぼ自立していたメフメト・アリやアレムダルに敵対していたブルガリアのアーヤーンのようにこれを拒否する者もあったが、招かれたアーヤーンの三分の二ほどが、それぞれ多くの手勢を引き連れて上京し、首都の文武の高官やウラマーたちとの会談に臨んだ(17)。その中には、カラオスマンオウル家を代表して先に紹介したベルガマのオメル・アガ（一八一二没）、中央アナトリアのヨズガトのチャパンオウル家の当主スレイマン・アガ（一八一三没）、マケドニア随一の綿花栽培地主といわれたセレズ（現北マケドニア共和国のセレ）のイスマイル・ベイなどの有力なアーヤーンが多数の手勢を引き連れて参加していた。その結果、一八〇八年一〇月七日に、アレムダル以下、上に名前を挙げた三人のアーヤーンを含む出席者全員が「同盟の誓約」に署名し、スルタンによって批准された。この文書の骨子は、以下の七つの条項から成り立っていた。

（一）スルタンの権威は国家の柱である。よって、これを犯そうとする者があらわれた場合、われわれは共同でこれを撃退する。

（二）われわれの存立は国家そのものの存続にかかっている。それゆえ、われわれの招集する軍隊はすべて〈国家の軍隊〉として登録される。カプクル軍団がこれを阻止しようとすれば、われわれは共同でその干渉を撃ち払うであろう。

(三) 国庫への租税徴収が円滑におこなわれ、スルタンの勅令が遵守されることを妨げるものに対しては、われわれは共同でこれを打倒する。

(四) われわれは大宰相の命ずるところに従って行動するが、大宰相がカーヌーンに反する行為やその権力を悪用しようとする場合は、われわれは共同でこれを妨げる。

(五) スルタンと国家の権威が尊重されることを約束する。しかし、そのためには政府とアーヤーンの間の〈信頼〉が必要である。それ故この誓約の調印に参加した者同志は互いの安全を保障する。すなわち、アーヤーン一族の当主の死に際して、政府はこれを保護する。その代りアーヤーンは支配下のアーヤーンや地方官を保護し、互いの領域を尊重し合って紛争の起らないように努める。配下のアーヤーンが反抗した場合でも、勝手にこれを処分せず大宰相の認可を受けてからこれを追討する。

(六) 首都において、イェニチェリなどにより反乱が起きた場合、アーヤーンはスルタンの許可を待たずに首都に進撃しこれを鎮圧する。

(七) 農民の保護のため、われわれの協議によって取り決められた租税徴収に関する決定事項は厳守される。

以上が、「同盟の誓約」に記された各条項の要旨である(18)。これを読むと、スルタンへの忠誠は約束するものの、この会議を主導した「アーヤーン中のアーヤーン」アレムダルの主導権と、会議に参集した有力なアーヤーンたちによるそれぞれの在地社会における「既得権益」の合法化の要求、アーヤーン相互の利害の調整といった側面がはっきりと読み取れる。アレムダルの軍事力を目の前にして、即位したばかりで、弱冠二四歳のスルタンはこれを承認するほかなかった。

この「誓約」に対する歴史的評価はさまざまである。古くは、歴史の歩みに逆行する反動的なものとする意見、その反対に、マフムト二世の中央集権体制への足掛かりとなったとする意見とに分かれているが、後者の立場は、近代トルコを代表する思想家の一人、ズィヤ・ギョカルプ（一八七六〜一九二四）が、これによってすべての臣民はスルタンのクル（奴隷）であるという既成の概念が打破されたことにより、タンズィマートの改革期を経て立憲君主制の採用を可能にした原因の一つであると理解していたことは重要である(19)。近年は、この「誓約」を、アレムダルによる軍事改革のための布石とする見方もある。しかし、ここではこの「誓約」を「王権掣肘」の流れの到達点とする見方(20)に注目したい。この見方は、「「同盟の誓約」はアーヤーンの既得権益を確認することはもとより、君主による独断専行型の施策に警告を発することも忘れなかった。セリムもマフムトもともにオスマン近世の既得権益保有層からオスマン的立憲主義の伝統を尊重する姿勢を求められたのであった」(21)と、「オスマン的近世」の発露とする佐々木の意見とも共鳴しているところが興味深い。

いずれにせよ、これまでスルタンによる専制政治を国是としてきたオスマン帝国において、在地社会の代表者であるアーヤーンが自分たちの要求を、多分に軍事力による威圧を伴ってではあるにせよ、中央政府に認めさせ、スルタンがそれを認めた、という事実は見逃せない。この誓約が認められない場合には、多数の手勢を連れたアーヤーンたちによって首都が制圧される可能性さえあったからである。つまり、この会議は一八世紀以来の帝国各地で見られた「アーヤーンたちの時代」を象徴する出来事であったと同時に、君主専制型中央集権体制というオスマン帝国に伝統的な政治構造を相対化する可能性を含んだものであった。

アレムダルは、この会議ののち、ただちに「ニザーム・ジェディード」軍の再建に着手したが、イェニチェリの反発を考慮して、「セグバンヌ・ジェディード」とその名を変えた。だが、アレムダルが連れてきた手勢の兵士たちとイスタンブル住民との間の軋轢が次第に高まる中で、アレムダルがかれのもとに参集したアーヤーンたちのそれぞれの地域への帰還を許したこと、そしてアレムダルのライバルである同じドナウ沿岸に位置するヴィディンの州知事であるイドリス・パシャの軍勢がルスチュクに進撃するという情報に接してアレムダルが連れてきた手勢の多くをその方面に派遣したことが、アレムダルの命取りとなった。新軍団の設置によって誇りを傷つけられたイェニチェリはアレムダルの護衛が手薄になったのを知ると、ただちに大宰相府を襲った。迎え撃つすべのないことを悟ったアレムダルは、火薬庫に閉じこもって、火をつけ、追ってきたイェニチェリともども爆死するという悲惨な最期を遂げたのである。ここに「同盟の誓約」もまた、スルタンや反改革派の官僚やウラマーたちの思惑通り、「反古」になったのである。アレムダルの独裁はわずか四ヶ月で終わった。

アレムダルのいうがままに「同盟の誓約」に署名せざるをえなかったマフムト二世は、一八一二年のブカレスト条約によって露土戦争を終結させると、以後、決然たる態度をもって反撃に乗り出すことになる。

強引なアーヤーン討伐

マフムト二世は一八一〇年代以降、本格的にアーヤーン討伐に着手した。その方法は、アーヤーンたちとの軋轢を避けるために、少しずつかれらの権力基盤を掘り崩していくことだった。まず、政府に協力的な有力アーヤーンの子弟には官職を与えることによって懐柔する方法が採られた。中央アナトリアのチャパンオウル家の場合がそれに該当する。しかし、カラオスマンオウル家の場合は、「同盟の誓約」に署名したオメル・アガが露土戦争のための軍需品の手配に没頭している最中の一八一二年に病死すると、マフムト二世はかれの財産没収を命じた。それをめぐる同家と政府のせめぎあいに関する史料を読むと、「カラオスマンオウル家は昔からスルタン陛下の忠実な僕《しもべ》であり、僕の子孫である。（中略）故人には六人の娘と二人の息子がおり、スルタン陛下の男「奴隷」と女「奴隷」であるため、慈悲をかける必要がある」という文言に出くわす。これは、デヴシルメ制度以来の支配層（アスケリー）は「スルタンの奴隷」であるという感覚がスルタンあるいは中央官僚層の間にいまだに根強く残っていることを示唆している。その後、一八一六年にこの一族の最大の当主でサルハン県の代官を二〇年近く務めたヒュセイン・アガが病没すると、スルタンはかれの遺産を徹底的に調べさせ、その結果、大型の台帳三〇頁におよぶ詳細な「遺産目録」が作成された(22)。政府はこれに基づいて財産を没収したのである。ただし、前章でも指摘したように、一族は全力を挙げてスルタンとの交渉を続けて、何らかの形で妥協点を見出し、遺産の評価に見合う現金を支払うことによって、チフトリキなどの不動産を子孫へと継承していくことに成功している。言ってみれば、高額の「遺産相続税」である。あるいはオメル・アガの二人の息子のように、財産の大部分をワクフとして寄進することによってスルタンの手の届かない状態にしたのである(23)。一族にとって、マフムト二世の政策は大きな打撃であったには違いがないが、一族の一人ヤクプ・アガは、一八三〇年に大臣位に昇格してパシャとなり、三四年にはアイドゥン州知事（ヴァーリー）としてイェニチェリ軍団廃止後に組織された「ムハンマド常勝軍」（後述）の組織化に尽力した。かれは一八四二年に州知事職の最高位であるルメリ州知事となり、その後一八五四年にイェルサレム州知事として生涯を終えている。かれのこのキャリアは、もはや完全に「近代的な地方官僚」としてのそれである。

アナトリアを代表するいま一つの大アーヤーン家系である中央アナトリアのチャパンオウル家は終始スルタンに忠誠を尽くし、弱小勢力の征圧にすぐれて功があったため、当主の死後も、息子に大臣位とアレッポ州知事職とが与えられた。こうした状況に対して、フィンドリーは、「スルタン権力は「名望家政治」を利用し続け、従順な地方名望家は国家と地域住民の仲介者として重要な役割を演じた」と評価している(24)。

しかし、ギリシア一帯に大勢力を張ったテペデレンリ・アリー・パシャなどに対しては仮借のない武力闘争によってこれらを滅ぼした(25)。その結果、中央集権体制が再確立し、それは次の「タンズィマート」改革への門戸を開いたといわれている。しかし、マフムト二世のアーヤーン討伐は、当時の人びとによって手厳しく批判されていることも指摘したい。アナトリアやバルカンはムスリム同胞の住む土地であり、同じムスリムに対してさながら戦争を仕掛けるようなことはシャリーアに反すると理解されたし、民衆にとっては、すでに身近な存在であるアーヤーンに対するスルタンの討伐軍は弾圧的な侵入者と感じられたにちがいない。タンズィマート期（後述）に法務・文部大臣を歴任した、オスマン帝国末期を代表する知識人・政治家であるジェヴデト・パシャ（一八二三〜九五）は、マフムト二世時代に討伐されたアーヤーンたちのうちどれだけのものが正当な理由に基づいて殺されたか大いに疑問であると述べている。また、そのころアナトリアを旅行したあるイギリス人も、アーヤーンがキリスト教徒とイスラム教徒との別を問わず民衆をよく保護した事実を指摘し、スルタンによってかれらが滅ぼされ、極端な専制支配に移行したことはトルコにとって不幸なことであったと語っている(26)。

マフムト二世の弾圧によって「アーヤーンの時代」は終わり、この言葉は以後使われなくなった面がある。しかし、それだからといって、地方社会における有力者層がいなくなったわけではない。たとえば、カラオスマンオウル家やチャパンオウル家は、一九世紀を通じて変容する社会的・経済的状況に応じた新たな勢力の出現によって、かつてのような権勢は失われ、社会におけるその存在感を相対化されつつもなお、地域の名家として存続していく。たとえば、一八四五年にマニサ地方で実施された資産調査台帳によれば、カラオスマンオウル家一族の一人サードゥク・ベイがマニサ県代官（カイマカム）としてこの調査を総指揮しており、本人をはじめそのほかの一族の人びとは各所にチフトリキを経営し、なお地域の有力な家系としての地位を維持している(27)。

ギリシア人の独立運動

一七七〇年のモレア半島における反乱は、バルカン半島最初の「民族運動」と位置づけることができるが、それはまだフランス革命以前、きわめて未熟な形の、いわば「プロト・ナショナリズム」と呼ぶべきものであった。しかし、一九世紀にはいると、一八〇四年のセルビア人の蜂起が始まり、それはブルガリア人も巻き込んで、しだいにオスマン帝国からの自立を志向する運動へと発展していくことになる。

だが、この段階で最も国際的注目を浴びたのはギリシア人の独立運動であった。エーゲ海・地中海を媒介として発達したヨーロッパとの通商関係の中でギリシア人商人の活躍が目覚ましくなるにつれて、民族的自覚が強まり、一八一四年に黒海西岸のオデッサのギリシア人商人たちによって設立されたフィリキ・エテリア（友好協会）による蜂起は失敗に終わったが、その運動がモレア半島に飛び火することによって、一八二一年以降、ギリシア独立運動は本格的に始まった。ただ、その段階ではまだ、オスマン帝国最大のアーヤーンの一人、テペデレンリ・アリー・パシャ（一八二二没）が、アドリア海沿岸から北部ギリシアの肥沃なテッサリアとマケドニア平原を結ぶ三〇〇〇メートル級の山中にあるヤンヤ（現ギリシアのイオアンニナ）州の知事として、あたかも半ば独立した「国家」を築いていた。かれがマフムト二世の派遣した討伐軍によって一八二二年に殺害されたのちに没収された「遺産目録」によれば、北部の二〇〇以上の村を「チフトリキ」の名のもとに「所有」し、その農産物を商品化することによって巨万の富を蓄えていたのである。そのため、かれは、イオニア海に艦隊を浮かべてナポレオンのフランスと制海権を争うほどの威勢を誇っていた(28)。

アリー・パシャ討伐の原因は、イスタンブルの政界で大きな影響力を持っていた国璽尚書《ニシャンジュ》ハレト・エフェンディとの対立が原因であると言われている。しかし、ハレトはマフムト二世の近代化政策に反対する「根っからのヨーロッパ嫌い」として知られ、イェニチェリ軍団とも深い関係を持っていた人物である。アリー・パシャ討伐の発端はハレト・エフェンディが要求した賄賂をアリー・パシャが拒否したことにあると従来説明されてきた。しかし、マフムト二世が中央集権政策を実施するにあたってアリー・パシャのような有力なアーヤーンの存在こそ、排除すべき存在だったはずである。結局アリー・パシャはヤンヤ州知事の座を追われ、かれに代わって知事となったフルシド・パシャの軍勢によって討伐されたのである。

アリー・パシャの生前、イオニア海周辺では東方への進出をもくろむイギリスとフランスが激しく争っており、これにはロシアとオーストリアも無関心ではいられなかった。これらいずれの国にとっても、その後背地に勃興したアリー・パシャを味方につけることは喫緊の課題であった。このため、アリー・パシャの膝元に領事を派遣するなどして、かれと関係を持つことに腐心していたから、ヨーロッパでもアリー・パ

図8-4　ヒオス島の虐殺（右）　1824年，ルーブル美術館蔵
図8-5　ミソロンギの廃墟に立つギリシア（左）　1826年，ボルドー美術館蔵

シャの名は「イオアンニナのライオン」の名とともに、すでによく知られていた。しかし、かれの名をヨーロッパに一層広く知らしめたのは、イギリスの詩人ロード・バイロンが一八一二年に発表した詩集『チャイルド・ハロルドの遍歴』であろう。かれは一八〇九年一〇月に三日間ほどテペレニ（トルコ語はテペデレン）にあるアリー・パシャの館に食客として滞在して直接アリー・パシャの歓待を受けている。

この詩集は、古代ギリシアへの賛美と、その「トルコ」支配下での「惨状」、そしてそれからの解放による「自由の獲得」を甘美にうたいあげたもので、当時古代ギリシアへの憧れを抱いていたヨーロッパの知識人たちを熱狂させ、一夜にしてかれをベストセラー作家にしたのである。そしてバイロンの詩集をあたかも「可視化」したのが、ドラクロアが想像で描いた「ヒオス島の虐殺」（一八二四年）あるいは「ミソロンギの廃墟に立つ瀕死のギリシア」（一八二七年）

である。

オスマン政府は、ギリシア人の独立運動に直面して、一八〇五年に事実上オスマン帝国から独立して以来、帝国に先立って「西洋化」改革を成し遂げてすでに近代的な軍隊を作り上げていたエジプトのメフメト・アリに支援を要請した。その息子イブラヒム・パシャの率いるエジプト軍は一八二五年にモレア半島に上陸し、反乱軍を打ち破った。当初知識人たちの「世論」をよそにギリシア人の反乱に冷淡だった列強ではあったが、最終的に独立戦争の行方を決定したのは、やはり列強の軍事力であった。度重なる露土戦争での勝利によってオスマン帝国内のギリシア正教徒の保護者をもって任じていたロシアがギリシア支持を表明すると、英仏が直ちにこれに介入し、二七年のナヴァリノの海戦でオスマン・エジプト連合艦隊を壊滅させた。結局一八二九年のエディルネ条約でギリシアの独立が認められ、三〇年のロンドン会議の決定に基づき列強の保護下に王国として独立したのである。

イェニチェリ軍団の撃滅

マフムト二世の改革にとってイェニチェリ軍団が大きな障害であることは、火を見るより明らかであった。かれは、従兄であるセリム三世とアレムダルの轍を踏まぬために、この軍団の廃止に関しては慎重に準備を進めた。まず、イェニチェリとウラマーの間の連帯を突き崩すために、有力なウラマーたちに改革の必要性を説いて、シェイヒュルイスラムをはじめとして支持者を獲得し、ウラマー層の多くを手のうちに入れた。つづいてイェニチェリ軍団に対抗させるべき軍の改革に着手した。かれはオスマン帝国に先んじて近代的軍隊を作り上げていたエジプトの訓練された近代的軍隊がイスタンブルの民衆の支持を得ていることを背

図8-6　行進するムハンマド常勝軍　1901年，ドルマバフチェ宮殿蔵

景に、「エシュキンジ」と名付けた西洋式軍団を試みに編成して、一八二六年六月一一日にこの新軍団がヨーロッパ式の軍服を着て訓練に入ることを宣言した。その一方では、イェニチェリ軍団の主だった将校たちをひそかに味方につけ、この新軍団への兵員の供出を要求し、六月一五日、軍団がこれに反対して反乱を起こすと、マフムトは、時を移さず、翌日の六月一六日、イェニチェリ軍団本部に砲兵隊による集中砲火を浴びせて、この軍団を撃滅した。この二日後にイェニチェリの廃止が告げられ、新軍団の名が「ムハンマド常勝軍」と名付けられたのは故なしとはいえない。この軍団の編成によって、オスマン帝国の軍隊は完全にヨーロッパ化されることになった。

イェニチェリ軍団廃止の顚末は以上のようであるが、この事件のオスマン帝国史上における意義は、オスマン帝国「近世」の政治システムは、一方ではシェイヒュルイスラムを頂点とするウラマーがイスラム的価値基準に照らしてその当否を吟味し、他方ではしばしば市井の人びとの不満の代弁者となったイェニチェリが実力を持って掣肘する、という均衡のうえに成り立っていると考えられていたが、いま、イェニチェリが消滅し、ウラマーも政府への従属を余儀なくされたことで、この政治的均衡は崩れ去ったことになる(29)。バーキー・テズジャンは、これをもって一五八〇年代に始まった「第二のオスマン帝国」は終わったとしている(30)。

この軍団の廃止の直後、軍団と深い関係にあった、そして民衆の間に深く浸透していたイスラム神秘主義教団ベクタシュの禁止と修道場の閉鎖とを命じ、財産は没収された。その財産はモスクや病院の建設などに使われたというが、オスマン帝国の初期から数世紀に及んで民衆の間に深く根を下ろしていたこの教団を弾圧したことは民衆の間に大きな不満を生み出し、マフムトは民衆の間で密かに「ギャーヴル（異教徒）」とあだなされたという。しかし、教団は、この布告によって消滅したわけではなく、いわば「地下に潜る」形で、その後もずっと活動は続けられた。イェニチェリ軍団はすでに民衆と一体となった存在であっただけに、この軍団の廃止は、都市民の「ギルド」に独占的な特権を与えて帝国内部での食料や原料の供給を優先するオスマン帝国の伝統的な「供給優先主義」経済政策に打撃を与え、自由な商工業活動を保障する自由経済政策に通じるものがあった(31)。それは、のちに述べるように、このスルタンの治世末期に、「自由貿易主義」を旗印にしたイギリスとの間に一八三八年に結ばれることになる「オスマン＝イギリス通商条約」の道に通じるものであった。

中央集権体制再確立へ

イェニチェリ軍団の廃止によって、身の安全を確保したマフムト二世は、ただちに改革政治を精力的に進めた。セリム三世の「ニザーム・ジェディード」改革が新旧の交代という点からは不徹底であったのに比べて、マフムト二世の改革は「古きを捨てる」決然としたところがあった。まずは軍隊の命令系統を一元化するためにムハンマド常勝軍の長として「総司令官職」が設置された。マフムト二世はムハンマド常勝軍に西洋風の軍服とトルコ帽を着用させるとともに文官たちの衣服もそれに倣ったので、従来のカフタンと呼ばれる一種の外套とターバンに代わって、ズボンをはきトルコ帽をかぶった軍人と役人の姿は、伝統的なターバン姿のウラマーと対象的だった。また、イェニチェリの軍楽隊「メフテル」に代わってこの軍団にふさわしい軍楽隊を作るために一八二八年九月にイタリアのオペラ作曲家として知られるガエタノの兄であるジョゼッペ・ドニゼッティを招聘し「帝室音楽院長」に任命した。ジョゼッペはただちに西洋風の軍楽隊を編成したのみならず、通算三〇年イスタンブルに滞在し、この学院をトルコの近代音楽の殿堂にし、パシャの称号を与えられ、この地に没した。

図8-7　西洋式服装を纏ったマフムト2世
1830年，Wikimedia Commons

マフムト二世は、二七年以降次々に改革を断行していった。まず、二七年にムハンマド常勝軍の軍医を養成するために軍医学校が開設され、同年四人の留学生をパリに派遣した。こうして、三一年の軍楽隊のための音楽学校、三四年のフランスのそれをモデルにした陸軍士官学校の創設、三四年に一時中断していた在外公館の再開などともあいまって、西洋の事情に通暁する外交官・官僚といった人材が養成されることになる。そして、それを象徴するのが三四年にパリに派遣されたムスタファ・レシト（一八〇〇～五八）である。かれがつぎの「タンズィマート」改革時代を担う改革派官僚のリーダーである。三三年には二一年の独立戦争勃発によって放逐されたギリシア人通訳に代わってトルコ人通訳を養成するための翻訳局を設けた。ここもまた、ヨーロッパ諸国との交渉の第一線に立つ官僚を生み出す基盤となった。これらの教育改革によって、やがてヨーロッパの言語と知識を身に着けた軍人や官僚層が育成され、かれらが国政を左右する時代が開かれたことは、有力な官僚やウラマーを中心に縁故（インティサーブ）関係を通じて形成された党派による政治運営の時代から、留学も含めた教育を通じて形成される官僚層によってオスマン帝国の政治が運営される「近代」へと転換する端緒が開かれたことを意味する。また、国政の中心はすでに久しい間トプカプ宮殿を離れて大宰相府に移っていたが、マフムトは、この大宰相府のなかから、三六年には実務官僚の頂点に位置していた書記官長を外務大臣とし、財務大臣、内務大臣も独立させることによって大宰相に集中していた権限を分散させるなど、合議制の原理を導入することによって近代的な装いのもとに、スルタンへの権力集中を実現させた。

社会改革の側面では、まず一八二六年中に「帝室ワクフ省」が設置され、ウラマーの経済的基盤であったワクフ物件、すなわち寄進（ワクフ）された家屋・店舗・土地などの財産から得られる賃貸料などの収入が政府に吸い上げられていった。つづいて、三一年にはすでに形骸化して久しいティマール制を全廃し、政府に収用されたティマールを改革のための財源とした。ここにいたって、イェニチェリ軍団とともに、一六世紀の「トルコの世紀」を担ったオスマン帝国の騎馬軍団は完全に過去のものとなった。これに続いて、同年、全国の人口調査を実施して徴税と徴兵のための新たな基礎固めをし、かつオスマン帝国最初の『官報』を発行して自己の改革の正当性を民衆にアピールすることに努めた。三四年には、郵便制度、検疫制度を採用するとともに、前述のように、軍医学校・陸軍士官学校などを相次いで開校させた。

中央における改革に並行してマフムトは地方知事の権限を削減するなどの地方行政機構の再編成や役人への俸給制を実施するとともに、評判の悪い財産没収を廃止してこれに関係する部局を閉鎖するなどの改革を実施して民衆の反感を慰撫する政策もおこなっている。

マフムト二世は三〇年に及ぶ長い治世の間に多くの改革をなしとげ、西欧を範とした中央集権化を成し遂げたが、それはイェニチェリ軍団の撃滅とベクタシュ教団の弾圧、そして地域社会に根を下ろしていたアーヤーン弾圧という多くの犠牲の上におこなわれた。これは、イスタンブルの中央とアナトリアの民衆との乖離という大きな問題を残した。

ひっ迫する国際情勢

ギリシア人独立運動の鎮定に失敗したとはいえ、艦隊を派遣してこれに協力したことを口実に、エジプトのメフメト・アリは、シリアの行政権を要求して一八三二年に息子のイブラヒム・パシャが指揮するエジプト軍をシリアからさらにアナトリアに向けて侵攻させた。エジプト軍はコンヤ近郊でオスマン軍を破り、さらにイスタンブルへ向けて進軍し、アナドル（アナトリア）州の州都キュタヒヤにまで進軍した。

エジプト軍のこのような進撃を抑えきれなかったマフムト二世は、やむなく仇敵ロシアに支援を要請した。その結果、ロシア艦隊がボスフォラス海峡に現れ、英仏艦隊もまたエーゲ海沿岸のイズミル港の沖合に姿をみせると、エジプト軍はキュタヒヤ条約（一八三三年四月）を結んで、とりあえずアナトリアから撤退した。

メフメト・アリは、その後もシリアの行政権をあきらめたわけではなかった。オスマン帝国は、さらにロシアとの間にヒュンキャル・イスケレスィ条約（一八三三年七月）によってボスフォラス・ダーダネルス両海峡をロシア戦艦に開放せねばならなかったが、これに対してヨーロッパでは反ロシアの機運が高まり、のちにクリミア戦争後のパリ条約（一八五六年）でこの条約は破棄されるが、こうして、エジプト問題は全ヨーロッパを巻き込む「東方問題」をさらに激化させた。こうした国際情勢に見られるように、ヨーロッパ諸国の一員としてのオスマン帝国の存在は、ヨーロッパ列強の勢力争いに欠くことのできない「振り子の分銅」であり、それが、結果的にこの帝国をさらに約一世紀（一九二二年）存続させる一助となる。

第四節　オスマン＝イギリス通商条約（一八三八年）

イズミルの勃興

一七世紀半ば以降、イズミルが急速に勃興した。その原因の一つは、アレッポを経由してヨーロッパに輸出されていたイランの絹が、シリア・メソポタミア方面の治安の不安定によってアナトリアを縦断してイズミルにもたらされるようになり、生糸貿易の主導権をアレッポと争うようになったことである。しかし、これに加えて、かつてフランスやイギリスなどに与えられたキャピチュレーション通商特権に支えられたヨーロッパ諸国との通商関係が拡大したこともまた重要である。

イズミルとヨーロッパ諸国との貿易関係について、一八三八年のオスマン＝イギリス通商条約以前の段階においてはまだ近代的統計資料は十分ではないが、たとえば、三橋冨治男はイギリス製品のトルコへの輸出金額として一八二八年度に一万八三四スターリング、一八二九年度に三万九九二〇スターリング、一八三〇年度に九万三〇〇スターリング、一八三一年度に一〇万五六一〇スターリングという貿易の拡大を示す数値を挙げている(32)。フランスもまた、図8－8に見るように、一八世紀後半以降その貿易量を拡大させている。

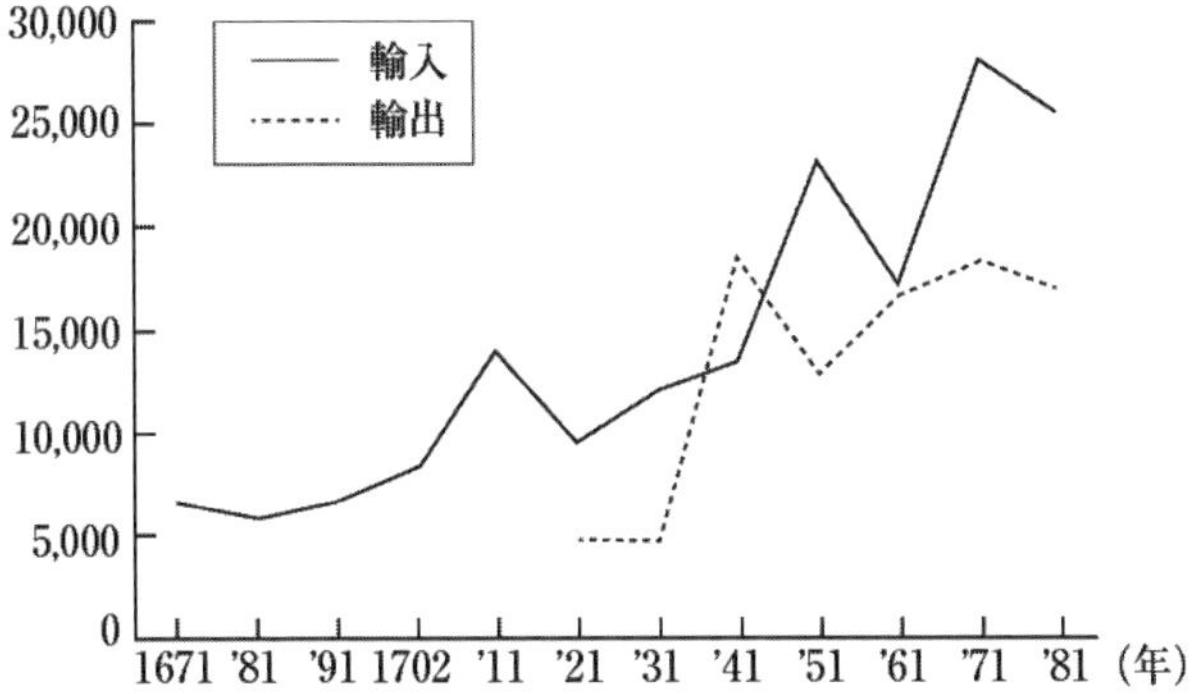

図8－8　フランスの対オスマン貿易額の推移（ルーブル）

これらの数字は、一八三八年条約によってはじめてオスマン経済がヨーロッパ諸国に対して門戸「開放」されたというこれまでの通説が条約締結以前のレヴァント貿易の存在をあまりにも軽視していること、そしてこの条約は、国際貿易関係の直接的起点ではなく、それ以前から始まっていた変化の、むしろ帰結であったことを示している(33)。

イズミルを拠点としたこの新しい地中海貿易は奢侈品を中心とした伝統的なレヴァント貿易とは根本的に性質を異にしていた。それは、上巻第五章で扱った「アレッポ交易圏」の影響もあって、アナトリア諸都市の各種織物、皮革製品に加えて、後背地である西アナトリアの農産物（綿花、タバコ、アヘン、アカネ、乾燥果実など）、畜産品が輸出品として重要性を獲得したことである。ただし、とくに綿花のような商品作物の輸出をもって、ただちに経済的「植民地化」と早計に判断することはできない。綿花は一六世紀からすでに重要な輸出品であったからである。また、イズミルは伝統的にアナトリア産の綿布の輸出港であったことも忘れられてはならない。一例をあげれば、イナルジクは、「イズミル地域においてティレとメネメン、そして湖のある地域（ベイシェヒル、ブルドゥル、イスパルタ）で生産される人気のある薄い綿布は古くから大量に輸出される綿布である。これらの一部は、イズミルとイスタンブルでインド更紗（basma）様式に染色され、輸出された」と述べている(34)。エーゲ海に面した港町イズミルには内陸に接した地域に「バスマ・ハーネ」(更紗工場の意)という地名があるのがこれを象徴している。

そしてイズミルの都市としての発展を支えたのは、一六五六年にオスマン帝国の大宰相がヴェネツィア船団の攻撃からダーダネルス海峡を防衛する目的でイズミルに城塞を建設させたことにはじまる。その後、モスク、病院、道路、橋、そして、ヨーロッパ諸国との貿易の発展を受けて、オスマン帝国再興の祖といわれたキョプリュリュ家のファーズル・メフメト・パシャが一六七五年に着工させ、七七年に完成した「大ヴェズィール・ハーン」と呼ばれる隊商宿などの商業施設建設によるインフラの整備がすすめられた(35)。

地中海貿易の発展とともに、イギリスが一六六七年以降、「レヴァント会社」の領事をイズミルに派遣している。やがて海岸に面した通りにはフランス、イギリス、オランダ、ヴェネツィア、ジェノヴァなどの領事館の旗がひるがえり、ヨーロッパ風の家屋・劇場・居酒屋が立ち並ぶ「フランク（ヨーロッパ人の意）」通りと呼ばれた海岸に沿った通りのあたりは「フランク街区」と名付けられ、あたり一面はさながらヨーロッパの町角のような景観を持つ貿易センターとなった。この点では、むしろ首都イスタンブルに先行している。

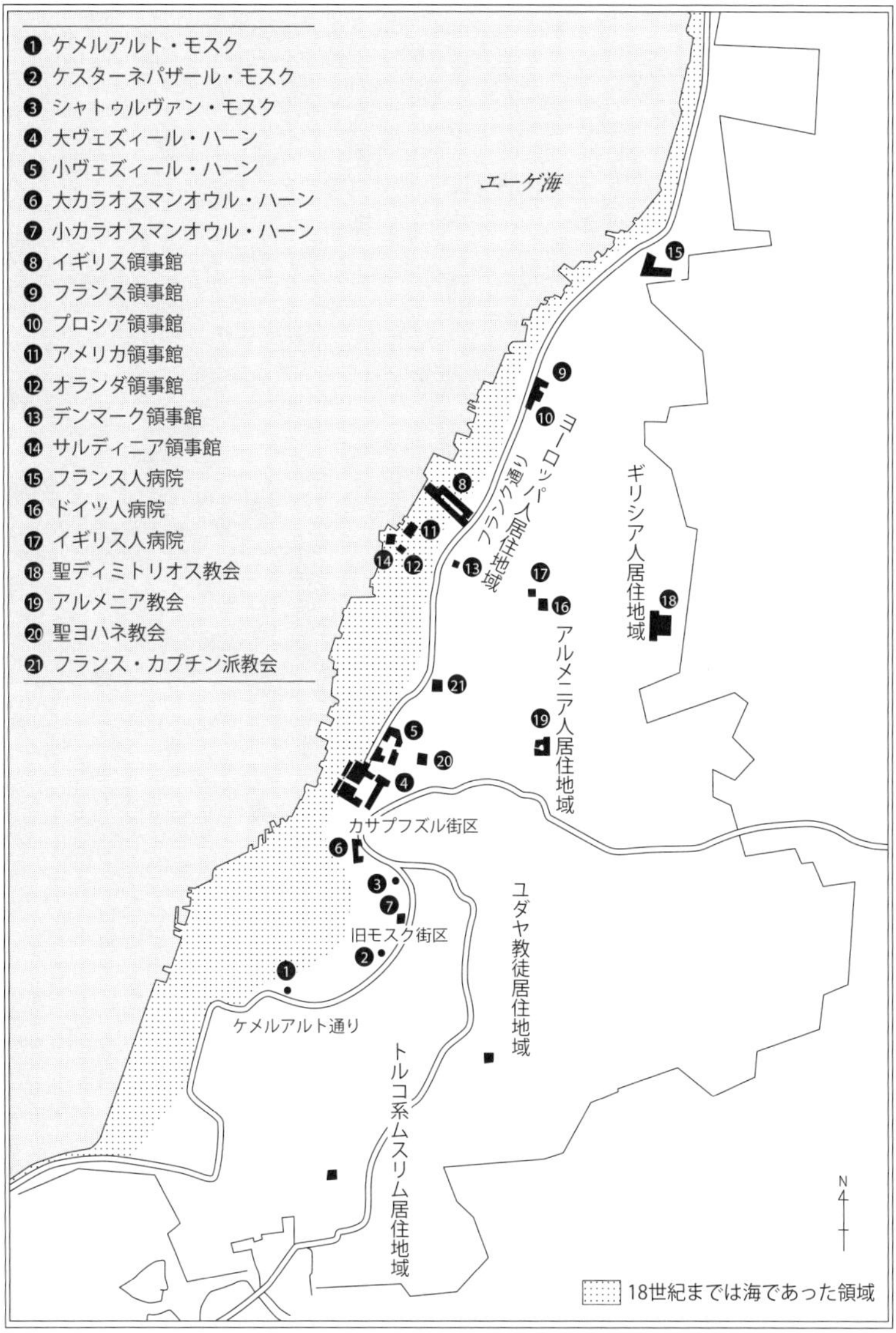

図８－９　1836～37 年におけるイズミルの重要な建物分布図

トルコ人がイズミルを「ギャーヴル（異教徒）のイズミル」と呼んだのは、この町のそうした雰囲気を伝えている。

イズミルの人口については、おおざっぱな目安に過ぎないが、この町を訪れた外国人の記録によると、一八世紀の初めに約三万人、中葉に五万人、一九世紀初頭に一〇万人といった数字があげられている。一七〇二年にこの町を訪れたフランス人は、トルコ人一万五〇〇〇人、ギリシア人一万人、アルメニア人二九九人、ユダヤ教徒一八〇〇人、そしてヨーロッパ人二〇〇人、合計二万七二〇〇人を数え上げている。一八三〇年になって初めておこなわれた人口調査では四万五〇〇〇人と見積もられている。その住民構成は、ムスリム約四割、ギリシア人約三割、ユダヤ教徒約一割五分、アルメニア人はユダヤ教徒の約半分と推測されている(36)。

一六世紀、オスマン帝国がヨーロッパ諸国に対して優位に立っていたころ、スルタンの「恩恵」によってヨーロッパ諸国に対して許された通商特権、すなわちキャピチュレーションに基づいて、ヨーロッパ商人（ムスターミン）は、帝国の主要商港に寄港ないし居住して通商活動をおこなうことを許されていた。ただし、ヨーロッパ商人の帝国内交易への直接参入は原則として禁じられており、生産地から輸出港への産物の輸送や、逆に輸入品の消費地への搬送は、もっぱら帝国臣民である商人の手にゆだねられていた。しかし、一八世紀後半に入って貿易量が増加すると、ヨーロッパ商人は輸出港で買い付けをおこなうだけでなく、内陸部の生産地で産物を直接低価格で購入し、より高い利益を得ようとし始めた。

かれらは、キャピチュレーションに規定されている輸出港での関税三％以外に、オスマン帝国内の商品の移動に課されている様々な内国税の支払いを拒否したため、税収が低下し政府にとって看過しえない事態となった。戦費や軍事改革のために税収の拡大を求めたオスマン政府は、このため、一八〇二年にヨーロッパ商人の帝国内交易への参加を認める代わりに、帝国内で商品を販売する場合には、帝国臣民の商人と同様、アレッポ、イズミル、ブルサ、ディヤルバクルなどの主要都市に設置された関税局に内国税を収めること、さらに新たに設けられた取引税（ダムガ税）や計量税などの支払いと、禁輸品の規定を守ることが義務付けられたのである。

ところで、キャピチュレーションの本来の規定によれば、ヨーロッパの商人は、居留地以外で直接売買することは禁じられていたから、オスマン帝国の臣民との間を仲介する存在が必要であった。それが主として、ギリシア人、アルメニア人、ユダヤ教徒であった。一八世紀半ば以降、かれら非ムスリム臣民の商人の中から、オスマン政府から通訳としての許可状をえてヨーロッパの領事館の保護民となり、キャピチュレーションの特権を手中にする勅許状商人が出現し、ヨーロッパ商人の代理人になるなどして、対ヨーロッパ交易から利益を得るようになっていた。しかしこうした勅許状商人もキャピチュレーションを盾に、帝国内の諸税の免税権を主張した。オスマン帝国にとって、内国税の支払いを拒否するヨーロッパ商人などの存在は、税収減に直結するものとして認識され、財政危機の状況下で、内国諸税の対ヨーロッパ商人への課税が改めて検討された。そこで一八〇二年以降、ヨーロッパ商人が帝国内交易に参加する際は、新たに整備された取引税、監督税、計量税といった内国税の支払いと、禁輸品の規定を守ることが義務付けられた。また、一八二六年には輸送許可証制度が導入された。この制度は、帝国内における特定の産物の生産地から集積地までの輸送を、許可証を持つ商人に限定する制度である。輸送許可証は、こうした帝国内交易における変化に対して、商品の流通の過程で税収を確保しようとして導入された通商管理策であった(37)。

オスマン政府とヨーロッパ諸国（主としてイギリス）の間でこうした交渉がなされている折も折、イズミルの後背地にあたる西アナトリアで「ゼイベキの反乱」が起こった。

ゼイベキの反乱

伝統的なレヴァント貿易がアレッポ方面から西方へと比重を移すことによって、アナトリア各地の産品がイズミルを経由してヨーロッパへ輸出されるようになったことは、同時に、イランなど東方から来る奢侈品のみならず、土着の農産物、畜産品、そして手工業製品がイズミル港を経由して輸出されることを意味したから、これは、イズミルの後背地である西アナトリアの社会に大きな影響を及ぼすことになった。この点が、アレッポ交易圏を中心とした奢侈品交易と違う点である。一八二八年一〇月にアイドゥンおよびマニサ地方からイズミルに至る各カザー（郡）のカーディー（イスラム法官）たちに宛てられたスルタン、マフムト二世の勅令は大略次のようである。

イズミルからアイドゥン方面に至る各道中にイェニチェリ軍団が廃止された時点ですでにコーヒー店が建てられ、そこに「関守」と称してゼイベキたちがたむろし、そこを通過するムスリムたちのキャラバンが積んでいるパラムート（ヴァロニア樫の実）、没食子、アカネの根（赤色染料）などの商品から「関守代」を、また、キリスト教徒たちからは「コーヒー代」を徴収している。このため、マニサ、アイドゥン、クシュアダスからイズミルへ往還する費用が高くつき、また商人がイズミルへ商品を運ぶことが困難になっている。このため、シャリーアとカーヌーンに反するゼイベキたちのこうした行為を禁止する旨、すでに（イスラム暦）一二〇七（一七九二／九三）年と一二三六（一八二〇／二一）年とにそれぞれ勅令が出された。しかるになお

図8-10　キャラヴァン・ルートの要所にたむろするゼイベキたち
1845年，イスタンブル大学図書館蔵

違反者が絶えないので、ここに改めてこの禁令を発布する。

この「ゼイベキ」とはいったい何者であろうか？　かれらについてはこのころ西アナトリアを旅行したヨーロッパ人の旅行記にも盛んに記されている。たとえば、イギリス人船長ケッペルは「ゼイベキはあたかもスイスの山岳民傭兵のような服装をしていて、アルバニア人同様、地方官の傭兵を務めたり、コーヒー店を経営している。ただし、彼らが旅人に要求する「税」は安いものである」。この言葉から、ゼイベキとは、地方官の私兵団である「セグバン」を想起させる。またハミルトンは、西アナトリアの交通路の要所要所に番所やコーヒー店があって、そこには五～六人のゼイベキが徒党を組んでたむろしており、かれらは旅人を保護してチップ（バフシーシュ）をもらうことを生業としているが、状況によっては匪賊に変貌することもあり、近隣のギリシア人たちからは恐れられている。ハミルトンはまた、アイドゥン地方の町で割礼や結婚式の行列で若者たちが、ゼイベキの服装をして行進しているさまを目撃し、ゼイベキの活動性や服装がこの地方の若者のダンディズムの象徴であることを指摘している。フランス人のB・プージューレは一八三七年に「ゼイベキは勇気をもって知られ、農民の保護者で、アナトリアのポリスの役割を果たす人びとであったが、彼らの特権は、彼らの保護者である封建領主〔アーヤーンのこと〕たちの王国の終焉とともに終わりを告げた」と述べている。以上のような目撃録から、ゼイベキについてはおおよそつぎのようなイメージを描くことができよう。すなわち、ゼイベキは、元来、西アナトリアの村の警備人、アーヤーンなどの名士や地方官の私兵の役割を果たしている人びとであった。そして、この地方とイズミルとの間の交易路が発展した結果、遅くとも一八世紀末以後、キャラバンや旅人の警護や輸送に従事して活動範囲を拡大した人びとであった。なお、ゼイベキの独特な服飾や舞踏は現在でもトルコにおける民俗音楽学の重要なテーマとされているだけではなく、一九二五年にトルコ共和国内のギリシア人とギリシア王国内に残されたトルコ人の「住民交換」の結果、トルコから移り住んだギリシア人たちがアテネの街角で演奏し、歌い踊った「レベティコス」はトルコ風施法とリズムにギリシア民謡の節回しが結合されたものと言われているが、その中には「ゼベキコス」と呼ばれるジャンルも存在する。このことは、ギリシア人とトルコ人の長年にわたる共存の歴史が反映されているといえよう(38)。

ところで、上に紹介したマフムト二世の一八二八年勅令は、ゼイベキたちが取り立てる「税」や「駄賃」が、すでに述べたようなヨーロッパ商人や非ムスリム商人が批判する「内国税」と位置づけられ、それを禁止しているように思われる。つまり、この勅令発布の背景には、自由貿易を要求するイギリスなどヨーロッパ諸国の影響力が感じられる。もともとイェニチェリ軍団の廃止とベクタシュ教団の閉鎖やアーヤーンの弾圧に対してアナトリアの民衆の間に不満が鬱積していたこの時期にこの勅令が出されたことは、それをさらに沸騰させることとなった。果たして、翌一八二九年九月末、アイドゥン地方にケル・メフメトと名のるゼイベキの主導する反乱が勃発した。反乱軍は、アイドゥン、ティレ、ナーズィルリなど、大メンデレス川流域の主要都市のほとんどすべてを短期間に制圧した。反乱軍の主力はゼイベキ、ユルック、イェニチェリ軍団の残党だったといわれるが、農民、都市下層民、一部のウラマーもこれを支持し、多くの都市が抵抗することなく反乱軍を受け入れた。地方史家チャガタイ・ウルチャイによれば、反乱軍は、この地方に一種の自治政府を樹立して、シャリーアに準拠した徴税を実施してイスタンブルに送金すると同時に、スルタンに対して、農業の自由化、農民保護政策の実施、シャリーアに則した平等な法の制定、兵役制度の再検討などを要求したという。ここにいたってスルタンは、カラオスマンオウル家一族の者たちをアイドゥン州とサルハン（マニサ）県の代官に任じて反乱の鎮定を命じた。つまり、マフムト二世はアーヤーン層弾圧政策の一環として、この一族の者には代官職と徴税請負権を与えないという、一八一六年以来の政策を断念したのである。一八三〇年六月、ケル・メフメトがカラオスマンオウル家の軍勢に敗れて殺されると、反乱軍は壊滅し、多くのゼイベキが殺された。反乱鎮定後、政府は、カラオスマンオウル家のヤクプ（パシャ）をアイドゥン州知事に任命して（一八三三年）、その「鉄の腕」にゆだねた(39)。

条約締結へ

前節で述べたエジプト軍のアナトリアへの進攻、ロシア艦船のボスフォラス海峡への進出という帝国存亡の危機に直面したマフムト二世は、イギリスをはじめとしたヨーロッパ諸国の外交的支援を求めてオスマン＝イギリス通商条約（バルタリマヌ条約、一八三八年八月一六日調印、一八三九年三月一日発効）を外務大臣ムスタファ・レシト・パシャの邸宅において締結した。この条約によって、イギリスはキャピチュレーションを含む既得権益のすべてを確認するとともに、あらたに帝国の全領域内において、商品の購入と運搬の自由、あらゆる商品に対する専売制の廃止、トルコ国内におけるイギリス商人の自由な商業活動の認可、イギリスの最恵国待遇、輸送許可証・内国税・専売制などの通商障壁の廃止、オスマン帝国内におけるイギリス商人の自由な商業活動の認可、ボスフォラスおよびダーダネルス海峡の航行規定などを一方的に取り決めた片務条約である。関税率に関しては、トルコへの輸出品に対しては三%、トルコからの輸入品には一二%、通過税は三%と定められた。この条約は、中国の南京条約（一八四二年）やタイのチャクリー朝との間のボーリング条約（一八五五年）、あるいはまた日本の安政五か国条約（一八五八年）などに先鞭をつけた不平等条約として世界史上に知られた有名な条約である。条約は、三ヶ月後にはフランス（一八三八年一一月）、三九年にドイツ諸都市とサルディニア、四六年にはロシアとの間にも結ばれた。

ところで、イギリスにとって条約締結の最も大きな目的は、エジプトのメフメト・アリ（ムハンマド・アリー）が実施していた専売制を無効にすることであった。ヨーロッパのエジプトに対する穀類の需要は、ナポレオン戦争による穀物不足を契機に急増した。エジプトにメフメト・アリが適用した専売制は、一八二八年にオスマン政府がアナトリアに適用した専売制よりはるかに包括的なものであり、ほぼすべての輸出品を対象としていた。このため、イギリスの時の外相パーマーストンの意図は、名目上はオスマン帝国の領土であるエジプトやシリアを含む全域での専売制の廃止を明文化し、イギリス商人の利益を保証することを目的としていた。それゆえに、実際、一八三八年通商条約締結のための交渉はイギリスのオスマン帝国に対する働きかけによって開始された。これに対してオスマン側は、結果的にヨーロッパ商人が支払う各種内国税収入をあきらめて、輸出時の関税の比率を高めるだけで、イギリス商人の帝国内における自由な取引を保障することになったのは、すでに述べたようなエジプト軍のアナトリア進攻による帝国存亡の危機を脱出するためにイギリスの支援を得るためであった。ここに、両者の間の重大なすれ違いがあった。こうして、イギリス側が、とりあえずその目的を達したのである。ただし、オスマン政府の内部にも自由貿易促進派と慎重派との二派が存在したことも指摘しておきたい。自由貿易への転換を図るほうが、結果としてオスマン帝国の経済を活性化させると考える自由貿易促進派のリーダーがレシト・パシャであった(40)。

第九章

近代オスマン帝国

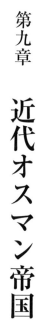

第一節　タンズィマート改革期（一八三九〜七八年）

近代オスマン帝国とは何か

前章では「近代への道」のタイトルのもとで、古い言い方かもしれないが、「開明的専制君主」による改革政治を扱った。本章では、最初に取り上げる「ギュルハーネ勅令」の結果、改革は君主の恣意によるのではなく、新たに発布される法とそれに守られた官僚とによる改革が展開される新しい時代を迎える。

前章でみたように、オスマン帝国は専売制の廃止を要求してやまないイギリスとの間に通商条約を結ぶことでエジプト問題におけるイギリスの外交的支援を取り付けようと試みた。しかし、この間にもシリアを巡るマフムト二世とメフメト・アリ・パシャとの紛争は解決せず、一八三九年六月に北部シリアのニジプにおいておこなわれた戦闘でオスマン軍は大敗北を喫した。マフムト二世はこの悲報がイスタンブルに到着する直前に病没したため、一八歳のアブデュルメジトが即位した（在位一八三九〜六一）。しかし、ロシアがヒュンキャル・イスケレスィ条約（一八三三年七月）を口実としてオスマン帝国の内政に干渉してくるのを恐れていたイギリスが五か国ロンドン会議を提唱し、結果としてメフメト・アリ・パシャはシリアの統治権を諦める代わりに、エジプト総督職の世襲権を獲得した。これによってエジプトは自立化が強化されたとはいえ、オスマン帝国の宗主権下になお留まったことには変わりがない。このことはきわめて重要であるが、同時に、オスマン帝国が、もはや一属州の反乱を抑えることができぬほど弱体化したことを内外に露呈したのである。オスマン帝国の命運は、いまや列強の思惑によって左右される状況となり、その遺産を巡る「東方問題」が、よりいっそう国際問題の焦点となった。

オスマン帝国が直面した以上のような状況もあって、一九世紀のオスマン帝国は、西欧列強の進出・分割の対象となり、これを阻止するための手法として採用した「西洋化」改革にもかかわらず、結局は滅亡してゆくものとして語られるのがこれまでの傾向であった。しかし、オスマン朝史家秋葉淳が報告するように、一九九〇年代以後、オスマン帝国をロシアや明治日本と同様、近代国家運営に腐心するひとつの国家として理解しようとする新たな視野からの研究が注目されている。つまり、オスマン帝国を特別視するのではなく、世界史的な「共時性」のなかで理解しようとする傾向である。秋葉の言葉を借りれば、それは「近代帝国としてオスマン帝国を見る」ということである(1)。

これに関連して、ごくわかりやすい例を挙げれば、スルタンが毎週金曜日に公衆の面前に姿を現し、モスクで礼拝をおこなうという儀式がある。この古くからの慣習は、アブデュルハミト二世（在位一八七六〜一九〇九）治世期には、外国人も見物する中、衛兵の隊列に囲まれて君主が馬車に乗って進むというものになっていた。つまり、いかにイスラム的、オスマン的に見えようとも、この儀礼は形式的には、当時英国王室から日本の皇室にいたるまで普及していた君主の儀礼と同型のものなのである。スルタンに対する掛け声、「パーディシャーフム・チョックヤシャ！（わがスルタン陛下万歳！）」は、「Long Live Queen!」や「天皇陛下万歳！」と同様に、国際的な象徴儀礼の一環として理解されるという。ただし、秋葉が、「オスマン帝国は西欧諸国と同様に近代化したのだ、と楽観的に主張するものではない」と付け加えているように、たとえばオスマン帝国と明治日本との間には国際政治上に置かれた「地政学的」位置の相違からくる問題は大きい。それは、明治日本が「殖産興業」に成功して資本主義経済の隆盛に向かったのとは対照的に、後述するように、タンズィマート改革初期におこなわれたオスマン政府の「殖産興業政策」はことごとく失敗に終わり、結果的に西欧列強の資本主義経済に従属せざるをえなかったからである。

ところで、本書の問題設定との関連で重要なことは、「辺境」諸地域をあるがままに緩やかに統治する、いわゆる「柔らかい専制」（鈴木董）支配をスレイマン一世の統治期までに完成させた「中央ユーラシア型国家」の伝統が、一六世紀後半以後、すなわち「近世」を通じて専制と立憲主義との相克のなかで次第に相対化され、さまざまな側面において支配の「正統性」を脅かされた帝国中央が、近代に入って、支配体制を辺境に及ぼすことによって、その権威回復のための政策を採用したことである。ただし、ここにいう「辺境」とは、たんなる「距離」の問題ではなく、オスマン帝国中央に対する政治的・社会的・文化的関係に応じて定義される「辺境」である。例えば、首都に近いアナトリアのアレヴィー派などの「異端的」な少数派のムスリムを正統派イスラムへ「改宗」させるといった意味である。秋葉はこれを、「辺境」を「文明化」しようとする意味で「オスマン版オリエンタリズム」と呼ばれるべきであろう、と結論付けている(2)。そのこともあって、一九世紀以後のオスマン帝国を、これまでのオスマン帝国とは異質な「近代オスマン帝国」とする考え方が普及しつつあり、それは最近のオスマン帝国史の概説書にも反映されている。

「ギュルハーネ勅令」の発布

一八三九年一一月三日、トプカプ宮殿に隣接した「ギュルハーネ（バラ園）」で、外相ムスタファ・レシト・

パシャは、スルタンの名において、文武の高官、ウラマー、国内のキリスト教徒・ユダヤ教徒の代表、商工民「ギルド」代表、そして各国使節たちを前にして、「近代オスマン帝国」の開幕を告げる「ギュルハーネ勅令」を読み上げた。その骨子は以下のように整理できる。

（1）わが国家は、建国以来、聖典クルアーンとシャリーアの諸条項に準拠してきたために国家は繁栄し、臣民は豊かであった。それにもかかわらず、ここ一五〇年来衰退を続けてきたのはシャリーアとカーヌーンが尊重されていないためである。

（2）国家の繁栄を回復するためには新しい法律（カーヌーン）が施行される必要があるが、その原則は以下のとおりである。

（3）全臣民の生命・名誉・財産の保障。これによって臣民の国家への忠誠心と祖国愛が生まれる。

（4）国土防衛には軍隊が必要であり、その財政的基礎は租税にある。専売制はすでに廃止されたが、今なお存続し、悪しき人びとの手中にあって不正な徴税の源泉であり、国庫になんの益をもたらさぬ徴税請負制は、これを廃止する。

（5）今後は各地域の実情に応じて徴兵がおこなわれ、兵役期間も四〜五年に定められる。

（6）すべての被告は、法に照らして公平な裁判を受ける。なんびとも判決が出る前に処刑されることはない。

（7）不法な財産没収は廃止される。

（8）高等司法審議会は必要に応じて増員され、軍事に関しては最高軍事会議において自由に討議され、それぞれの会議で作成された法案は、スルタンの認可を受けるために上奏される。
(9)これらの法は、ただただ宗教、国家、国土、国民を再生させるためのものであるから、スルタンはこれに反する行為をせぬことをアッラーの名にかけて宣誓し、宮廷内の「聖衣〔預言者ムハンマドの衣〕の間」に集合したウラマーや高官もアッラーの名において宣誓せよ。法に違反したものは、その地位のいかんにかかわらず、発布されるべき刑法に従って処罰される。
(10)今後官吏には俸給が支給されるので、収賄行為は法に照らして処罰される。
(11)かくのごときスルタンのご命令は全臣民に告知され、イスタンブル駐在の友好国諸使節に対しても公式に通告されるものとする。
(12)アッラーよ、我々すべてのものを成功に導きたまえ！　これらの諸法に反した行為をする者どもに神罰を与えたまえ！

以上がオスマン帝国史上に名高い「ギュルハーネ勅令」の原文を私なりに整理した要旨である。この勅令は『官報』を通じて全国に通告された。この勅令に関しては、古くからフランス人権宣言（一七八九年）など西洋思想の影響が指摘されたり、あるいは逆に、実際の勅令の文面ににじみ出ているように、オスマン帝国に伝統的なイスラム思想を継承している面も見逃せない、などなどさまざまな意見がある。これに対して、トルコ近現代史研究者の新井政美は、この勅令全体から読み取れるのは、オスマン帝国が法治国家たるべきことと、その法治国家を運営していくのが官僚であること、官僚が、君主の恣意的暴力〔処刑や財産没収〕から全臣民を守り、そうした保障の下で、公正な統治をおこなうべく、時代にふさわしい新たな法を制定していこうとしていること。そしてさらにその保障の枠内に非ムスリムを加えることも、異教徒を服従、納税と引き換えに保護民として保護し、信仰を保障してきた預言者ムハンマド以来のイスラム国家の伝統を、「そう大きく踏み外すものではあるまい」と評価し、おこなわれるべき改革は、「あくまでもイスラム国家を強化するために、イスラムの名においておこなわれるはずであった」と述べて、この勅令に、近代的法治国家観と伝統的イスラム国家観との共存を見いだしている(3)。新井は、最近の著書ではこの考えをさらに発展させ、この勅令の冒頭における「シャリーアとカーヌーン」の含蓄するところを掘り下げて、とくにカーヌーンの位置づけを「オスマンの支配層にとって、スルタンが勅令の形で発する「施行細則」も「シャリーア」としての「聖性」をもつのは、――イスラム世界の担い手としてのオスマンスルタンが、カリフとしての属性をも主張する立場にあったが故に――当然だったことの表れとも考えられ、むしろその方が自然だったのではないかと思われるのである」と述べている(4)。

図9-1　ムスタファ・レシト・パシャ、ギュルハネの勅令　Wikimedia Commons

これは一六世紀に、時のシェイヒュルイスラム、エビュッスウードによって、社会の現実的な要請に最も柔軟なハナフィー派法学の立場から「スルタンの法」の体系全体がシャリーアの下にあり、それはシャリーアに抵触していないと宣言されることによって、カーヌーンの全体系がシャリーアによって守られる仕組みが構築されていたことに対応している（上巻第四章一六三～一六六頁参照）。そして新井はこのことが「以後オスマン帝国が大胆な「西洋化」改革を平然と進めてゆくのを理解する上で、たいへん重要なカギであると思われる。そうした大胆さが、それまでもイスラーム法を柔軟に運用してきた、そしてイスラムの担い手としての自信に満ちたオスマンの「伝統」の上に理解されるべきことを示唆しているに違いないからである」と述べている(5)。一方、近世との連続性に着目する佐々木紳は、「オスマン的近世」論をふまえて、君主と臣下の誓約がおこなわれたことは、臣下による君主権の掣肘という立憲主義の歴史に接続する側面を見出している(6)。

政府機構の改革

以上に紹介した「ギュルハーネ勅令」に基づいて、以後様々な改革が試みられていった。まず、マフムト二世時代に廃止された大宰相職がふたたび政府機構の統括者として復活した。また、外務省、財務省などの各省庁のなかでは外務省が圧倒的に重要な位置を占めた。ムスタファ・レシト・パシャをはじめ、その後継者として頭角を現したファト・パシャ（一八一五～六九）とアーリー・パシャ（一八一五～七一）の三人が外務大臣と大宰相の地位を独占し、タンズィマート改革を牽引していった。また、この時代には政府の諮問機関が重要な役割を果たした。マフムト二世時代の末期に設立され、「ギュルハーネ勅令」にも言及されている高等司法審議会がその代表的なもので、新たな法案の策定と、制定された法律にかかわる控訴審としての役割を与えられた。この審議会は、一八五四年以降タンズィマート高等審議会、さらに一八六八年にはフランスの強い影響下に国家評議会と名を変え、また立法と司法の機能を分離させながら、改革遂行の中心機関としての役割を果たし続けた。そして、この国家評議会においては、各州を代表するムスリムと非ムスリムの議員がスルタンによって任命されたが、地方から提出される議員候補者のリストには、それぞれの地方の有力者が相当数含まれていた(7)。つまり、国家評議会は、次に述べる地方評議会とオスマン議会とを繋ぐことになったのである。

地方行政改革

「ギュルハーネ勅令」によって徴税請負制が廃止されたのち、政府は、一八四〇年に中央から徴税官を派遣して一三名からなる地方評議会を設置した。秋葉によれば、「地方評議会とは、州、県、郡（中略）などの各行政単位に設置された、地方行政官やそのほかの役人に住民代表を加えて構成される合議制の機関である。（中略）そしてこの地方評議会こそ、オスマン帝国における代議制の起源として認められてきた」(8)という。その構成員は、徴税官、書記官二名、裁判官、ムフティー、武官、そしてキリスト教徒（正教徒）がいる場合は府主教が職権委員となり、地域の有力者から六名（うち二名は非ムスリム）が委員として選出され、合計一三名である。

一八四〇年に設置されたこの地方評議会設置の意義について、秋葉は、近年の研究を踏まえてつぎのように述べている。少し長くなるが極めて重要な指摘なので、以下に引用する。「従来の評価は、地方評議会が地方名望家によって牛耳られ、彼らの前に地方官は無力または妥協的で、中央政府の進める改革派評議会によってことごとく阻止されたというものが主流であった。つまり、地方評議会は中央集権的な支配体制を下から支えるものというよりもむしろ、それに対抗的な地方有力者による支配を保障、強化したものであった、とされてきた。しかし、「先進的な中央」対「保守的な地方名望家」というこのような対立図式は、近年の研究では修正されつつある。それらの研究によれば、タンズィマート改革は中央と地方との交渉を通じて行われていたとみるべきであり、地方名望家たちは必ずしも改革を全面的に拒否したわけではなく、評議会はむしろ下からのイニシャティブや地方社会の適応を体現したものなのである。オスマン地方評議会の重要な特徴である、非ムスリムの参加という点についても、従来の評価ではムスリム名望家たちによって阻止されるか、あるいは出席していても形式的にすぎないといわれてきた。しかし、詳細な事例研究によってムスリムと非ムスリムが協力して請願を行うなど、非ムスリムもまた積極的に地方政治に関与していた例も明らかになっている。地方評議会は、オスマン帝国近代の改革が、決して単に「上からの改革」であったのではなく、「下から」つまり、地方社会からのイニシャティブもまた非常に重要な要素であったということを示している。オスマン帝国の議会制度もまたその例外ではなかったのである」(9)。

法および司法制度の改革

「ギュルハーネ勅令」で約束された「新しい法律（カーヌーン）」として、まず、一八四〇年に四〇条からなる新刑法が発布され、そして一八五〇年には、ヨーロッパとの通商関係の緊密化を受けて新商法が公布された。このようにして、新たな法制改革がカーヌーンの名で実施されていくが、ムスリムである臣民の生活に密着した民法分野においては、さすがに西洋の法をそのまま導入することには抵抗が見られた。このため、かねてから、これまでの法改革に不満を表明していた当時のウラマーを代表するジェヴデト・パシャ（一八二三～九五）を中心とした委員会によって、一八七〇年から七六年にかけて、ハナフィー派の法学書を広く参照し、主として債権、物件に関する事項について解説した史上初のイスラム法典『民法典（メジェッレ）』が編成された。

こうした法制度の改革は、当然のことながら、これを運用するための司法制度の改革を要請する。オスマン帝国にはすでにカーディーが主宰する「シャリーア法廷」、非ムスリム住民間の係争をさばく共同体法廷、さらにキャピチュレーションに基づいて外国人に関する裁判をおこなう領事法廷があった。しかし、タンズィマートによって国家の定めた新たな法律（カーヌーン）を実際に機能させるためには、新たな法廷が必要であった。このために、一八六四年から六八年にかけて制定法裁判所（ニザーミーエ法廷）制度が既存のシャリーア法廷と並び立つ形で成立した(10)。

一方、一八三八年通商条約締結以後、ヨーロッパ諸国の商人との関係が深まるとともに増加した係争を裁くための新たな裁判所が必要となった。まず一八四〇年以降、イスタンブルをはじめとした主要都市に設けられた、いわゆる「混合法廷」である。これは外国人との係争を扱い、オスマン人と外国人の判事が半数ずつで判決を下すという体裁をとっている。混合法廷の設置は、新井も言うように、主権の侵害は明らかであり、さらに商事に関しては一八五六年以降外国人との係争はすべて領事法廷へ持ち込まれたから、主権国家としてのオスマン帝国の実質は大きく揺らいだと言わざるを得ない(11)。

教育改革

イスラム世界では、伝統的に、初等学校に相当するマクタブ、専門的なイスラム諸学の教育を担うマドラサという学校が存在した。オスマン帝国で教育改革が始まり、新しいタイプの学校が設立されるようになってからも、これら旧来の学校は存続した。一方、近代的教育機関の整備も順調に進んで、教育がウラマーの手を離れていった。ただし、これらが伝統的体系を駆逐しながら勢力を伸ばしてきたわけではない。一八六九年のイスタンブルには一六六を数えるマドラサがあり、五〇〇〇名を越える学生が伝統的なイスラム教育を受けており、この数は一八六七年における全国の高等小学校の生徒数七八三〇名、九四～九五年度におけるイスタンブルの高等小学校生徒数四七七六名と較べると一層の重みをもつ(12)。

マフムト二世時代にイェニチェリ軍団に代わって編成されたムスリム常勝軍の将校を養成すべく士官学校がフランスのそれをモデルに一八三四年に設立され、また、一八六八年には初等教育の義務化・無償化が定められ、翌年には小学校から大学にいたる教育機関の整備計画を記した国民教育綱領が発表された。女子教育に関しても、一八五九年に女子高等小学校が開校し、七〇年には女子師範学校も作られていた(13)。さらに一八六八年に設立されたガラタサライ・リセでは、フランスの協力も得てムスリム・非ムスリム共学で、フランス語による教育がおこなわれた。この学校は、行政学院（後述）と並んで、オスマン時代のみならずトルコ共和国時代にいたるまで、様々な分野に多くのリーダーを輩出することになる。

西洋近代演劇の受容

一八五六年にバロック風のドルマバフチェ宮殿がボスフォラス海峡沿いに建てられて、オスマン王家の宮廷と政治の中心が、トプカプ宮殿のある旧市街（本来のイスタンブル）から金角湾をはさんだ対岸の新市街、すなわちガラタおよびベイオール地区に移った。立ち並ぶエジプトの王族の別荘やヨーロッパ各国の大使館は、ヨーロッパ風の生活を持ち込み、宮廷、高官といったエリート層、さらには非ムスリム商人ら富裕層に

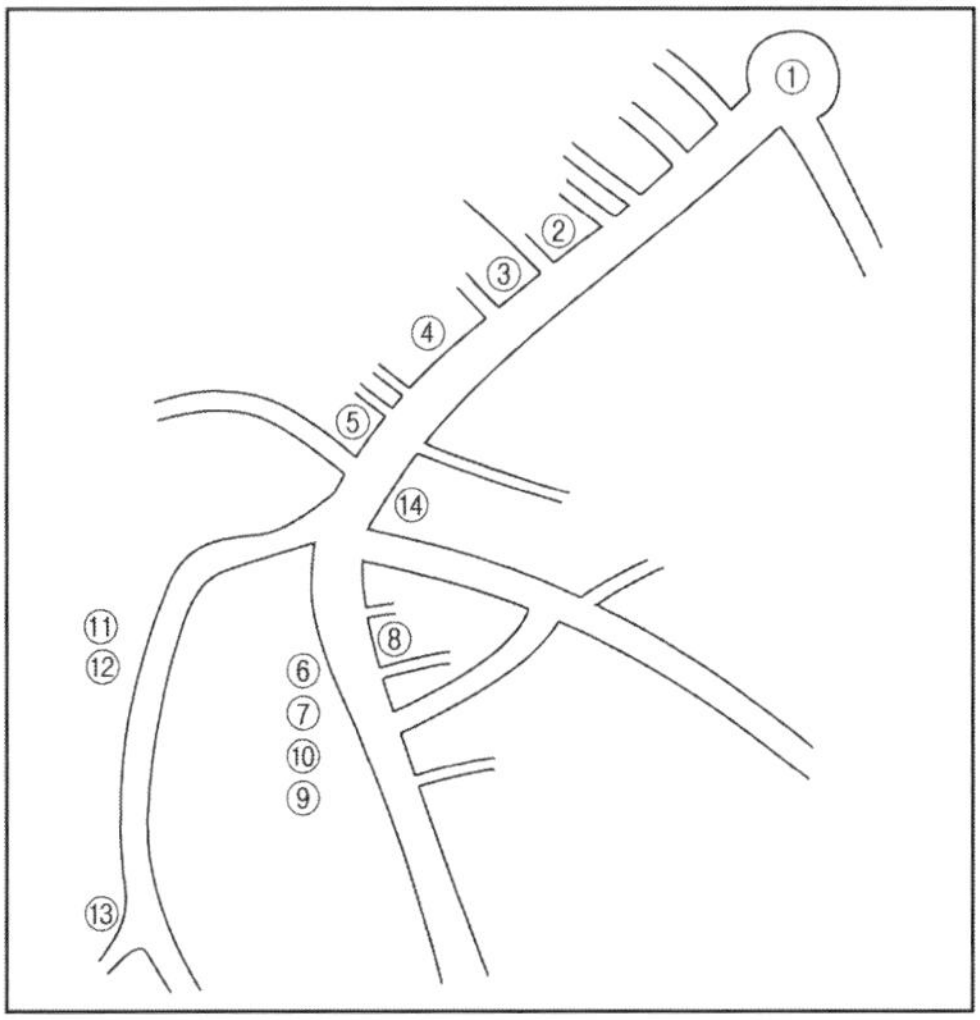

図９－２　19世紀末「ベイオール地区」

①タクスィム広場
②アー・モスク
③オデオン座
④アレッポ小路（ヴァリエテ座）
⑤ナウム劇場（チチェキ・パサジュ）
⑥エルハムラ映画館（1922～）
⑦フランス座（クリスタルパレス）
⑧聖アントワン教会（コンコルディア座）
⑨ボン・マルシェ（現オダクレ）
⑩ムアッメル・カラジャ劇場
⑪イスタンブル都市劇場（夏の劇場）
⑫イスタンブル都市劇場（冬の劇場）
⑬ペラ・パラスホテル
⑭ガラタサライ高校《りせ》

影響を与えた。七一年には、オリエント急行（東方鉄道）が開通してヨーロッパから多くの人びとが訪れ、かれらのためのホテルが建設された。

日本では「火事と喧嘩は江戸の華」という言葉があるが、イスタンブルも江戸と同じく、かつては木造建築がびっしりと立っており、ひとたび火事が起こると多くの家が焼失した。イスタンブルを近代ヨーロッパ的な街並に変えたのも、火事を契機としていた。とくに一八七〇年六月に発生した「ベイオールの大火」での焼失建物件数は三〇〇〇軒と言われており、その跡には、やがてアールヌーボー風の建築が林立する近代都市へとイスタンブルの風景を変貌させた。

そしてすでに一八三六年と四五年に

図９－３　ドルマバフチェ宮殿劇場の舞台
1859年6月25日,［出典］illustration by Hammont from the magazine L'Illustration, Journal Universel, vol 33, no 852

金角湾にまたがる二つの橋が建設され、七五年には地下鉄も開通したことは、旧市街と新市街の間の文化接触を生み出す条件が整ったことを示している。

このようにして近代都市に変貌したイスタンブル住民の間に歓迎された娯楽のひとつはヨーロッパからやってくる劇団による演劇である。これら劇団のために、ヨーロッパのそれを模した近代的劇場の建設が必要だった。その最初が、一八三一年に建てられた「フランス座」とアルメニア人商人ドゥハーニーの「ナウム劇場」（一八四〇年）、旧市街の「ゲディキパシャ劇場」（一八六〇年）である。こうした近代劇場の建設にはスルタンたちは多大な資金援助をおこなうとともに、アブデュルメジトはドルマバフチェ宮殿のすぐ近くに「ドルマバフチェ宮殿劇場」を一八五九年に建設させた。

その後、コンコルディア座、オデオン座、ヴァリエテ座などといったヨーロッパの劇場名を模した劇場がさらにベイオール地区に作られた。こうした劇場では最初はフランスやイタリアからやって来た劇団がドラマ、オペラ、オペレッタ、バレエなどを演じており、そうした劇場にはヨーロッパ人ばかりでなく、非ムスリム富裕層も足を運んだ。

このような雰囲気の中で、やがてアルメニア人たちが劇団を結成し、ドイツの劇作家シラー（一七五九〜

一八〇五）の『群盗』などの翻訳ないし翻案劇を上演し始めた。こうして始まった、トルコにおける西洋演劇の受容はアルメニア人演劇人によって担われた。その最初の人物がギュッリュ・アゴプ（一八四〇?〜一九〇二?）である。かれは、最初アルメニア語でシェイクスピアの『マクベス』などを上演していたが、それでは観客の数が少なく商売にならないので、トルコ人を相手にトルコ語で上演し始めた。

アゴプは一八七〇年にトルコ語による演劇上演の独占権を一〇年間の期限付きで与えられた。かれはトルコ人観客の間で最も喜ばれる喜劇としてモリエールの『スカパンのわるだくみ』の翻案ものである『アイヤール・ハムザ』など西洋物の翻訳ないし翻案ばかりでなく、「新オスマン人」運動（後述）の旗手ナームク・ケマルの『祖国、あるいはスィリストレ』など、ようやく台頭してきたトルコ人劇作家の作品も手掛けた。ただ、ケマルの、このクリミア戦争を題材とした愛国劇が一八七三年四月一日に「ゲディキパシャ劇場」で上演されると、「祖国のための死!」といった感情を代弁するセリフに興奮した若者のグループが「祖国万歳!」を叫んで街に繰り出したため、不穏な空気に危険を感じたスルタン、アブデュルアズィーズ（在位一八六一〜七六）の命令によってゲディキパシャ劇場は一夜のうちに取り壊され、ナームク・ケマルは逮捕されてアブデュルアズィーズが退位する七六年五月三〇日までキプロス島のマゴサ（ファマグスタ）城塞に幽閉された。アゴプも一時逮捕されたが、間もなく釈放された。しかし、アゴプは八二年にアブデュルハミト二世（在位一八七六〜一九〇九）の命令で宮廷の「帝室音楽院」に配属されて、オスマン劇団から切り離されることとなった(14)。

クリミア戦争と改革勅令

一八四八年にヨーロッパ諸国における民主主義と民族主義の覚醒ともいえる「一八四八年革命」(西洋史上では「諸国民の春」とも呼ばれた)が起こり、その風潮の中でハプスブルク帝国のもとにあったハンガリー人(マジャール人)が民族主義者コッシュートの指導のもとに独立運動を起こした。しかし、この運動がオーストリアとロシアの軍団によって鎮圧されると、コッシュートをはじめ、ハンガリー人が大量にオスマン帝国に亡命した。ロシアはかれらの引き渡しを要求したが、オスマン帝国はこれを拒絶して、ヨーロッパの一部のリベラルな世論の支持をえた。しかし一八五〇年に、この「革命」に触発されたこともあって、北西ブルガリアのヴィディンで大規模な反乱が起こった。反乱の背景には、ムスリムの有力者(ゴスポダル)たちによるキリスト教徒農民に対する無償労働(賦役)の強制などの人格的支配に対するキリスト教徒農民の反発があった(15)。しかし、セルビアとの国境地帯であるがためにムスリム有力者たちの存在は中央政府にとってバルカン支配の要であったから、かれらを排除することができなかった。このためキリスト教徒の反乱は、しだいにナショナリズムの色彩を帯び、ロシアをはじめとするヨーロッパ列強の干渉を招く一因となった(16)。

一八五三年、オスマン帝国内の正教徒の「庇護者」をもって任じるロシアがイェルサレムにおける正教徒の権利拡張を要求してオスマン政府を圧迫していた。しかし、外相ムスタファ・レシト・パシャはロシアの要求を拒否し、カトリック教徒の権利を主張するナポレオン三世の支持を取り付けた。ロシアの地中海への進出を恐れるイギリスもまたこれに同調した。こうした状況は「聖地管理問題」として国際政治上の大問題となった。これに対してロシアが、ワラキアとモルドヴァに軍を進駐させると、オスマン政府はロシアに宣戦布告し、ここにクリミア戦争が勃発した（一八五三年一〇月）。開戦後間もなく、オスマン軍が敗北すると、五四年にイギリス、フランス、サルデーニヤが直ちに参戦し、ロシア軍はクリミア半島に退き防戦に努めた。戦線は、バルト海からオホーツク海にいたるまで戦場が広域化した「事実上の」世界戦争となった。この戦争に関しては、ナイチンゲールの献身的な傷病兵看護などの逸話もあるが、この戦争に従軍したロシアの文豪トルストイ（一八二八〜一九一〇）が小説『セヴァストポリ物語』（一八五五年）で世界に訴えたように、この戦争は科学技術の発達した近代戦争の危険性をまざまざと示している。結局、戦争は、一八五五年のセヴァストポリ要塞の陥落を経てロシアの敗北に終わった。オスマン帝国は、「名目上」勝利したことになったが、膨大な戦費を賄うために五四年に、帝国史上はじめて、イギリスに借款をせざるをえなかった。借款はその後約二〇年間に一七回にわたっておこなわれた。しかしそれによって得た資金は産業に投資されることは少なく、大部分は戦費や外債の返還に費やされ、帝国財政の破綻を招くことになる(17)。

クリミア戦争のもたらしたもう一つの大きな問題は、ロシア帝国からのムスリム難民・移民たちの大規模な流入である。オスマン側の戦勝と戦後の混乱とによって、クリミアやカフカース北部のムスリム諸民族の中からオスマン領内へと移住する動きが高まった。戦後二〇年の間に六〇万人とも二〇〇万人ともいわれる人びとがロシアを離れ、三〇〇〇万人ほどの人口を擁したオスマン帝国に流入したといわれる(18)。こうしたトルコ系ムスリムの大規模な流入は、アナトリアの再イスラム化とトルコ化とをもたらした(19)。というのも、クリミアやカフカース北部はスンナ派ムスリムが人口の大多数を占めていたし、クリミア半島では、クリミア・ハン国のもとでイスラム化し、クリミア・タタールと呼ばれたトルコ系ムスリムが人口の大半を占めていたからである。

クリミア戦争の休戦を告げるパリ条約（一八五六年三月三〇日）に先立って、イスタンブルでイギリス、フランスの総領事とオスマン政府との協議の結果、一八五六年二月に「改革勅令」が公布された。この勅令は、これをもってタンズィマート改革期が前後に区分されるほどの大きな意味を持つことになる。この改革勅令は、一八三九年の「ギュルハーネ勅令」を不十分とする英仏の圧力が露骨なまでに現れた長文の「勅令」で、その前半は、非ムスリム臣民にムスリムと同様の権利を認めることが極めて具体的に述べられていて、これまでは制限されていた非ムスリムの政治への参加を含むあらゆる公職への参加、信教の自由、裁判や各種議会における非ムスリムの権利の拡張、非ムスリムへの差別用語の禁止などが極めて具体的に述べられている。歴代のイスラム諸王朝ではイスラム法の定めに従って、非ムスリム臣民に人頭税の納入など、いくつかの条件のもとに一種の「不平等」原則のもとで「保護民」として信仰の自由や社会的自治がムスリム優位の原則のもとに認められてきた。したがって、この勅令は、それまでのイスラム諸王朝が保持してきた大原則を放棄した極めて重大な問題をはらんでいた。ムスリムの側は、これに対して強い不満を抱き、非ムスリムが列強の保護下に不当に特権を得ていると感じた。たとえば、非ムスリムにもムスリムと平等に兵役義務が課せられたが、実際には代償金の支払いによって免除された。こうした状況はムスリムと非ムスリムの関係を悪化させた。

この勅令において、各非ムスリム共同体（ミッレト）に与えられた権利が極めて具体的に述べられていると同時に、各ミッレトの内部組織を規定する組織法を作成し政府に提出することが認められていた。この組織法は「ミッレト憲法」と呼ばれた。非ムスリムのミッレトは一八六〇年代に、教会や宗派共同体の運営の基本を定める憲法を相次いで制定した。一八六二年に東方正教会のミッレトが憲法を公布し、教会の宗教的な事柄の運営は主教の構成するシノド（ロシアの宗教院に模した組織）の管轄に、非宗教的な事柄はシノドの代表四人と俗人代表八人から構成される混合評議会の管轄となった。ユダヤ教会のミッレトも憲法を公布した(20)。この憲法を最も体系的に定めたのはアルメニア教徒の憲法で、一八六三年三月一七日に正式に発効したその憲法は、一四〇名の議員（うち聖職者は二〇名）で構成されるミッレト議会に最高意思決定機関の地位が与えられるなど、俗人支配の原則が明確に示されていた(21)。

一八五六年勅令の後半は、外国人への不動産所有権の付与、銀行の設立、道路・運河の建設、ヨーロッパの教育や科学技術および資本の導入など文字通り、ヨーロッパ資本のための投資環境の整備を含む条項が具体的に述べられている。これらの条項は資本主義経済が金融資本の時代に入った事実に対応している。パリ条約で黒海の自由化（ロシアの独占排除）を代償にオスマン帝国がヨーロッパ「共同体」の一員として認められたのはこうした背景があってのことである。

一八五八年土地法とその改訂過程

タンズィマート改革によって生じた地方社会の変化を考えるうえで最も重要な法律の一つは一八五八年に発布された土地法であろう。この法律は、一五・一六世紀以来発布された土地に関する諸法令を、シャリーアを正当性の根拠として、しかし西欧の法典にならって成文化した初の体系的土地法であるといわれる(22)。その本来の目的は、これまでの大原則であった国有地における国家の所有権と農民の保有権（用益権）とを再確認し、中央集権的国家体制を立て直すことであった。このため、この法律では、ティマール制下ではスィパーヒーが合法的に、しかしこの制度が形骸化したのちには徴税請負人やアーヤーンが非合法的に掌握してきた国有地の土地証文授与権を一元的に政府の役人が直接農民に与えるべきことが繰り返し述べられている。そして、その実行のための細則である土地証文法令が一八五九年に発布された(23)。

土地法の実施には、州・県レベルでは州知事、県知事、財務官吏があたり、郡レベルでは郡の地方名士の中から選ばれ、財務・行政・警察のすべての権限を掌握していた郡長が担当していた。国有地における保有権の移転に際しては、州および県では中央から派遣された財務官吏のみがこれにあたり、郡では郡長があたったという(24)。つまり、一八五八年土地法および五九年土地証文法が正しく実行されるか否かは、特に郡レベルでは郡長の手腕にかかっていたのである。

一八六七年の臨時法によって外国人の不動産所有を可能にし、また、国有地における保有権（用益権）の相続・譲渡・遺贈・担保物件としての提示・貸付などほとんどすべての権利が改訂過程を通じて拡大され、一九一三年には国有地における保有権は事実上所有権と変わらないものにまでなった。

この土地法と一連のその細則が地方社会にもたらした影響はどのようなものであったのだろうか?。その最もドラスティックな一例は、当時ヨーロッパに開かれた窓ともいえるイズミルの後背地の例である。外国人の土地購入が容認されると、イギリス人が大規模に土地を購入し始めた。トルコのオスマン史家O・クルムシュは、西アナトリアだけでイギリス人の購入した土地は合計二五万ヘクタール、これにギリシア系正教徒、アルメニア人、ユダヤ教徒が購入した分を合わせると、五〇万から六〇万ヘクタールに達すると推定している。クルムシュはさらに、かれらは購入した土地で多数の黒人奴隷を使役しており、西アナトリアだけで一万三〇〇〇人強の黒人奴隷がイギリス人の農場で使役するために購入されたと推定している(25)。一方で、イズミルの後背地マニサ地方のアーヤーン一族のチフトリキの一部を購入したイギリス人J・B・パターソンのように「賦役」すなわち無償労働を導入しようとする者もみられた。それは、このチフトリキでは農民が年に二日の耕起、二日の播種、二日の刈り取り作業を無償でおこなう習慣があったからである。しかし農民は「この習慣を異教徒のために実行するいわれはない」と拒否した。イギリス国籍を持つギリシア人、デメトリウス・バルタッズィの場合はさらに大規模な抵抗に直面した。かれは一八六二年にカラオスマンオウル一族の者などから購入した二八〇〇ヘクタールの土地をその後さまざまな方法で拡大し、一八九四年にはその面積が八八〇〇ヘクタールに達していた。かれによって土地を奪われた一〇〇〇人ほどの農民は一八九五年にかれの土地を占拠し、中の建物を焼き払い、これを鎮圧に来た二〇〇人の憲兵隊に対して三週間抵抗したという。これに類した例は各地で頻繁に起こっていたが、一方では資本主義的賃労制を導入したイギリス人の農場では良い給料が支払われたため多数の農民が殺到したという話も伝えられている(26)。

貿易の拡大と通商条約の改定

一八三八年のオスマン＝イギリス通商条約（バルタ・リマヌ条約）締結は、従来言われてきたような、オスマン帝国経済のヨーロッパへの「開放」ではなく、すでに一八二〇年代から始まっていた貿易拡大の波を受けたものであることはすでに述べたとおりである。また、四〇年代以降の蒸気船による海運業の発達は、エルズルム―イズミル間のキャラバンルートを黒海経由のエルズルム―トラブゾンルートへと変更せしめ、伝統的商業ルートを切断した。これに代わって沿岸都市から内陸へと広がる通商路の開拓は鉄道建設競争の進展と相まって発展した(27)。

また、ブルサでは一八四五年にスイス人がはじめて蒸気機関を利用した絹糸製造工場を建設し、一八五五年にはこの町で八〜一〇軒のフランス系絹糸工場が操業していたというが、こうした工場にかかわりを持つのは主として、非ムスリムであった。

このように論じてくると、一九世紀後半のオスマン経済はもっぱらヨーロッパからの圧力のもとに置かれていた印象を与えるであろう。このことは、一六世紀にイギリスを中核として成立した資本主義経済が、そのころはまだ独立の経済圏をなしていたオスマン経済を次第に周辺化していくという、アメリカの文化人類学者イマニュエル・ウォーラーステインの「世界システム論」を想起させる。実際、一九八〇年代にはこの問題が一九世紀オスマン経済史研究の焦点をなしていた感がある(28)。これに対して、「世界システム論」に批判的なオスマン近代経済史家ドナルド・カータルトは、オスマン史の問題はオスマン自身のダイナミズムを考慮しながら考える必要があるといった問題意識から、オスマンの側でも、独自な工業の発展とそれを支えた技術移転に関する実証的な研究を発表した(29)。つまり、イギリス製品の流入を前に、打撃を受け、衰える部門があると同時に、新しい波に乗り、新製品や新技術を利用・応用して新たな産業を興すだけの技術的な蓄積と伝統を保持していたからである。かれはまた、内陸都市や農村における家族的織物業はなお広範におこなわれていたにちがいないが、これを統計的に明らかにすることは困難であることを指摘しつつ、「世界システム論の方法論を評価するにやぶさかではないが、少しばかり疑いを持つのは、分析において地域のダイナミズムに対する必要な配慮に欠けていること。分析の全体枠の中でオスマン史の主役に必要な役割が与えられていない。私は一九八五年以降、オスマン朝により多く活動分野を記述することに努めてきた」。そして、マクディーシーの『オスマン帝国オリエンタリズム』論を紹介しつつ、「オスマン帝国史は今日ようやく理論的アプローチができるようになった。衰退論はこんにち完全に克服された」(30)と述べている。

そうした抵抗があるとはいえ、イギリス綿製品のオスマン帝国への浸透は、まさに目を見張るものがあり、イギリスからオスマン帝国への綿糸輸入は、一八二五年を基準に五年間で三倍、一〇年間で六倍と増加し、一八六〇年にはついに四〇倍を記録。綿布ではこれが六〇倍となる(31)。これに伴って、オスマン領内の伝統的な手織りによる紡績業が壊滅的な打撃を被るといった局面もあったことは事実である。たとえば、ベルガマ（古名ペルガモン）ではイズミルから来たギリシア系正教徒によって建設された綿操機工場が、昔ながらの方法で綿繰りをしている婦人や女子の賃仕事を奪ったため、彼女たちによって焼き討ちされている(32)。イギリス製品のこの流入拡大を後押ししたのが、イギリス資本により建設されたエーゲ海沿岸の貿易都市イズミルと内陸の肥沃な平原地帯であるアイドゥンおよびカサバ（現トゥルグトル）とを結ぶ鉄道建設（ともに一八六六年に開通）であり、イズミル港湾施設の整備であった。

このような通商の拡大を背景として、一八六一年から六二年にかけて、ヨーロッパ諸国との間に先に結ばれた一八三八年通商条約の改訂がおこなわれた。それは、輸入関税を八％に引き上げる代わりに、輸出関税を八％に引き下げ、さらにこれを毎年一％ずつ引き下げて七年後には一％としてこれを固定するというものである。この関税率は、ヨーロッパ諸国が工業製品の売り込みを犠牲にしてでも、工業用原材料の輸入促進を優先したことを示している(33)。イスタンブルでは、イギリス人ウィリアム・チャーチルの主宰する新聞『新報』紙が綿花栽培奨励のキャンペーンを張っていただけでなく、帝国内のジャーナリズムでも、農産物を輸出して、その収益でヨーロッパの工業製品を買うべきであるという意見が多かったという事情もあった。この新しい通商条約はイギリスばかりでなく、アメリカを含むヨーロッパ諸国とも結ばれた。

この新しい通商条約締結のイギリスにとっての真の目的は、「ナイルのたまもの」と呼ばれる高い生産力のあるエジプトであった。エジプトは事実上独立したとはいえ、国際政治の上ではなおオスマン帝国の宗主権下にあったからである。そのために、鉄道・汽船などのインフラ整備がすすめられ、一八六九年にスエズ運河の完成によってそれが終わると、エジプトはイギリスの綿工業向けの原綿の栽培、すなわち綿作モノカルチャー経済に特化した「ランカシャーの綿花農場」となった(34)。

一方トルコでは、シリアとの国境に近いアナトリア南東部のチュクロヴァ地方が綿花栽培地として開発されることになる。だが、当初オスマン政府がこの地方に関心を持ったのは、一八五三年に始まったクリミア戦争に派遣すべき兵士として遊牧民を徴発するためであった。一八六一年に南北戦争がはじまると、輸出の止まったアメリカ綿花の代替地を血眼になって探していたイギリスの目に留まったのが、エジプトについでアナトリアのチュクロヴァ地方であった。イギリス大使館は、真意を隠して、かれらの手でチュクロヴァの遊牧民を兵役に服させるとの提案をした。オスマン政府はこれを内政干渉として退けると同時に、六五年から六六年にかけて「改革軍」と命名した近代的な軍隊を派遣して遊牧民を強制的に定住させた。このとき遊牧民の大半は定住の道を選ばざるをえなかったが、この地方のもっとも有力な遊牧民部族長コザンオウル家の当主はこれを拒絶した結果殺害された。いまでもこの地方にはその事件を謳ったエレジーがたくさん残されているという(35)。

このとき、「改革軍」の民事部門の責任者であったオスマン帝国末期最大の知識人・歴史家で、さきに述べた『民法典』の編纂を主導したジェヴデト・パシャは自身の『回想録』で、この作戦の結果、チュクロヴァ地方が一面緑したたる綿花畑に転じた様子を満足げに回顧している。だが、ことはそう簡単ではなかった。定住の過程で部族長が地主となり、部族民がその小作人になるという構造が定着したのである。それだけではない。南東アナトリアはビザンツ帝国末期にはキリキア・アルメニア王国（小アルメニア王国）といわれるアルメニア人の居住地でもあった。かれらのうち有力な者たちはアナトリア中部の商業都市カイセリなどに住んで商人として成功していた。かれらもまたチュクロヴァの綿花に目をつけて、これを商品化するべく土地を購入して地主となった。この点でも一八五八年土地法とその改訂過程はかれらにとって有利であった。かれらはドイツ資本と提携してチュクロヴァの綿花をドイツの織物工場に送り込んだ。やがてかれらはより自由な活動を求めて民族独立運動に立ち上がる。一九世紀末から第一次世界大戦中にかけて大きな不幸をもたらすことになる「アルメニア人問題」の淵源の一つはここにもある(36)。

オスマン財政の破産

タンズィマート以来の諸改革に要する費用の増大、ますます近代的になる軍隊に要する軍事費、一八六七年にパリの国際博覧会への出席と帰途における豪奢な旅行などアブデュルアズィーズの浪費、そして土着産業の衰退、農業不振などによって財政危機に陥った政府はすでに一八三〇年代以来、債務証券を発行して内債を重ねる一方、一八五四年にヨーロッパ列強はクリミア戦争の戦費調達に苦しむオスマン帝国に初めて借款を認めた。オスマン政府は、エジプトからの税収を担保にロンドン及びパリの銀行団と三〇〇万ポンドの借款契約を交わした。これがオスマン帝国最初の借款と言われている。

借款は以後、一八七五年にオスマン政府が利子支払いの不能を宣言して破産するに至るまでの約二〇年間に一七回に及んだ（借款総額一億九〇〇〇万ポンド、利子支払い額一二〇〇万ポンド）。借款の目的は、ほとんど戦費の捻出と赤字決済とに向けられており、国内産業の発展など建設的な目的は全く見られない。これに対して借款のための担保にはしばしば「エジプト貢納金」が指定されている。この事実は、エジプトがいまなお国際的にはオスマン帝国の宗主権下にあることを示している。また、農業や牧畜、そして鉱物資源から得られる帝国のもっとも基本的な収入源がそのための担保とされていることは、こうした金融の仕組みが民衆の犠牲の上に成り立っていることをよく示している。仲介業者として名を連ねているのは、ロスチャイルドなど当時のヨーロッパの名だたる金融資本家である(37)。

一八七三年から七四年にかけて起こった大飢饉によってアナトリアとバルカンの農村人口が激減し、税収も大幅に落ち込んだ。同時期のヨーロッパも「大不況」に見舞われており、オスマン帝国に借款を与えるゆとりを失った。一八七四年～七五年度予算の歳入見込み二五〇〇万リラ余に対し、この年の返還予定額が三〇〇〇万リラに達し、オスマン政府は七五年一〇月に至って総額二億ポンドに上る債務の履行延期を宣言し、事実上破産した(38)。おりしも、バルカン半島は未曽有の不作にみまわれ、ヘルツェゴヴィナで大規模な農民反乱が勃発した。反乱はただちにボスニアからブルガリアへと拡大した。これらの反乱は、中央集権政策を推し進める中央政府とムスリム地主層（アーヤーン）との対立、それに対する列強の干渉などが複雑に入り込んで、やがてムスリムとキリスト教徒の宗教的・民族的対立に転化した結果である。反乱に対してオスマン政府が厳しい弾圧を加えると、ヨーロッパ諸国では反オスマン世論が沸騰した。こうして国際情勢は大きく揺れ動き、それはやがて露土戦争へと発展することになるが、こうした帝国の苦境に直面して、スルタン、アブデュルアズィーズの浪費と専制、関税自主権の喪失による民衆の経済的苦境などを批判し始めたのが「新オスマン人」運動である。

第二節　アブデュルハミト二世の時代

「新オスマン人」運動の展開

「新オスマン人」とは、一八六〇年代にヨーロッパに留学してその文化を吸収・帰国し、自由主義運動を展開した若い知識人たちのことである。一八四〇年に、先に名を挙げたイギリス人、ウィリアム・チャーチル（?～一八六四）によって発行された最初の民間新聞『諸事件の報道者』が報道したクリミア戦争に関する記事が人びとの注目を浴びたことに刺激されて、新聞という新しいメディアを使ってヨーロッパ文明を紹介しようとしたのが、中部アナトリア屈指のアーヤーン一族チャパンオウル家の一員でイスタンブル生まれのアーギャーフ・エフェンディ（一八三二～八五）である。かれは、みずからの出費によって、友人のイブラヒム・シナースィー（一八二六～七一）とともに一八六〇年一〇月に『諸情勢の翻訳者』紙を発行し、シナースィーの作で、オスマン人による最初の戯曲と目される『詩人の結婚』を掲載した。これがオスマン人による最初の民間新聞である。

図9-4　ナームク・ケマル
1901年，New York，　［出典］H.F. Helmolt (ed.), *History of the World.*

だが、一八六五年一月にいまだに判然としない理由でシナースィーがパリへ逃れると、『世論の叙述』紙の編集と発行とを委ねられたのは若いナームク・ケマル（一八四〇〜八八）であった。かれは海軍提督を曽祖父、スルタンの侍従を祖父、宮廷付き筆頭天文学者を父として生まれ、自身はマフムト二世時代に設立された翻訳局に勤務していた。シナースィーの亡命後六五年六月に五人の同志とともにのちに「新オスマン人」と呼ばれる秘密結社を結成し、政治の在り方に不満を持つ若い知識人・官僚を急速に吸収した(39)。

「新オスマン人」運動は六五年に発布された出版条例によって弾圧されると、六七年に活動の拠点をパリに移していたが、かれらはエジプトのメフメト・アリの孫ムスタファ・ファーズル・パシャの資金援助を受けていた。こうして「自由」、「憲政」をはじめ「祖国」、「国民」などの概念が、かれらの論説を通じてオスマン・トルコ語の中に定着し、オスマン帝国の政治文化は新たな時代を迎えたのである。かれの思想は帝国内の諸民族をオスマン「国家」の「国民」として一体化させようとする「オスマン主義」であった。しかし、タンズィマート改革の行く末をまのあたりにしていたケマルの「オスマン主義」は、ただ単にムスリムと非ムスリムの平等を謳う素朴なものではありえず、トルコ語とイスラムの信仰を軸にムスリム優位のうえにオスマン帝国の一体性を保持しようとする愛国主義的で、いわばプロト・ナショナリズムの色彩を帯びていた(40)。

ミドハト憲法

一八七〇年以後オスマン帝国の財政が破産状態になると、反専制運動はふたたび盛り上がり、イスタンブルでは保守的な神学生までが参加してアブデュルアズィーズの退位を要求した結果、スルタンは退位を余儀なくされ、代わってムラト五世（在位一八七六）が即位したが、政情は収まらず、アブデュルアズィーズの自殺と思われる死、ムラトの廃位により政局は混乱した。

こうしたなかで、新たに即位したアブデュルハミト二世（在位一八七六〜一九〇九）は、世論が今や立憲政に傾いているのを察知して、バグダード州とドナウ州で近代的改革に成功して名声を博したミドハト・パシャ（一八二二〜八四）と会見した際に立憲政支持を表明してスルタン位を手に入れた。やがて大宰相に任命されたミドハト・パシャは、ナームク・ケマルらとともに憲法草案の作成に着手した。一八七六年一二月二三日、全一一九条からなるオスマン帝国最初であり、また、アジアで最初ともいわれる憲法（いわゆるミドハト憲法）が発布された(41)。

しかし、いまやスルタンとしての地位をえたアブデュルハミト二世は、責任内閣制など、おのれの権力を制限するあらゆる条項に反対するとともに、「スルタンは国家の安全を脅かすと判断された人物を追放処分にする権利を有する」という条項（第一一三条）を憲法に挿入させることに成功した。ナームク・ケマルはこれに強く反対したが、憲法発布を急ぐミドハト・パシャがスルタンの主張を認めたのである。こうして第一次立憲政の幕が切って落とされた。

この憲法の条文のうち第一条のオスマン帝国は「単一で、いついかなる理由でも分割は認められない」という条項は、後述するトルコ共和国憲法（一九二四年）にも受け継がれている点から重要である。さらに新井政美が列挙するところによれば、

＊第八条「オスマン国家に服属している者すべてはオスマン人と呼ばれる」
＊第九条「すべてのオスマン人は個人の自由を所有し、他者の自由権を侵害してはならない」
＊第一〇条「個人の自由があらゆる攻撃から守られ、法の定める理由と形式以外のどのような口実に

図9-5　アブデュルハミト2世（右）　1867年，Wikimedia Commons
図9-6　ミドハト・パシャ（左）　1893年，Wikimedia Commons

よっても罰せられることはない」

＊第一一条「オスマン国家の宗教はイスラム教である。この原則を守ると同時に、民衆の平穏と公衆の良識を乱さない限りにおいて、オスマン領内で認められているすべての宗教が行われる自由と、種々の共同体に与えられた宗教的な特権がこれまで通り有効である」

＊第一七条「オスマン人すべては法の前に、宗教、宗派にかかわる事柄を除いて、国に対する権利と義務とにおいて互いに平等である」

といった条項に見られるように、この憲法は「ギュルハーネ勅令」や「改革勅令」同様、「西洋諸国に向けて、オスマンの近代性を主張するために制定された」という面を持っている。また、第一八条の「公用語はトルコ語である。公用語を解しさえすれば、だれでも官途につくことができる」といった文言もトルコ共和国時代の憲法の「トルコ国籍を持つ者はすべてトルコ人である」という条項へ受け継がれる(42・43)。

議会の招集と閉鎖

一八七七年三月、帝国議会が招集された。これはスルタンの任命による上院と帝国各州から人口に応じた比例代表制によって選出された議員による下院とからなっていた。オスマン帝国史上初の国政選挙によって成立した下院の定数一三〇名は、各州に定数が割り当てられ、州議会によって選出された。その結果成立した議会における比率はムスリム六〇％弱、非ムスリム四〇％強であった。七七年四月二四日ロシアが宣戦布告して、露土戦争のさなかに展開された下院議会での議論は、地方役人の不正や地方評議会への中央政府の干渉に対する批判に始まって、政府高官の汚職、借款をめぐる特権的金融業者とスルタンの癒着を糾弾し始めた。特にそれが非ムスリムや非トルコ系議員からさかんに論議されると、帝国解体の危機をはらんだものとなった。

一八七八年二月にロシア軍がイスタンブル西方一キロに迫るという未曽有の政治的危機に発展すると、アブデュルハミト二世は、憲法に盛り込まれたスルタンの「大権」を発動して憲法を停止し、議会の閉鎖を命じた（一八七八年二月）。

これに先立ってアブデュルハミト二世は、第一一三条をたてに、ナームク・ケマルを逮捕して投獄した。同時にミドハト・パシャを追放した（七七年二月）だけでなく、八一年にアブデュルアズィーズの廃位を工作したとの口実でアラビア半島のターイフの刑務所にかれを幽閉し、のちに処刑した（八四年）(44)。こうしてアブデュルハミト二世は、タンズィマート以来、ふたたび大きな権力をふるってきた大宰相府の役割を縮小させて政治の中心を、暗殺を防ぐために高い塀を張り巡らせた新宮殿（ユルドゥズ宮殿）に移し、ここにアルバニア人やアラブ遊牧民兵を駐屯させ、また厳しい言論統制と全国に張り巡らせた諜報組織網とによって専制体制を強化し、ここに史上に名だたる三〇年に及ぶ専制政治が始まった。

深刻化する国際情勢

すでに戦端が開かれていた露土戦争でロシア軍が大勝してイスタンブルに向けて進軍し、翌一八七八年二月にはイスタンブル西方一〇キロの地点にあるアヤ・ステファノスにまで司令部を進出させた。その結果三月三日この地で、いわゆる「サン・ステファノ講和条約」が締結された。この条約はマケドニアなどを含むブルガリア公国の設立、東アナトリアの一部のロシアへの割譲など、ロシアにとって極めて有利な内容であった。このため、ビスマルクの仲介で、列強の利害を改めて調整するためにベルリン会議が開催された。その結果締結されたベルリン条約（七八年七月）でサン・ステファノ条約は廃棄され、大ブルガリア公国は三分されて東ルメリアとマケドニア、それに、ロシアに割譲されるはずだった東アナトリアの一部がオスマン帝国に返還された。しかし、その代償として列強は、アルメニア人の多く住む東アナトリアにおけるキリスト教徒に有利な改革を要求した。

アルメニア人に関しては、南東アナトリアに多く住むかれらの一部が、チュクロヴァの綿花を商品化することを通じて勃興し民族独立運動の機運を高めつつあったことは、すでに述べたとおりである。一八八七年にフランスとスイスで学ぶ学生によってジュネーヴで作られた「フンチャク」（鐘）と、一八九〇年にロシアで結成された「ダシナク」（連邦）といった組織がテロ活動をおこない、オスマン官吏を殺害すると、これに対するムスリムによる報復が始まり一八九四年にアナトリア東部ビトリス州のサソンで大規模な衝突が

図９-７　サンステファノ条約とベルリン条約

発生した。アルメニア人の組織はイスタンブルで、一九〇五年にアブデュルハミト二世暗殺未遂事件を起こすなど、列強の関心を集めた。こうして、帝国から分離独立したギリシア人に代わって、帝国の財政部門に重要な役割を果たしていたアルメニア人も帝国からの分離独立を望むことによって、国内の非ムスリム諸民族との緩やかな共生関係は急速に崩れてゆくことになる。

一方、列強はベルリン会議で約束された「マケドニアの改革」をアナトリアにおけるバグダード鉄道やモースルの油田の利権を獲得するための圧力として利用し、それがバルカン諸民族、とくにブルガリア人のゲリラ活動を活発化させていた。マケドニアはバルカン最大の貿易港であるサロニカ（現ギリシアのテッサロニキ）の後背地に位置する綿花とたばこの生産地であり、サロニカはトルコ系ムスリムのほか正教徒、ユダヤ教徒のほかヨーロッパ人商人も多数存在するコスモポリタンな町で、一九世紀初頭までは綿織物の重要な輸出港であった。のちにトルコ共和国初代大統領となるムスタファ・ケマル（アタテュルク）はこの町の下級官吏の息子として生まれた。ただし、オスマン帝国時代には「マケドニア」という地名もなければ、行政区分も存在しない。オスマン帝国の行政区分でいえば、ここはセラーニキ（サロニカのトルコ名）、マナストゥル（ビトラ）、コソヴォの三州に相当する。つまり、「マケドニア」とは列強が勝手に命名したもので、ここはムスリム、ギリシア人、ブルガリア人、セルビア人などが長い間共存してきたのである。前述の三州の、一八九〇年頃の総人口は、おおよそ二三七万五〇〇〇人であったが、そのうち、ブルガリア人が七〇万三〇〇〇人、ギリシア人が五三万四〇〇〇人、アルバニア人とトルコ人からなる「ムスリム」が一〇八万三〇〇〇人を占めていた(45)。これらの諸民族の運動に、それぞれの本国が支援したために、「マケドニア」をめぐる諸民族の抗争とゲリラ活動を激化させ、ここを「バルカンの火薬庫」としたのである。べルリン条約ではまた、オーストリア＝ハンガリー帝国によるボスニア＝ヘルツェゴヴィナの軍事占領が認められた。この間にイギリスがキプロス島を併合した（一八七八年四月）。その後、フランスによるチュニジア占領（一八八一年）、イギリス軍によるエジプト占領（一八八二年）、東ルメリア反乱（一八八五年）、クレタ島反乱（一八九六年）と、それに続くギリシアとの戦争（一八九七年）などオスマン帝国は未曽有の政治的危機に見舞われ、スルタンはその支配の「正当性」を疑われかねない状態に陥った。実際、オスマン帝国はこの条約によって、それまでの領土の五分の二、人口もおおよそ五五〇万人を失った。その半数はムスリムで、かれらは難民としてオスマン領に流れ込み、キリスト教徒によるムスリムへの暴行・虐殺を語り伝えたという(46)。こうして、アナトリアにおけるトルコ人人口の増加は、オスマン政府の目をアナトリアと、いま一つ残されたアラブ地域とに向けさせることになった点に留意しておきたい。

イスラム主義政策

こうした事態を受けて、アブデュルハミト二世は、ドイツに接近することによって列強の勢力均衡を利用する政策を打ち出す一方で、イスラム主義を標榜して帝国内の非トルコ系ムスリムの忠誠と国外のムスリム諸民族の支援とを確保しようとした。オスマン帝国の護持を第一義とするアブデュルハミト二世のこの「イスラム主義」は、かれをタンズィマート以来の「近代化」に対する宗教的な反動、あるいは復古主義として長い間理解されてきた。しかし、後述するように、この時代は、他方では「西洋化」政策の推進という意味では、セリム三世以来のスルタンたちと同一線上に並ぶのであり、これを大衆的基盤の上に確立するという点から見れば、軍配はむしろアブデュルハミトにあがるとさえ言えるのである。かれのイスラム主義は、バルカンが失われることによって、むしろ比率の高まった国内のムスリムを統合し、また、トルコ人がカリフであることの不自然さ、すなわちカリフはクライシュ部族の血を引くアラブ人であるべきとするようなイギリスの宣伝に対して、スルタン＝カリフとしての自身の支配の「正統性」をアピールして、ムスリム臣民の一体性を高めるための、いわば「オスマン主義」であった。そのために、たとえば、アナトリアのアレヴィー派のように異端とみなされたムスリム臣民を、帝国の正統であるスンナ派＝ハナフィー派に改宗させる政策によって、国家に忠実な臣民として統合することが切実な問題となった(47)。かれはまた、「部族民学校」と称する学校を一八九二年に作って部族長の子弟の教育をここでおこない、かれらの教化と忠誠の確保とが目指された(48)。

ただし、アブデュルハミト二世はアナトリアに限らず、露土戦争後、アルバニアやアラブ地域など帝国周縁部のムスリムの支持を取り付けること、さらには、帝国から離反しつつある周辺部を「再征服」して「文明化」あるいは「イスラム化」することによって、それらの地域への列強、とくにイギリスの侵出を食い止めようとしたのである。その例が、かつて一五三八年にオスマン領に組み込まれ、コーヒー貿易の隆盛に大きな役割を果たしたイエメンの「再征服」である。と言うのも、すでに指摘したように(第六章四〇頁)イエメンではその後一六三五年にシーア派に属するザイド派によってオスマン軍は追放され、その後二世紀のあいだイエメンは実質的にも名目的にもオスマン帝国の支配の外部に留まっていたからである。しかし、オスマン帝国は一八七二年にサナアの占領に成功してイエメンを帝国の一属州に組み込んでいる。しかし、イエメンでは日露戦争がおこなわれている一九〇四年から〇五年にかけて大規模な反乱が起こり、オスマン軍は約三万人の死者を出すという犠牲を払って「再征服」している。秋葉は、アブデュルハミト二世期から「青年トルコ人」による第二次立憲政期にかけての時期におけるオスマン知識人の日露戦争、明治日本観を紹介し、オスマン帝国と明治日本がともに「ヨーロッパ帝国主義と対抗しつつも、ヨーロッパの帝国主義の論理やオリエンタリズム的世界観をわがものにしてその勢力圏を再編あるいは新たに構築しようとした」と結論づけている。それは「オスマン版オリエンタリズム」にほかならないという(49)。しかし同時に、自分のイスラム主義政策の限界をわきまえ、またオスマン国家の保全こそ至上命題であることを肝に銘じていたアブデュルハミトは、ヨーロッパ諸国が警戒するアフガーニー(一八三八/三九～九七)のようなパン・イスラム主義、そして反帝国主義の立場から反専制主義と立憲制の実現を訴えてイスラム諸国で広く情報・宣伝活動を続け各地の青年に強い影響を与えた人物をイスタンブルに招いた。しかし、かれは宮廷で孤立し、幽閉されて死亡した。毒殺説もある。

しかし他方では、アブデュルハミト二世は、国外でも、列強の圧力の前に抑圧されたムスリム諸民族の間に存在する期待に応えて、スルタン＝カリフであることをアピールするために中央アジアや内陸アフリカのムスリム諸国に積極的に使節を派遣している。明治天皇のもとに軍艦エルトゥールル号を派遣したのも、こうしたイスラム政策の一環であった。一八八九年七月にイスタンブルを出港したこの老朽化した木造フリゲート艦が途中、ボンベイ(現ムンバイ)、コロンボ、シンガポールなどイギリスの植民地に立ち寄った各地では、現地ムスリムの熱狂的歓迎を受けた。

「行政学院」の役割

アブデュルハミト二世のイスラム主義政策は、当然のことながら、教育にも反映してイスラム的色彩が強まり、ウラマーの待遇は向上したといわれる。しかし一方では、アブデュルハミトはスルタンに忠実な官僚層を育成し、かれらを媒介として中央集権支配を貫徹させることが必要だと考えていた。このため、タンズィマート時代に基礎の築かれた世俗的な初等及び中等教育機関を広く普及させた。その結果、一九世紀初頭には一〇〇〇人から一五〇〇人であった文民官僚の数はアブデュルハミト二世の時代には一〇万人に膨れ上がった(50)。こうした官僚層のトップを養成したのが一八五九年に開校した行政学院（ミュルキエ）である。学校の創設から一九一五年に至るまでの第一・第二期の卒業生総数は一六七一人であるが、卒業生の就いた職業は郡長八〇七人（約五一％）、役人五三二人（約三四％）である。第二期（一八七九～一九一五年）になると、非ムスリムの存在が確かめられる。すなわち、この時期の卒業生一五二三人のうち正教徒（ルーム）は二九人、アルメニア人五二人、ユダヤ教徒一一人である。正教徒に比べてアルメニア人の数が多いのには二つの理由が考えられる。その一つは、一八三〇年にギリシア王国が成立して以来、イスタンブルのフェネル地区に住む有力な金融業者（ファナリオット）など富裕な人びとの一部がギリシア本国へ移住したことであり、いまひとつは、ヨーロッパとの通商活動において正教徒（ギリシア人だけでなくセルビア人やブルガリア人を含む）の後塵を拝したアルメニア人がオスマン官界に進出することに新しい道を見出していたからであると思われる。ところが、一八九四年以後、アルメニア人の卒業生は一切存在しない。これは、このころから、イスタンブルではアルメニア人民族主義者によるテロ活動が活発化したことと無関係ではないと思われる。

一方、行政学院の卒業生を対象におこなわれたアンケートに答えた四四九人のうち、二二〇人、すなわち約半数の卒業生は、父親の職業を「地方名士」、「地主（チフトリキ所有者）」および「農民」と答えている。アンケートに明確に答えた人の合計は一六七一人中わずか四四九人に過ぎないので、不明確な点のあることは否めないが、この数二二〇人は、その約五〇%に達する。つまり、かれらは時代の趨勢を読んで息子を首都の行政学院に送り込むことによって、みずからの既得権益を守ろうとしたのではないかと思われる。地方の有力者たちにとって息子たちが国家の官僚機構の中に位置を占めることは、広い意味で地域社会における一族の存在感を維持していく一つの手段だった。その例を挙げよう。いずれも当時のアナトリアを代表する地方名家である南東アナトリアのメネメンジオウル家、西アナトリアのカラオスマンオウル家、シリアとの国境に近いキリスのジャンポラト（アラブ史上に有名なクルド系のジュンブラード）家は一族の者を行政学院に入学させていた。今一つ注目すべき数値は、宗教関係者一〇一人である。その大多数はカーディー（地方法官）である。タンズィマートの改革により、すでに述べたようにシャリーアとは別にヨーロッパの法律を参考にした刑法、商法などの制定法が公布され、そのための制定法裁判所が設置され、さらに地方行政においては

図9-8　フランスのシャトブリアン原作の『アタラ，あるいはアメリカの未開人』　オスマン幻想劇団，1888年6月7日上演，演出：ケル・ハサン

DES PETITS-CHAMPS

PE THÉATRALE

NATANSON

ue: REGHAD BEY

REPRESENTATION N° 168

Au 3me tableau: Devant la Porte Auguste—Le Camp d'Alemdar—Détrônement du Sultan Moustapha—Mort de Sélim III—Avènement de Mahmoud II.

Au 4me tableau: Alemdar, Grand Vizir—Entrevue d'Alemdar avec Général Sébastiani—Fuite de Belkis—Un douloureux consentement—Révolution.

Au 5me tableau: Explosion de la Sublime-Porte.

Peintre Décorateur: *Mr ATTILIO BERTI*
Machinerie de: *Mr SALACHA*

Costumes et Perruques historiquement authentique de la MAISON CORNFELD.

Aux 1er et 3me tableaux: 100 Personnes sur la scène
Au 1er tableau; Divertissements nationaux (1798)

Mise en scène de RECHAD BEY

Le spectacle finira par

TCHAKIRDJALI S'AMUSE!

Ballet Pantomime en 1 acte

Les Répetitions de la grande revue

UN TURC A PARIS

en Français-Turc

de Mr CH. SEIDER *ont commencé*

Péra, Rue de Pologne, 21

BURHANEDDIN BEY

اویوندن صکره هم بر آز دیکلنمك همده اوزاق محللرده اقامت ایدنلر
ایچون وابور زمانه قدر خوشجه بر وقت کچیرمك ایسترسکز
صالونلرینك لطافت و تزیینات فوق العاده سیله بر موقع
ممتاز احراز ایدن

شیر تر ك

تپه باشنده کی صالونه اوغرایکز بوراده سوده متعلق صحی بر چوق
مستحضرات ایله صغوق سود عکلری، نفیس دوندرمه لر
پاسطه لر بوله جق و فوق العاده ممنون قاله جقسکز.

Après le spectacle
COUREZ TOUS chez

CHIR TER

Boulevard des Petits-Champs.

Soupers froids et chauds.—Laiterie
Patisserie—Consommations de choix.

Mlle MARTHE CÉRÈS
THEATRE MUNICIPAL
NOUVELLE TROU
Direction: J
Direction Artisti
SAISON DU RAMAZAN
Dimanche 21/3 Septembre 1911, à 9 h. du soir
(RAMAZAN 10)
Soirée Extraordinaire
Création à Constantinople
Pour la Première fois
ALEMDAR PACHA
Le premier Jeune-Turc
Pièce historique en 5 actes de LORIA BEY
PRINCIPAUX INTERPRÈTES
BURHANEDDIN BEY — Alemdar Moustapha
FAÏK BEY — Selim III.
EDIB BEY — Sultan Mahmoud.
Mme COHARIK CHIRINIAN — Belkis.
DIVISIONS DES TABLEAUX
Au 1er tableau: Une place publique à Roustchouk — Tumulte des Jannissaires — Serment d'amour!
Au 2me tableau: Vieux Sérail — Une leçon d'histoire entre le Sultan d'hier et le Sultan de demain — Les nouvelles d'Alemdar.
Imp. E. Pallam

図９-９　人気俳優ブルハネッディン・ベイとパリのフォリー・ベルジェールのスター，マルト・セーレス嬢による舞台のパンフレット　1911年8月25日，ベイオール地区の「テペバシュ都市劇場にて」

州・県・郡レベルの評議会が設置された。とくに郡においては「郡長」が主導権を握っていた。それでもなお、制定法裁判所の裁判官をカーディーが兼ねていた事実が示すように、カーディー層の地方における影響力はなお隠然として残されていたが、他方では、かれらも時代の趨勢を読んで子弟をこの道に進ませたのであろう(51)。

大衆演劇の活況

アブデュルハミト二世は、厳しい検閲によって専制批判を抑えただけでなく、町で評判になった演劇人を宮殿内に住まわせて（事実上幽閉）、市民との絆を断ち切ることによってかれらの専制批判を封じ込めようとした。しかし、かれのこの行為は、皮肉にもかれの宮殿が優れた「演劇学校」として機能し、多くの演劇人を育てることになった。

すでに述べたように、ギュッリュ・アゴプが宮廷に入ったのち、その跡を継いだのは、おなじアルメニア人のマルディロス・ムナクヤン（一八三七〜一九二〇）である。かれらの時代の「オスマン劇団」の演目を見ると、ヨーロッパの小説や戯曲からの翻訳や翻案物が多い。それは検閲が厳しくなったため、一九〇八年の第二次立憲革命までトルコ人作家たちが戯曲を書けなくなったからである。この時代の演劇のポスターを見ると、それらの多くはパリの「タンプル大通り」などにある大衆相手の劇場で上演されていた殺人・放火・誘拐といった劇的な筋立てと音楽や派手な舞台装置に彩られた感傷的な「メロドラマ」仕立ての劇構成であるように見受けられる。それは、こうした娯楽本位の作品を上演することが検閲の目をくぐり抜けるには都合がよかったからであるが、いまひとつ重要な理由がある。それは「オスマン劇団」が本拠地としていた旧市街の「シェフザーデバシュ」地区を足場に活躍していた「トゥルアート」と呼ばれる歌と踊りをたっぷり盛り込んだ大衆演劇の諸劇団に客を奪われないためだった。

「シェフザーデバシュ」地区そのものがタンズィマート時代に成立した大衆相手の恒常的な「歓楽街」で、いわば、日本の「浅草六区」、パリの「モンマルトル」、ロンドンの「ウエストエンド」といった歓楽街に相当する場所である。ここを根城とした「トゥルアート」演劇自体、伝統的な大道演劇「オルタオユヌ」が西洋演劇を真似て「劇場」の「舞台」に上がったもので、芝居に先駆けて簡単な台本を渡された役者が自分の力量に応じて即興で演じてゆくという方法であった。この「トゥルアート」の主人公の「イビシュ」はコメディア・デラルテのアルレッキーノにも似た「道化」である。この種の大衆演劇を代表する役者でパントマイムの名人として名を馳せたトルコ人芸人ナーシト・ベイは、一九〇四年にアブデュルハミトの「帝室音学院」でアゴプをはじめ、さまざまな役者から芸を学んだのち、立憲革命後の一九一〇年に宮廷を出て自分の劇団を結成し、「イビシュ」の役柄を超えた「コメディアン」として一世を風靡した。かれの存在は、ロンドンの「ミュージックホール」時代のチャーリー・チャプリン、あるいはだいぶ時代が下るが、浅草の「カジノ・フォーリー」で活躍した榎本健一（エノケン）をしのばせるものがある。

しかし、同時に、この種の劇団が大衆を熱狂させたのは「カント歌手」と呼ばれる女性歌手たちのコミカルで、少しばかりエロティックな歌と踊りである。彼女たちの多くはアルメニア人であった。もちろんムスリムの女性は皆無である。一方、アブデュルハミト二世は、皇子の時代に叔父のスルタン、アブデュルアズィーズに随行してロンドンやウィーンの宮廷で演劇を鑑賞した経験からか、西洋の音楽や演劇に並々ならぬ関心があった。かれは、暗殺を恐れて高い塀を巡らせたユルドゥズ宮殿内に小ぶりな劇場をつくり、多くの芸人を囲っていた。当時のヨーロッパの演劇人にとってイスタンブルは格好の巡業先だったから、パリ世紀末の花と謳われたサラ・ベルナール（一八四四？～一九二三）をはじめ、一介のサーカス芸人にいたるまで多くの役者が訪れる舞台だった。アブデュルハミト二世時代とは、こんな一面もある時代だった(52)。

鉄道網の拡大

すでに一八六〇年代以後アナトリアとバルカン各地に鉄道が敷設され、また八八年には東方鉄道（いわゆるオリエント急行）がウィーン―イスタンブル間に開通していたが、この時期の最大の話題といえば、「3B政策」の名でドイツのオスマン帝国領への進出政策の足となったバグダード鉄道であろう。一八八八年にイズミル―アンカラ間の鉄道敷設権を獲得（九三年開通）して「アナトリア鉄道会社」を設立したドイツは、一九〇三年にバグダード鉄道敷設の最終的認可を取り付けて建設を進めた。

しかし、これによってインドへの道を脅かされたイギリス、地中海への出口を求めるロシア、シリアに重大な利害を持つフランス、そして新興国アメリカを含んだ列強が干渉したため、鉄道建設問題は第一次世界大戦前における国際問題の焦点となった。この鉄道建設はドイツを中心としてはいるものの、実態は多国籍の金融シンジケートによる投資であった。しかし、それは列強や国際資本の一方的な要求だけによるわけではない。鉄道の敷設によって兵士、食料、兵器の大量輸送を可能にして帝国全域に中央集権支配を貫徹し、かつ徴税の効率を上げようとするアブデュルハミト二世の思惑もあった。アナトリアおよびバグダード鉄道の敷設によって中央アナトリアの穀倉地帯であるコンヤ平原など沿線の農産物の市場化がより一層進んだが、この時代に輸出量が最も増えたのは、綿花とタバコおよびヘーゼルナッツや干しぶどうといった商品作

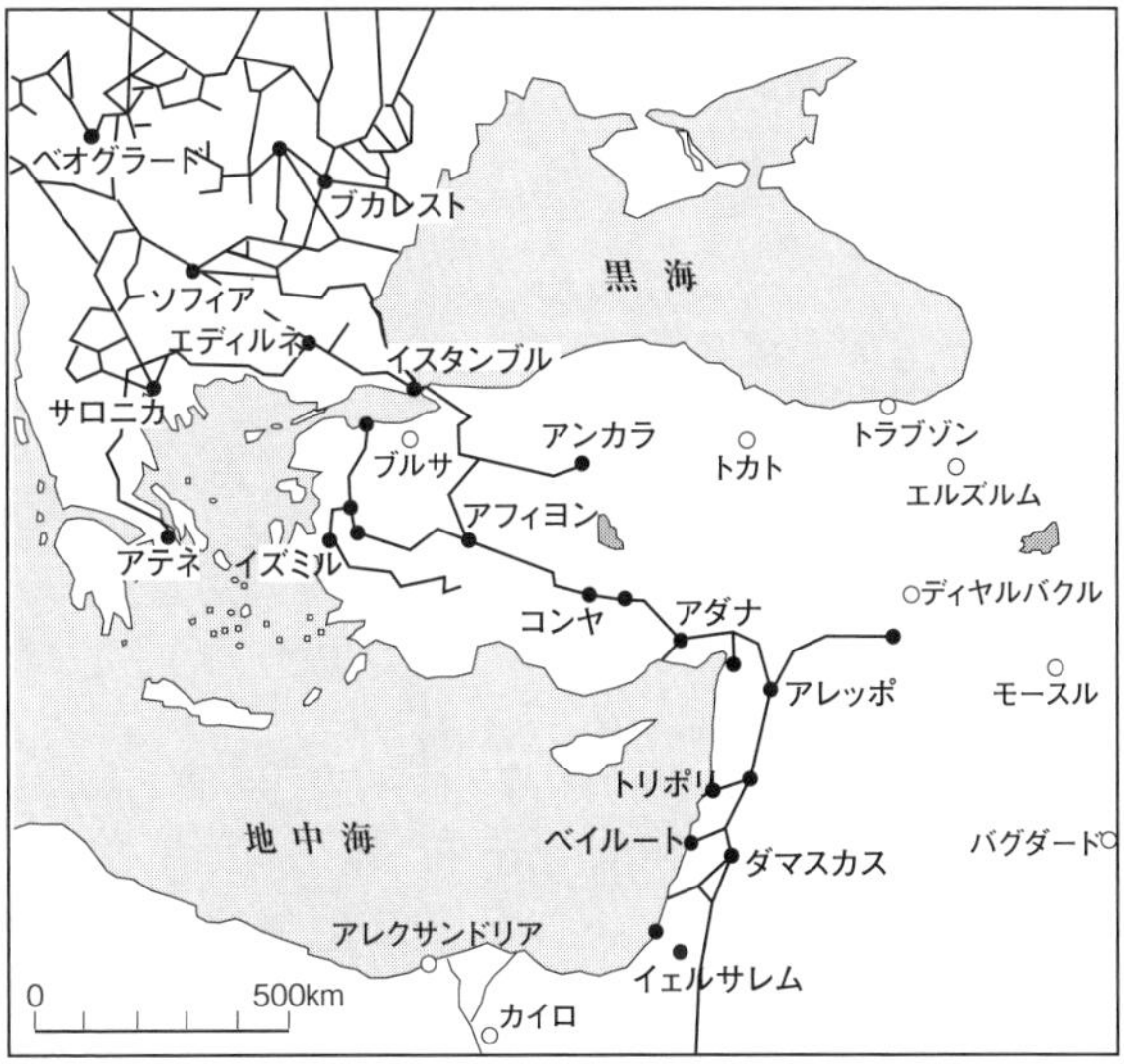

図９-10　鉄道網の拡大

物であった。また、安価な舶来品の影響は、鉄道網の整備に伴って、沿岸部から徐々に内陸へと広がっていったのである。ムスリムの聖地メッカとダマスカスを結ぶヒジャーズ鉄道建設（一九〇八年開通）のための資金が募集されると、世界各地のムスリムはこぞって寄付を寄せた。この事実は、列強の植民地支配のもとに置かれていたアジア・アフリカ各地のムスリム諸民族がオスマン帝国に大きな期待を寄せていたことを物語っている(53)。

専制支配下の経済と社会

列強はベルリン会議でオスマン帝国の財政再建について話し合い、その結果、一八八一年の「ムハッレム勅令」に基づいてイスタンブルに「オスマン債務管理局」が設立された。この組織はイギリスの世界的銀行家ゴッシェンの指導下にイギリス、フランス、ドイツ、イタリア、オランダ、オーストリア＝ハンガリーの債権国と「オスマン帝国

表9-1　オスマン帝国の主要都市における公共施設敷設年次表

	水道	電気	都市ガス	市電
イスタンブル	1882年	1910年	1888年	1889年
イズミル	1893年	1905年	1862年	1885年
サロニカ	1891年	1905年	――	1892年
ベイルート	1909年	1908年	1887年	1909年

銀行」の代表七人とからなる「委員会」のもとに五〇〇〇〇人以上のスタッフを擁し、政府の指定した各種租税の徴収権を与えられた。政府はその円滑な遂行のために軍隊を出動させることを約束させられた(54)。

　改革によって肥大化した官僚機構と軍隊の給与支払いに加えて、バルカン諸地域をはじめ、失われた旧領土から引き揚げてきた大量のトルコ系ムスリムの移民をも養育せねばならなかった帝国の財政は再び危機を迎えた。一八八六年以後ふたたび借款が復活し、「オスマン帝国銀行」、ドイツ銀行、ロスチャイルド商会などがこれを仲介した。「オスマン債務管理局」の設立によってオスマン帝国への資本輸出が活発となり、鉄道、鉱山、船舶、それに電気・都市ガス・水道・市電などの公共事業への投資が「オスマン債務管理局」を足場に展開された。これまでのイギリスとフランスに加えてドイツとイタリアなどの新顔が登場していた(55)。ドイツに接近していたアブデュルハミト二世はクルップ商会（その筆頭株主は皇帝ヴィルヘルム二世）を通じて大量の兵器を注文した。表9-1は首都イスタンブルをはじめとした、ヨーロッパに開かれた沿岸諸都市の社会施設の敷設年を示しているが、これらはいずれも外国資本によるものであった。

　このようにアブデュルハミト二世時代は、「オスマン債務管理局」による財政支配とそれを足場とした資本投資の時代であったが、その中核となったのは鉄道建設である。しかし、鉄道の経営そのものは期待された成果を上げることができなかった。鉄道を「誘致」したオスマン政府は鉄道の敷設に際して一キロにつき一定の保証金を支払わねばならなかったため、鉄道の敷設はかえって政府の財政を圧迫した。保証金の支払いはそのための担保として示されたアーシャール税（十分の一税）、すなわち農産物から徴収される収入によったから、政府は請負制を導入して徴税を強化した。結局、鉄道敷設のつけは農民の肩に転嫁されたのである。

これに対して民衆の側からの抵抗がみられたのは当然である。外国人や非ムスリムの経営する工場の焼き討ち、かれらに土地を奪われた農民による土地の占拠が散発的にみられたが、最も大規模だったのは、「オスマン帝国銀行」およびウィーンとベルリンの金融会社の合同資本によって設立された「タバコ専売公社」に対するものだった。公社は「オスマン債務管理局」の収入の最大部門で、それはこの公社がタバコ葉の買付価格を低額に固定して莫大な利益をあげたためである。そのため、密売人が横行し、これを取り締まる公社の取締官とのあいだにたびたび武力衝突が起こって多くの死傷者をだした。こうした犠牲の上にトルコのタバコ葉は国際的にその名を知られていったのである。

THE NEW HAROUN AL RASCHID.
A DREAM OF BAGHDAD, MADE IN GERMANY.

図9-11　バグダード鉄道の風刺画　鉄道利権の上にあぐらをかくヴィルヘルム２世
Leonard Raven-HillLeonard Raven-Hill（1867~1942 年），1911 年 1 月 25 日，プリンストン大学図書館蔵

一八六七年の「産業改革委員会」の設置による政府の保護政策もあって、「手工業ギルド」はかれらの特権を保持し、これをさらに拡大すべく政府に圧力をかけた。一九世紀末までに親方株の保有は手工業を遂行するための権利となった。だが、それ以上に注目すべきことは、押し寄せるヨーロッパ工業製品に対する商工民の対応の仕方である。それは、輸入された糸や布を

合成染料で染めることによって安い製品を作る。あるいはヨーロッパ製品のイミテーションを作る、あるいはまた新しいファッションやスタイルを開発するといった方法である。つまり、外国資本による大規模な工場の出現やヨーロッパ商品の輸入によって小規模な手工業が全く衰えてしまったわけではなく、一時期打撃を受けたが、ある種の産業部門はむしろ拡大したのである。これはヨーロッパ経済の浸透に直面して帝国内部で調整のダイナミズムが作用したことを示している(56・57)。

第三節　第二次立憲政時代（一九〇八〜一二年）

「青年トルコ人」革命への道

前節で述べたように、アブデュルハミト二世はアルメニア人のテロ活動、そして泥沼化した「マケドニア」問題など、深刻な政治的危機に見舞われたため、テロを恐れて宮殿の壁を高くし、その奥深くに身をひそめることによって、三〇年に及ぶ専制支配を貫くことに成功した。この三〇年は、決してかつて考えられたように復古的な、そして反動的な政治ではなかったが、かれの努力によって整えられた行政学院などの近代的な教育機関の中から、皮肉にもかれの専制支配を批判する若者が育っていった。それが、一八二七年に設立されていた軍医学校で学ぶ生徒たちのうち、アルバニア人のイブラヒモ・テモ（一八六五〜一九三九）ら四人

（ほかにクルド人二人とチェルケス人一人）の若者が一八八九年に秘密組織を立ち上げた(58)。これがのちの「統一と進歩委員会」（以下、統一派）の母体である。かれらは、のちに当時ヨーロッパで活動していた「青年イタリア」になぞらえて「青年トルコ人」と総称されることになるが、この呼称は統一派のメンバーに限らず、オスマン帝国において反専制運動をしていたすべての人をさす総称である。

一九〇二年四月、アブデュルハミト二世の娘婿で親英派のダマト・マフムト・パシャ（一八五三～一九〇三）の息子プレンス・サバハッティン（一八七八～一九四八）を中心とする第一回「青年トルコ人」会議が四七名の参加者を得てパリで開催された。この会議で、全オスマン人の団結と統一を図ろうとする中央集権派と中央の統制から自由でありたいと望む地方分権派との対立が表面化した。両派のプログラムによると、中央集権派は外国の干渉排除、専制政治の打倒と憲法の復活、オスマン王家のカリフ位の強化、そして改革がムスリム・トルコ人主導のもとでおこなわれるべきことを主張している。これに対して、地方分権派は、帝国内諸民族の融和を重視して、地方自治に基づく具体的な改革プランを提示している。地方分権派には非トルコ系メンバーが多く、その中心にはプレンス・サバハッティンがいた。これに対して、中央集権派のリーダーを「統一と進歩委員会」のアフメト・ルザ（一八五九～一九三〇）が代表していた。このように、両派の主張は大きく異なる。この両者、すなわち中央＝官の主導で近代化を図ろうとする前者と、民の力に期待する後者との相克は、その後のトルコ近現代史の重要な論点となってゆく、と新井は総括している(59)。

一九〇五年以後、日露戦争における日本の「勝利」、ロシアでの革命、イランでの立憲運動が「青年トルコ人」にインパクトを与えると、ブルガリア人などのゲリラ組織と戦っていたサロニカのオスマン帝国第三軍に所属する陸軍士官学校出の青年将校たちのあいだに運動が浸透した。〇六年九月にサロニカの郵便局員

図9-12　革命の成就を祝うポスター
1908年，当時のポスター

タラートが「オスマン自由委員会」を設立した。この組織はエディルネの第二軍を含むマケドニア各地の軍人たちのあいだにひろまった。そこにはエンヴェル（のち陸軍大臣）、イスメト（イノニュ、のちトルコ共和国第二代大統領）などの若い軍人たちの姿があった。〇七年一〇月には、シリアのダマスカスで「祖国と自由」（〇六年）を組織していたムスタファ・ケマル（アタテュルク、のち共和国初代大統領）もサロニカへ配属されてこの隊伍に加わった。こうして「青年トルコ人」運動は陸軍士官学校出の青年将校を中心とする軍人の組織へと変貌する。

一九〇八年六月九日、ロシアのニコライ二世とイギリス国王がレヴァル（現エストニアのタリン）で会見してオスマン帝国の分割について話し合ったという「情報」が流れた。この「情報」は統一派をついに直接行動に立ち上がらせることになった。七月三日にエンヴェルらは兵士たちを引き連れて山に登った。かれらの行動は民衆によって「自由の英雄」と讃えられた（図9-12）。七月二三日にマナストゥル州の統一派が立憲政を宣言し、同日ルメリア各地でも立憲政を祝賀する式典がおこなわれ、立憲政の宣言を要求する電報がつぎつぎとアブデュルハミト二世に送りつけられた。七月二三日の夜、アブデュルハミト二世はおのれの地位を保全するために立憲政を宣言した。こうして「青年トルコ人」革命が成就したのである。

このように、「革命」はなによりもまず、陸軍士官学校出の青年将校によって実現されたものであったが、そもそもかれらは陸軍少佐程度の階級だったから、首都にいる閣僚や将軍たちのあいだで主導権を握ることは不可能だった。そのため、かれらは「革命」後も直接政治の表舞台に立つことはなかった。「革命」といってもスルタンを廃位することはせず、かれらが目指したのは「憲政の復活」であった。「革命」は帝国内の全臣民の融和に基づく「オスマン主義」を標榜していたから、帝国内のムスリムだけでなく、非ムスリム諸民族によっても歓迎された(60)。

「三月三十一日事件」

一九〇八年秋に三〇年ぶりの選挙がおこなわれた。統一派は選挙に備えてあらかじめ帝国各地に支部を設置していた。支持者の多くは知的専門職にある人びと、ムスリムの商工業者、地主が占めていた。選挙の結果、統一派が勝利した。議員の多くは統一派として選挙に出ることに同意した地方の有力者であったと言われるが、その中には統一派のブルサ支部、のちにイズミル支部の支部長を務めたジェラール・バヤル（のち第三代大統領）もいた。二八八名の下院議員の「民族」別内訳は、トルコ人一四七名、アラブ人六〇名、アルバニア人二七名、ルム（ギリシア系正教徒）二六名、アルメニア人一四名、スラブ系正教徒一〇名、ユダヤ教徒四名であった(61)。

しかし、革命による政治的空白を利用してブルガリアが東ルメリアを併合して完全独立を宣言し（一〇月五日）、オーストリア＝ハンガリー帝国がボスニア＝ヘルツェゴヴィナを併合した（一九〇八年一〇月六日）。ギリシアもまたクレタ島を併合してこれに続いた（一〇月七日）。このことは立憲政の復活が祖国を救う万能薬ではないことを明白にし、多くの人を失望させた。国内においても革命直後の七月三一日、専制によって抑えられていた港湾労働者とタバコ工場労働者がはじめた二件を皮切りに帝国各地にストライキの波が広がっていった。

一九〇九年四月一三日（ルーミー暦三月三一日）イスタンブル郊外の兵営に駐屯する第四狙撃大隊の下士官・兵士が将校を監禁して武装蜂起を起こした。「三月三十一日事件」である。かれらはイスタンブル市内の「アト・メイダヌ（馬の広場）」に集結した。これには統一派によって兵役を課せられ、世俗的な印象の強い統一派への不満を持つマドラサの学生、「学校出」の将校によって粛正や配置換えをされた「たたき上げ」の将校、アルバニア人民族主義者などが加わっていた。統一派はただちにサロニカとエディルネの第三軍・第二軍の実戦部隊を「行動軍」として編成し、バグダード生まれのチェチェン人将軍マフムト・シェヴケト・パシャ（一八五六～九一三）を司令官としてイスタンブルに急派して反乱を鎮定した。「行動軍」の参謀にはムスタファ・ケマルが任命されていた。「行動軍」は四月二日、さしたる抵抗も受けずにイスタンブルに入って市内を制圧し、翌日戒厳令を布告した。反乱の首謀者たちは逮捕された。

この事件は、反乱者たちが「シャリーアを要求する」というスローガンを掲げていたことから、後世しばしばトルコにおけるイスラム主義運動の原点とされている。その理由は、この事件がキプロス島生まれで、ナクシバンディー教団の修道者（デルヴィーシュ）を自認するヴァフデティーと、東部アナトリア出身のクルド人、サイード・ヌルスィー（一八七六？～一九六〇）とによって設立された「ムスリム連合」の機関誌『ヴォルカン（火山）』によって扇動されていたからである。ヴァフデティーは反乱鎮定後ただちに絞首刑に処されたが、ヌルスィーは、第二次世界大戦後にふたたび「ヌルジュ」と呼ばれるイスラム復興運動に関わることになる(62)。しかし、事件の本質はあくまで「青年トルコ人」内部の権力争いであり、統一派の主導権を握っていた中央集権派に反対する勢力による「クーデタ」の試みであった。背後にはイギリスの支持もあったと言われている。二日間のあいだに殺害された二〇人の大部分は「学校出」の将校であった。反乱が失敗に終わったのち、事件との関係を疑われたアブデュルハミト二世が議会の決定により、シェイヒュルイスラムのファトワー（意見書）に基づいて廃位されてメフメト五世（在位一九〇九～一八）が即位した（四月二七日）。

憲法改定

一九〇九年八月に憲法改定がおこなわれた。今回の憲法改定では「議会の権限の弱さのゆえに三〇年にわたる君主の専制を許したという反省から、（中略）国民の権利保障を拡大するとともに、議会の権限を大幅に強化した」(63)。それだからこそ、ミドハト憲法における第一一三条を筆頭にスルタンの特権に関する条項が大幅に修正されて、議会がスルタン権力を統制しうる体制が整えられたのである。ただし、イスラムが「国教」であること（第一一条）、オスマン皇帝がカリフであること（第三・四条）といった条項に見られるように、世俗主義の申し子といえる青年将校の主導した「革命」によって成立した第二次立憲政といえどもなお、イスラム国家としての国のかたちを変えるような改革が意識されたわけではない。また、「オスマン国籍を有する者はすべて、いかなる宗教宗派に属していようとも、例外なくオスマン人と称される」（第八条）という条項にみられるように、伝統的な多民族・多宗教に属する人びとの平等と共存を国家のスローガンとしていたことには変わりはなかった。それでも、アブデュルハミト二世の厳しい言論統制から解放された自由な雰囲気の中で、政治・宗教・民族などをめぐるさまざまな議論が展開された。

バルカン戦争

しかし、オスマン帝国の前途はなお多難であった。一九一〇年から一一年にかけてアルバニア、南東アナトリア、ヒジャーズ、イエメン方面で反乱が起こった。一一年九月には、こうした混乱につけ込んだイタリアがトリポリに侵入すると、ムスタファ・ケマルら多くの青年将校がトリポリに駆けつけた。そのなかで、一九〇九年からベルリン駐在武官を務めており、スルタンの姪と婚約していたエンヴェルが、とりわけ、ゲリラ戦を指揮し英雄としての名声を高めた。しかし、国内では統一派が権力の中枢から外されるなど混乱が続いた。これを見たバルカン諸国が動員令を発し、一二年一〇月にツルナゴーラ（モンテネグロ）がオスマン帝国に宣戦を布告すると、ブルガリア、ギリシア、セルビアもこれに加わり、ここに第一次バルカン戦争が始まった。オスマン軍は敗北を重ね、統一派の本拠地であるサロニカ、さらに古都エディルネが陥落し、ブルガリア軍はついにイスタンブル近郊のチャタルジャにまで迫り、ここでオスマン帝国と休戦協定を結んだ。この間にアルバニアが独立を宣言して臨時政府を樹立した（一二年一一月）。

一方、バルカン戦争終結のために一二月一七日以来開かれていたロンドンでの休戦会議の最大の議論はエディルネをオスマン帝国領として残すか否かであった。一三年一月二三日、キャーミル・パシャ内閣がエディルネをブルガリアに譲るといううわさが伝わると、タラート、エンヴェル、ジェマールらの統一派は大宰相府を襲ってクーデタを敢行してマフムート・シェヴケト・パシャ内閣を成立させた。しかし、オスマン帝国でのクーデタを絶好の機会と捉えたバルカン諸国は休戦を破棄してエディルネ攻撃を再開し、一九一三年三月二六日にエディルネはついに陥落した。六月一一日に統一派が擁立したマフムート・シェヴケト・パシャが暗殺されると、統一派はエジプトのメフメト・アリの孫に当たるサイト・ハリム・パシャ（一八六三〜一九二一）を大宰相に据えて、事実上の統一派内閣をつくり、以後タラート、エンヴェル、ジェマールによる統一派三頭政治が成立した(64)。

一方、バルカン諸国のあいだでは、「大ブルガリア」の実現をもくろむブルガリアが、一九一三年六月二九日にセルビア、ギリシアを攻撃したために、オスマン政府もブルガリアに宣戦した（第二次バルカン戦争）。エンヴェルの率いるオスマン軍はエディルネの奪還に成功し、エンヴェルはその威信を再び高めた。八月一〇日以降の一連の条約によってオスマン帝国はバルカン諸国との国境の再確定をおこなった。しかし、その草創期から五〇〇年に及んで帝国の最も重要な領土であったバルカン領土のほとんどを失った。その結果、バルカンから流入した難民は二七万人ほど、逆にギリシアへ移住したギリシア人は一五万人と新井は想定している(65)。その結果オスマン帝国に残されたのは、ごくわずかなバルカン領を別とすれば、ムスリムが圧倒的に多いアナトリアとアラブ地域のみとなった。

統一派の改革政治

タラート、エンヴェル、ジェマールの「三頭政治」と言われることもある統一派内閣は、実質的には一九一四年初めに陸軍大臣として「パシャ」の称号を得、さらに参謀総長、そしてスルタンの娘婿となったエンヴェルの主導のもとに展開することになる。アラブ諸地域が一部かろうじて領内に残されていたとはいえ、バルカン戦争による帝国の核心地域であるバルカンの領土のほとんどを失ったことによってはじめて、トルコ人の主導のもとに帝国内諸民族を「オスマン人」として縫合していこうとする第二次立憲革命の拠って立つ「オスマン主義」の幻想性を白日の下にさらし、その「放棄へと決定的な舵を切らせる」こととなった(66)。それにともなって、かねてから西洋のトルコ学に学ぶことによって自らの言語や歴史を自覚する文化的潮流として芽生えていたトルコ・ナショナリズムは、帝政ロシアの圧迫から、立憲革命の成就によって自由の雰囲気が横溢していたイスタンブルへと亡命していたタタール人ユースフ・アクチュラ（一八七六～一九三三）らの影響もあって、パン・トルコ主義的・トゥラン主義的色彩を帯びがちであった。トルコ・ナショナリズムの最も指導的な思想家であるズィヤ・ギョカルプ（一八七六～一九二四）らが第一次バルカン戦争敗北後に設立した「トルコの炉辺」の機関誌『母国トルコ』に寄稿した論文で、「祖国とは、トルコでもなく、またトルキスタンでもない。それは、偉大にして永遠なる故地トゥランである」と述べている。トゥランとは、トルコ系諸民族を中心に、フィン人・モンゴル人・マジャール人（いわゆるハンガリー人）などを含めたウラル＝アルタイ系諸民族の故地として中央アジアのどこかに存在するとされた架空の「理想郷」である(67)。

統一派のトルコ主義に基づく政策は、一方ではアラブやバルカンになお残るアルバニア人らの非トルコ系ムスリムやアナトリアのアルメニア人やクルド人の反発を招いたとはいえ、他方ではトルコ系ムスリムを主体とした民族経済政策を打ち出すことを可能にした。政府は一九一三年の一二月に「産業奨励法」を制定してトルコ人の企業投資に有利な特典を認めることによって民族資本と産業の奨励をはかった。また、同じ年に設立された「国民消費者協会」と「国民援助協会」によってギリシア国家の商品ボイコット運動がおこなわれた。こうした経済政策の結果、鉄道、鉱山、各種公共事業などの基幹産業のほとんどが外国資本に握られている条件のなかで、繊維産業、皮革産業、食品加工業を中心にトルコ系ムスリム事業主による工業化が見られた。ただし、民族経済の発展のためには対外債務とキャピチュレーションが妨げになっていた。政府は、「一九一四年八月、第一次大戦への参加に関してドイツ政府と密約を結んだ直後に」債務支払い停止を一方的に宣言し、翌月にはキャピチュレーションの廃止を宣言して、戦時中に外国企業の特権を廃止することになる(68)。

統一派は、こうした民族主義経済政策を遂行する一方、宗教を国家管理の下に置く世俗化政策を追求した。しかし、これをイスラム主義に対立するものと考えるのは誤りである。世俗化の象徴ともいえる士官学校出の将校がイニシャティブを持っていたといえども、かれらはなによりもまずムスリムであり、オスマン帝国の「輝かしい」歴史がかれらにイスラムのチャンピオン意識を植え付けていた。かれらが批判したのはイスラムそのものではなく、イスラムに名を借りた迷信や、草創期の活力を失った神秘主義諸教団、そしてウラマーの旧習墨守（タクリード）である。改革が実現するのは大戦中のことであるが、まずシェイヒュルイスラムの管轄下にあった「シャリーア法廷」と地方法官（カーディー）の任免権とが法務省の監督下に移され、ワクフ管理権がシェイヒュルイスラムの手からワクフ省に移された。また、神秘主義教団の法による統制が図られたことや、第二夫人を持つことを禁じた新しい家族法による女性の地位向上などの改革政治は、大戦後、オスマン帝国の滅亡後に成立したトルコ共和国に受け継がれる極めて重要な改革であった(69)。

第一次世界大戦へ

「青年トルコ人」革命による政治的空白を利用したオーストリア＝ハンガリー帝国がボスニア＝ヘルツェゴヴィナを併合した（一九〇八年一〇月六日）ことは、ボスニアに大きな関心を寄せていたセルビアの民族主義者を刺激せずにはおかなかった。一九一四年六月二八日にセルビア人民族主義者によるボスニアの主都サライェヴォにおけるオーストリア＝ハンガリー帝国の皇太子夫妻の暗殺事件をきっかけにドイツの支援をえていたオーストリア＝ハンガリー帝国がセルビアに宣戦布告した。セルビアはロシアの軍事的支援を受けていたが、八月に入ってから、そのドイツがロシアとフランスに宣戦布告した上で、中立国ベルギーに侵攻した。ここに至って、イギリスもドイツと開戦した。オスマン帝国では、立憲派の政府首脳の多くが反対していたにもかかわらず、ドイツ陸軍に心酔していたエンヴェル・パシャがドイツと軍事同盟を締結して参戦することを余儀なくさせた。

　東部アナトリアでは、一一月に始まったロシア軍の進軍はオスマン軍によって食い止められていたが、一二月に入って、中央アジアにいたるパン・トルコ主義の夢を抱いていたエンヴェルは、サルカムシュに駐屯していたロシア軍を包囲壊滅するために、一九一四年一二月に軍を率いて厳冬の山岳地帯を走破してロシア軍の背後に回り込むという作戦を実行した。これは、日本の八甲田山事件を連想させる無謀な計画で、オスマン軍のほとんどが山中に凍死するという悲惨な結果に終わった。生還した者はわずか一万二〇〇〇人ほどであったという(70)。そのため、帝国の東部国境地域の防衛体制は壊滅状態に陥り、その機会を捉えて東部アナトリアに侵攻したロシア軍に、民族的独立の道を模索していた数千人規模のアルメニア人が参加するなどの混乱が見られた。その結果、一九一五年五月頃から「反国家的行動」をおこなう戦闘地域のアルメニア人をシリア方面に強制移住させる政策が始まり、その混乱の中で多数のアルメニア人の命が奪われた。その死者の数に関してはさまざまな数が上げられている。この、「アルメニア人の虐殺」と言われる事件に関して、詳細な研究を発表した佐原徹哉は、その結論を、「オスマン帝国末期の社会的動揺は、世界的な分業体制の変数であった交易と農業生産の構造変化に、ロシアの南下政策の犠牲になったムスリム難民のアナトリアへの移住、そして私的所有原理の導入による農地を巡る相克が加わることで発生したのであり、従来の研究者が強調してきたナショナリズムという要因だけでは説明できない」(71)としているが、すでに述べた一八六〇年代のチュクロヴァ地方の「開発」はその第一歩であったといえるのではなかろうか。（一七四頁参照）

一方、連合国側は、英仏連合艦隊をダーダネルス海峡へ突入させた（一九一五年三月）が、オスマン軍の砲撃を受けて撃退されると、四月には八万弱のイギリス・オーストラリア連合軍をゲリボル（ガリポリ）半島に上陸させた。この連合軍は、オスマン側の防衛軍の頑強な抵抗によって、一九一六年一月には撤退を余儀なくされた。この防衛軍を指揮した陸軍大佐ムスタファ・ケマルの勇名は一躍全土にとどろいた。ケマルはその後、東部アナトリアでロシア軍を撃退し、さらにシリア方面に転戦した。

イラク方面では、イギリス軍に対抗して、ドイツのフォン・デア・ゴルツ将軍率いるオスマン軍はよく戦ったが、イギリスは新たにイギリス・インド連合軍を編成してバグダードを陥落させた（一九一七年三月）。この事実はイギリス人情報将校ロレンスの名とともに知られる「アラブの反乱」すなわちメッカの太守フサインの反乱もあって、オスマン帝国のスルタン、カリフの権威が低下してしまったことをまざまざと見せつけた。

一九一七年一一月のロシア革命によって戦線から離脱したロシアとの間に締結されたブレスト・リトフスク条約（一九一八年三月）によってロシアが東部アナトリアから撤収しただけでなく、一八七八年のベルリン条約によって奪われた領土の返還をも実現させたが、同盟国側の敗戦はもはや動かしがたいものとなりつつあった。ブルガリア戦線でオスマン軍が敗北し、イスタンブルの安全が脅かされて、エンヴェル、タラート、ジェマールの統一派政府の三首脳があいついで国外に亡命すると、和平派の内閣のもとで休戦への道が模索され、一九一八年一〇月三〇日、エーゲ海のレムノス島のムドロス港において連合国との休戦協定が締結された。その主な条項はおおよそつぎのとおりである。

（1）ボスフォラス・ダーダネルス海峡は開放され、その両岸の要塞と港湾は連合国により占領される。

（2）国境警備や治安維持に必要な軍隊を除くトルコ軍は動員解除され、その武器・弾薬そのほかの軍需品は連合国の管理下に置かれる。

（3）全トルコ艦隊は降伏し、連合国が適当と認める港湾に停泊する。

（4）ザカフカースの鉄道を含む、すべての交通及び通信機関は連合国の管理下に置かれる。

（5）連合国は、その安全が脅かされたと判断した場合には、トルコのすべての戦略的要地を占領しうる。

などである。イギリスのイニシャティブのもとに調印されたこの休戦協定の狙いの一つは、大戦中からケマルの「国民軍」への援助を申し出ていたソヴィエト・ロシアのアナトリアへの進出を抑えようとするところにあった。しかし、イギリスの独断専行に対して、フランスやイタリアは大きな不満を抱いており、それがのちに連合国に対する独立戦争の帰趨に大きな影響を与えることになる。

終章

「帝国」から「国民国家」へ

第一節　独立戦争とトルコ共和国の成立

連合国による占領

一九一八年一〇月三〇日のムドロス休戦協定に基づいて、一一月一三日に連合国の艦隊がボスフォラス・ダーダネルス両海峡の戦略地点を占領したのに続いて、イギリス軍がアンテプ、マラシュ、ウルファ、キュタヒヤといったアナトリア—バグダード鉄道の南東部沿線の都市を占領し、かつトルコとソヴィエト・ロシアとの連絡を絶つためにバトゥームとバクーにも軍隊が派遣された。フランス軍は、メルスィン、アダナ地域を占領していたが、一九一九年秋にはアンテプ、マラシュ、ウルファのイギリス軍と交代した。これら連合軍の兵力は一〇万七〇〇〇人と推定されている。

こうした状況にもかかわらず、イスタンブルのオスマン政府は、無力なままに、スルタン＝カリフ制を維持するために「親英協会」を作ってイギリスの委任統治下に入ることを主張していた。しかし、ムスタファ・ケマルら戦線から引き上げてきた将軍たちや現状を憂える一部の人びとは、列強の侵略に対して無力なオスマン朝政府に強い不満を抱いていた。また、エンヴェルとタラートは「カラコル（見張り）」という名の地下組織を通じて「統一派」の再建を試みていた(1)。

非トルコ系諸民族の動向

オスマン帝国の敗北とその政府の無力さに力を得た非トルコ系諸民族は、オスマン帝国からの分離独立を要求する様々な運動を繰り広げ始めた。たとえば、黒海沿岸のギリシア系正教徒たちは、一九〇四年以来「ポントス同盟」を組織していたが、第一次世界大戦後、ゲリラ部隊を立ち上げて活動を開始した。このため、黒海沿岸とくにサムスン近郊の治安が乱れ、イギリス軍がこれを口実に進駐した。西アナトリアでは、すでに述べた一七七〇年のモレア半島の反乱後（第八章一一三頁参照）の混乱などのために亡命してきたギリシア系正教徒の人口が増大したことから、一九世紀末には西アナトリアのギリシア化が問題とされていたが、ここでもイズミル在住のギリシア系正教徒が中心となって「イオニア国家」構想が打ち出されていた。

アルメニア人は、旧アルメニア王国の復興をもくろみ、東アナトリアに「海から海まで」すなわち黒海と地中海に跨がる「大アルメニア国家」構想をぶちあげた。これにはアメリカのウィルソン大統領が関心を示していた。クルド人は、ババン家出身のシェリーフ・パシャが中心となって「クルディスタン振興会」を結成し、東部アナトリア、イラク、イラン在住のクルド族を統合してクルド国家を作るべく運動を開始していた。

このような状況の下で、一九一九年五月一五日に連合国艦隊の援護を受けたギリシア軍がイズミルに上陸し、数日の内にマニサ、アイドゥン等西アナトリアの主要都市を占領した。この作戦にはヨーロッパ人の間でも多くの反対があったが、クレタ島出身のギリシア首相ヴェニゼロス(2)のイギリス首相ロイド＝ジョージとの巧みな外交的駆け引きの成果であった。イギリス軍が各地のトルコ人将兵や民間人に暴行を加える事件が多発すると、トルコ人による抗議の声は高まり、トルコ全土の様々な抵抗運動の組織化が進んだ。

パルチザン運動の進展

ムドロス休戦協定とそれに続く連合国軍の占領と同時に、トルコ各地に「権利擁護協会」といった名前を持つ組織が生まれ、情宣活動が展開された。とりわけ、連合国軍によって直接侵略を受けた南東アナトリアとギリシア軍の占領下におかれた西アナトリアにおいて、パルチザン部隊が武装ゲリラ活動に入っていった。このうち、主としてアンテプ、マラシュ、ウルファなどでは都市の住民を中心とした「市民軍」の性格を持つパルチザンに対して、西アナトリアのパルチザン部隊の中には、士官・地方名士・知識人などによって率いられた部隊も少なくなかったが、とりわけ、戦闘力を発揮したのは、エフェと呼ばれた人びとに率いられた部隊であった。すでに述べたように、アナトリアのキャラバン・ルートなどの守護や道案内などによって生計を建てていたが、この活動が禁止されることによって匪賊化したゼイベキたちのリーダー、それがエフェである（第八章一四五頁参照）。

図10－1 ゼイベキのリーダー、デミルジ・メフメト・エフェ Wikimedia Commons

独立運動の組織化

東北部アナトリアでは、いまひとつの運動が芽生えつつあった。その中心となったのは、ムスタファ・ケマル・パシャである。かれは、第一次世界大戦中、ゲリボル（ガリポリ）半島に上陸したイギリス軍を激戦の末撃退して世界の耳目を集めると共に、国内では国民的英雄として准将に任ぜられていた。アレッポの北

図10－2　スィヴァス会議の代表たち：前列左から５人目がケマル　Wikimedia Commons

方に戦陣を敷いたまま終戦をむかえ、ほどなくしてイスタンブルに帰還したかれは、ギリシア系正教徒のゲリラ活動のために治安の乱れていたサムスン近郊に駐屯する第九軍の監察官として一九一九年五月一六日に海路イスタンブルを出立した。ギリシア軍がイズミルに上陸した翌日のことである。

ケマルは、各地に分散していた軍とアナトリアのパルチザン運動とを統合するために、イギリス軍の駐屯しているサムスンを離れてアマスィヤに移動してこの地方のウラマーや名士の支持を取り付けると、一九一九年六月二一日に「アマスィヤ宣言」と呼ばれる決議書を公にした。これには占領に反対する国民の声を国際世論に訴えるために国民会議を開く必要があることなど、独立運動の基本方針を示す内容が盛り込まれていた。これに対して、連合国はスルタン政府にケマルをイスタンブルに召喚するよう強制した。ケマルはこれを拒否し、七月八日に任務を辞職し、また軍籍を放棄して、今後は一民間人として、アナトリアを去ることなく独立運動に邁進することを宣誓した。これ以後、ケマルは「エルズルム会議」（一九一九年七～八月）、つづいて、「スィヴァス会議」（九月四〜一二日）において各地の「権利擁護協会」を統合して、「アナトリア・ルーメリア権利擁護協会」として一本化し、トルコ人が多数を占める領土の不可分性などの原則を確認した(3)。

革命政権の誕生

こうして、いまやアナトリアに新しい国家がつくられつつあることが国際世論に取り沙汰されると、ソヴィエト・ロシアがいち早くトルコの独立運動を支持することをあきらかにした。これに対して、連合国側は、一九二〇年三月一六日に連合国軍をイスタンブルに上陸させてここを正式に占領して戒厳令を敷き、ケマル派の議員の多くをマルタ島に追放した。これに力を得てふたたび権力の座についたダマト・フェリト内閣はケマルを反徒とするファトワーをシェイヒュルイスラムに発布させるとともに、イギリスの武器援助を得て「カリフ擁護軍」と称する反革命軍を組織し（四月一八日）、アナトリア各地に反独立運動に立ち上がるべく扇動した。

四月二三日、連合国の占領下にあるイスタンブルから脱出した議員などによってアンカラに招集された新議会は、「大国民議会」と名付けられた。ケマルを議長とし、この議会が国民の意思を代表する唯一の合法政権であることを宣言し、新国家の主権が無条件に国民に属し、議会がその立法及び行政権を行使することを明らかにした。五月二三日には内閣も組織され、ここに、将来トルコ共和国となるべき革命政権が誕生したのである(4)。

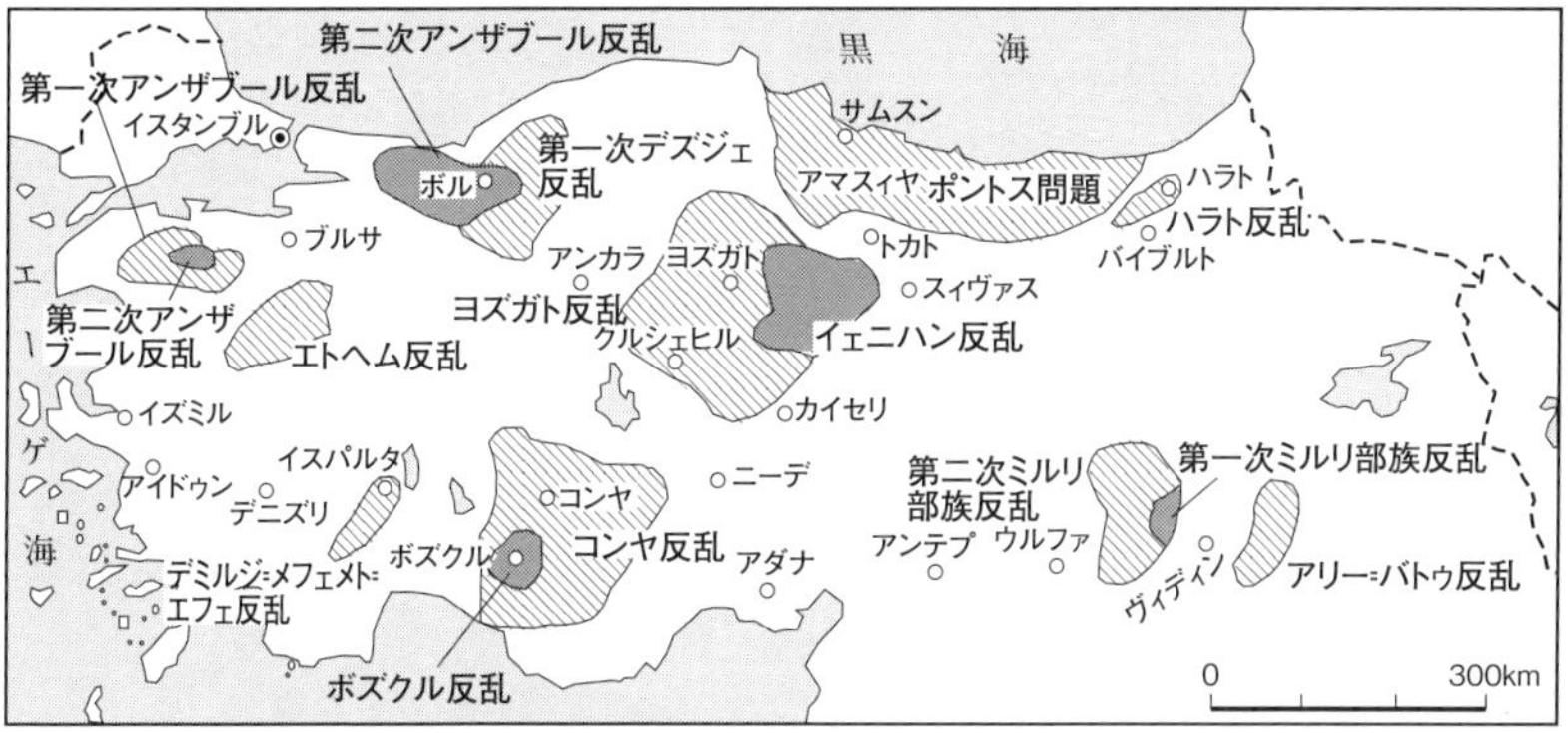

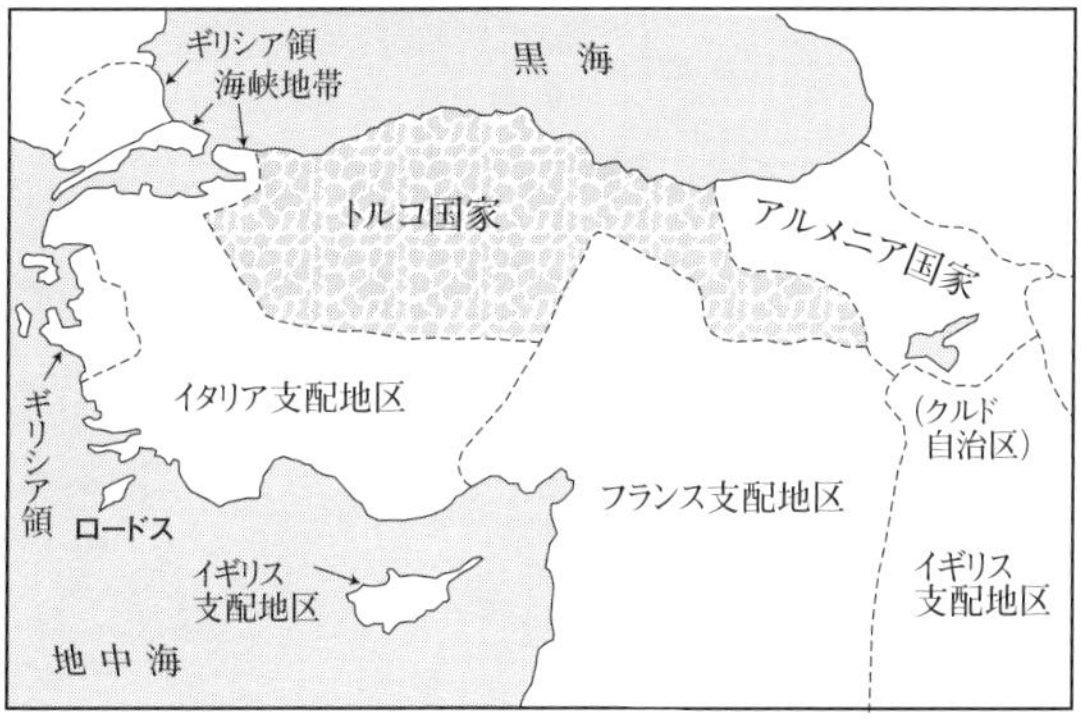

図10－3　アナトリアの諸「反乱」（上図）

図10－4　セーヴル条約（左図）

セーヴル条約

しかし、アナトリアでは、「カリフ擁護軍」に呼応するかのようにケマルらの運動に対する反乱が図10－3に見るように各地に勃発すると（一九一九年末から二〇年）、「カリフ擁護軍」もアンカラへ向けて進軍した。革命政権は苦境に立たされ、一時はアンカラを退いてスィヴァスに大国民議会を移転させようとする意見も出ている頃、南東部アナトリアのアンテプ、マラシュ、ウルファでは、イギリス軍に代わったフランス軍とアルメニア人とからなる連合軍に対して都市民・遊牧民・農民による果敢な抵抗が続けられていた。とくにアンテプ市民の抵抗は英雄的なものがあり、一万二〇〇〇人のフランス軍の攻撃に対して一九二一年二月に降伏するまで一〇ヶ月もの間持ちこたえた。のちに大国民議会はこの町に信仰戦士「ガーズィー」の称号を贈り、以後この町がガズィアンテプと呼ばれるようになった。同様の抵抗を示したマラシュには「カフラマン（英雄）」、ウルファには「シャンル（栄光ある）」の称号が贈られ、それぞれ、カフラマンマラシュ、シャンルウルファと呼ばれるようになる。

だが、この間、連合国は、西アナトリアのギリシア軍を内陸へ向けて侵攻させた。二〇年六月から七月にかけてギリシア軍は西アナトリアの主要都市を占拠し、八月一二日にはイズミルにギリシア人による文民政府が成立したことを宣言した。

このようなギリシア軍の一時的成功と、革命政権の苦境とを絶好の機会としてとらえた連合国は、二〇年八月一〇日イスタンブル政府との間にセーヴル条約を締結した。この条約は新井政美が簡潔に述べるように、「大戦中のサイクス・ピコ密約を中心とする協定に従ってオスマン領を分割し、第二次立憲制期に一方的に廃止が宣言されていたキャピチュレーションを復活させたこの条約は、それを実行させるという名目で、ギリシア軍の侵攻にも正当性を与えたのであった」(5)。

独立運動の勝利

一方、このころ革命政権側に大きな勇気を与えたのは、ソヴィエトと東方のムスリム諸民族との物質的・精神的支援であった。新井によれば、ボリシェヴィキとの交渉は地下組織「カラコル」によって進められていたが、ケマルもまた、モスクワ政府と書簡を交換していた。革命政権とソヴィエトとの交渉は、アルメニア問題をはさんで難航したが、この障害を取り除いたのは、東部方面軍の重鎮キャーズム・カラベキルである。かれは、アナトリア東部への攻撃を開始したダシナク派のアルメニア共和国軍を撃退し、さらにアルメニア領内に攻め込んで、一九二〇年一二月に条約を締結することによってアナトリアにアルメニア国家を建設するというセーヴル条約の内容を実力で阻止した。かれのこの功績は大きい。二一年三月一六日にモスクワで正式にトルコ・ソヴィエト友好和親条約が締結され、アンカラの革命政権ははじめて国際的に認知された(6・7)。

さらに革命政権は「カリフ擁護軍」を西アナトリア方面で打ち破り、また、中央アナトリアのヨズガト地方を本拠にアナトリア最大のアーヤーン一族として知られたチャパンオウル家の反乱を鎮定(二〇年六月、一二月)するなどアナトリアの情勢を抑えつつあった。国際世論もアンカラの革命政権をトルコの真の代表とみなすようになってきた一九二〇年の末、ギリシア軍が西アナトリアで軍事攻勢を仕掛けてきた。革命政権は、イスメト(のちトルコ共和国第二代大統領イスメト・イノニュ)を西部戦線総司令官としてこれに反撃を加え、二一年一月一〇日および三月三〇日の二度にわたりギリシア軍を破った。しかし、老練な政治家ヴェニゼロスが一一月末の総選挙に敗れて失脚し、国王コンスタンティノス一世が政権を掌握すると、自ら総司令官として、イギリスの物資の支援を受けてふたたび猛攻を加えてきた。トルコ軍は後退に後退を重ね、ブルサ、キュタヒヤなどが瞬く間に奪われ、ギリシア軍はアンカラの東方わずか五〇キロの地点にまで迫った。

しかし、この間に革命政権内部のケマル派の議員は、ケマルを総司令官とし、かれに全権を委ねる法案を大国民議会に上程して承認させることに成功した。二一年八月二三日から二二日間にわたったサカリヤ川の戦いでケマルの卓越した指揮のもとにトルコ軍は決定的勝利を収めた。サカリヤ川の勝利は大国民議会におけるケマル派の勢力を確固たるものにした。これによってケマルの失脚を期待していた反ケマル派は大きな打撃を受けたが、とりわけ、ケマルが失脚した場合には、かれに取って代わるべく、バトゥームで情勢を覗っていたエンヴェルは中央アジアのブハラに去り、そこでトルコ系ムスリムによる反ソヴィエト政権運動であるバスマチ運動に身を投じて銃弾に倒れることになる(8)。

ケマルは、サカリヤ川の勝利にもかかわらず、トルコ軍兵士の不足と装備の不十分さとを熟知していたから、一九二一年秋から二二年夏にかけて、その補給に全力を費やした。一九二二年八月二六日、準備を整えたトルコ軍はケマルの総指揮のもとに大攻勢を開始し、三〇日のドゥムルプナルの会戦で決定的勝利を収め、瞬く間にギリシア軍をエーゲ海の淵に追いつめた。九月九日、トルコ軍はイズミルを奪回し、一六日にはギリシア軍がチェシメ港から撤退した。ただし、ギリシア軍は西アナトリアから後退する際に、マニサ、アラシェヒル、アイドゥンなどの都市を焼き払い、また九月一三日にイズミルも原因不明の火災により、その大半が焼失した。

一九二二年一〇月一一日、トルコ・イギリス・フランス・イタリアの間で、ムダニヤ休戦協定が調印され、三日後にはギリシアもこれに調印した。ここにトルコ国民の反帝国主義・独立運動は勝利したのである。トルコ人をアジアのステップに放逐すべしと豪語してはばからず、ギリシア軍を最後まで執拗に支援しつづけたイギリス首相ロイド＝ジョージはイギリス国内においても批判され、二二年の選挙に敗れて失脚した(9)。

第二節　トルコ共和国の成立

ローザンヌ講和会議

一九二二年一〇月二七日、ローザンヌ講和会議への招待状がイスタンブル政府とアンカラ革命政権とに届いた。イスタンブル政府の大宰相はアンカラへ電報を打ち、協議のためにイスタンブルへ代表を派遣するよう要求した。この電報が、独立戦争が終わった以上政権をスルタンとイスタンブル政府に返還すべき事を言外に主張していることを見抜いたケマルは、反ケマル派やトルコ国民のムスリムとしての感情を考慮したうえで、スルタン制とカリフ制とを分離し、スルタン制を廃止すべしとの法案を大国民議会に上程させた（一〇月三一日）。しかし、この法案をめぐって議会が紛糾した。結局、挙手による採決によって、スルタン制とカリフ制の分離、スルタン制の廃止、オスマン王家の成員からなる新カリフの選出などに関する法案が成立した(10)。その結果、オスマン朝最後のスルタンとなったメフメト六世（ワヒデッティン）はイギリスの巡洋艦でマルタ島へ亡命した（一一月一七日）。ここにオスマン朝は滅亡し、これによって連合国はスルタンを政治的に利用することが不可能となった。一一月一八日メフメト六世の従弟アブデュルメジドが議会によってカリフに選ばれた。

一九二三年七月二四日、トルコ・イギリス・フランス・イタリア・日本・ルーマニア・ユーゴスラヴィア・ギリシアの各代表が参加したローザンヌ条約が締結された。トルコは、独立運動によって防衛された領土の保全、国家的・民族的独立が承認されただけでなく、不平等条約、「オスマン債務管理局」といったトルコの経済的植民地体制を支えていた二つの橋頭保を廃止することに成功した。とはいえ、トルコは一九一一年のトリポリ戦争以来、丸一一年間、間断なくつづいた戦争によってアナトリアのムスリム二五〇万人を失っていたほか、アルメニア人やギリシア人といったオスマン帝国以来長い間都市の商工業を担っていた非ムスリム人口の多くをも失って、農業・牧畜・食品加工業などの零細な手工業に従事するトルコ語あるいはクルド語を話すムスリムからなる国家へと変貌していた(11)。

二三年八月一一日に発足した第二次トルコ大国民議会は、ケマルを議長とし、フェトヒーを首相とする内閣を組織したが、独立運動の当初からケマルの僚友であったキャーズム・カラベキルらの姿は見られなかった。ここに、ケマルの独裁体制が固まりつつあったといえよう。第二次議会は、二三日、ただちにローザンヌ条約を批准した。一〇月一三日には新国家の首都をアンカラに定めたが、それに先立ってケマルは選挙中から公約していた「九原則」を綱領として人民党を設立した。「九原則」とは、主権在民の原則と国民の唯一の代表機関としてのトルコ大国民議会の地位とを再確認するとともに、「アーシャール税（農作物から徴税請負制によって徴収される現物税）」の廃止、民族産業の保護と育成などを約束したものである。

共和制宣言――トルコ共和国の成立

アンカラの大国民議会でケマル派の勢力が強まるのに対して、占領軍から解放されたイスタンブルでは、反ケマル派がカリフの周辺に結集してケマルらを批判し、イスタンブルのジャーナリズムもこれを強力に支援していた。すでに実権は奪われていたとはいえ、イスタンブルにオスマン王家の一員であるカリフが存在することは、新国家の政治体制にある種の二元性を与えていた。一九二三年一〇月九日にアンカラのある新聞が、近い将来共和制へ移行するかもしれぬとするケマルの談話を伝えると、大国民議会は大混乱に陥った。イスタンブルのジャーナリズムが一斉にこれに異を唱えたことはいうまでもない。その結果、フェトヒー内閣が総辞職すると、議員のうちの何人かが議長であるケマルのところへ混乱の収拾を依頼してきた。この時を待っていたケマルは、腹心の部下イスメトとともにひそかに準備していた法案を、人民党大会と議会とに示して、可決させた。この法案は、(一) トルコ国家は共和国である、(二) トルコ国家の最高機関はトルコ大国民議会である、(三) トルコ国家は内閣を通じて統治される、などの条項を含んでいた。これによって、これまで、単に「大国民議会政府」と呼ばれていた新国家は、「共和国」という明確な政体をとるにいたった。ケマルが初代大統領に選ばれ、ケマルによって、イスメトが首相に任命され、イスメトはただちに組閣をおこなった。

しかし、大国民議会内部の保守勢力は、カリフを元首とし、議会をその諮問機関にとどめるべきだと主張しはじめた。一方、共和制宣言がカリフ制の廃止へと発展しうることを察知した東方のムスリムたちの間に動揺が起き始めていた。しばらくして、インドのアガ・カーンとアミール・アリーとが首相のイスメトに手紙を送り、スルタン制とカリフ制との分離が全世界のムスリムの重大な関心を呼び起こしたことを告げた。事の重大さを見抜いたケマルは、こうした外国からの口出しを、トルコの内政に対する干渉であると抗議する一方、一九二四年のはじめに国内遊説に出かけ、解放運動中におけるスルタン＝カリフの反革命的な言動を国民に説くと同時に、宗教としてのイスラムを政治の道具にさせないことによって、かえってイスラムの信仰を高め、純粋化させることができると主張した。同年三月三日、議会はカリフ制廃止、シャリーア・エヴカフ（ワクフの複数形）省の廃止、オスマン王家全員の国外追放、学校教育の一本化に関する法案を可決した。その結果、総理府宗務事業局、エヴカフ総局が新たに設置され、オスマン朝時代を通じてウラマー層・文官の育成をしてきたマドラサとシャリーアに基づいた伝統的なシャリーア法廷とが廃止されるなど裁判制度・教育部門における世俗化が進んだ(12)。

共和国憲法の発布

一九二四年四月二〇日、トルコ大国民議会は、全一〇五条からなる憲法を正式に採択した。この憲法は、国家の主権がオスマン王家に属することを前提とした一八七六年の「ミドハト憲法」と比べると、それが無条件で国民に属するとされた点で画期的であり、また四年ごとに改選されるトルコ大国民議会が国民の唯一の代表機関として立法権を直接行使し、行政権は議会が四年ごとに選出する大統領およびかれが任命する首相、さらに首相が指名して大統領が承認する内閣を通じて行使されるなど、当時のヨーロッパ諸国から借用された条項を多く含んでいたが、同時に、「トルコ国家の宗教はイスラムである」(第二条)など、国民の大多数がムスリムであることを考慮した条項がなお盛り込まれていた。また、言論・出版・集会の自由を認める民主的な条文についても、その後の政治的危機などもあって、必ずしも十分に実施されなかった面もあったが、一九六一年に新憲法が制定されるまで、トルコにおける法制の基礎となった。

憲法二三条によれば、国会議員は軍籍や官職を兼ねることができなかった。このため、独立運動に貢献した将軍たちも軍人としてとどまるか、もしくは議員としての資格を維持するかの選択を迫られることとなった。その結果、独裁的傾向を強めるケマルと対立した軍人の多くは、軍籍を離れて議員の立場を保持するとともに、人民党を離脱して、「進歩主義者共和党」を結成した(二四年一一月一七日)。党首にはキャーズム(カラベキル)が選ばれた。これに対して人民党はその名を「共和人民党」(CHP)と改めた。進歩主義者共和党は、その名が示す通り、ケマルの改革を否定するものではなかったが、ケマルらのやり方が独裁的である点を批判していた。

一九二五年二月中旬、東部アナトリアに住むクルド人の有力者で、神秘主義教団ナクシュバンディの長老であるシェイヒ・サイトの率いる反乱が勃発した。反乱はカリフ制とシャリーアの復活とを要求する反動的性格を持っていたといわれるが、政府は東部地方にただちに戒厳令を布くと同時に三月四日には治安維持法を制定した。その結果、反乱は短時日のうちに鎮定され、シェイヒ・サイトは四月八日に逮捕されてディヤルバクルで処刑された(13)。

世俗化の進展

反乱鎮定後、政府は反乱と進歩主義者共和党との関係を口実に、六月三日に同党を閉鎖して反対勢力を駆逐した後、九月に政府は、人びとの宗教生活を深いところで支えてきた各種のイスラム神秘主義の修行場や聖者廟を閉鎖させた。さらに一一月には、かつて一九世紀の初頭に「西洋化」の象徴としてイスラム教徒の伝統的な被り物であったターバンを廃止した代わりに採用された「トルコ帽（フェス）」の着用を禁止し、鍔付きの西洋帽に変えることが規定された。これらの決定に対する反発は大きかったが、政府は、クルド族の反乱の懲罰と併せて「七〇〇〇名を超える逮捕者、六六〇名におよぶ処刑者を出しながら、改革を徹底させていった」(14)。またイスラム特有の暦（イスラム暦、ヒジュラ暦）と時間とに代わる国際的な暦と時間制の採用などの世俗化政策を押し進めた。一九二六年にはそれぞれスイスとイタリアの法令を規範とした市民法と刑法が導入されるなど法律面での世俗化が進んだ。とくに新市民法では、一夫多妻制が禁止されるなど、ムスリムであるトルコ人の社会や家庭での生活までが西洋的価値基準で律せられることとなった。

図10－5　新しい文字を教えるアタテュルク
Wikimedia Commons

一九二七年一〇月、ケマルは議会で六日間に及ぶ大演説をしてトルコ革命の総括をおこなった。同年一一月、第三次トルコ大国民議会の開会にあたって再びケマルを大統領に選出した議会は、二八年四月、憲法第二条における「トルコ国家の宗教はイスラムである」との条項を削除し、また、トルコ語の表記にとってきわめて不適切なアラビア文字を排して、ローマ字に若干の手を加えた新トルコ文字を採用して識字率の向上と教育の普及のための基礎を築いた。

これらの改革の結果、一九二〇年代の末には、トルコは政治・法律・教育・社会などの各分野において、西洋諸国とほとんど変わらぬ、ムスリムによって構成される国家としては、異例な西洋化を成し遂げたのである。

国民国家の創造

このように、徹底した「世俗化」政策によって、長い間国民のアイデンティティの拠り所であった「イスラム」に代わって打ち出されたのがトルコ・ナショナリズムであったのは、けだし当然であった。ケマルが、オスマン帝国末期に設立された「トルコの炉辺」と呼ばれる文化団体の歴史研究部門に「トルコ民族の歴史を新たに民族主義的かつ科学主義的に解釈し直すよう要請した」(15)結果一九三〇年に出来上がったのが『トルコ史概要』である(16・17)。この本は、四六五頁におよび、合計一一二五冊の書物が参考文献として提示されている。ただし、この本は、純粋に学問的で科学的であることを要求したケマルの意に添わず、その結果、専門家によるさらなる検討にゆだねるべく、わずか一〇〇部のみ印刷された。しかし、イスラムに代わる国民統合のイデオロギーを早急に作り出さねばならなかったため、この本の「序文」七四頁が三万部印刷されて全国の高校に配布された。この『トルコ史概要』の内容が「トルコ史テーゼ」と呼ばれて、トルコ共和国の「公定歴史学」となるのである。では、この書物の内容はどのようなものか。それは一口に言えば、つぎのようである。「中央アジアの原住民であり、白色人種に属するトルコ人は、水と緑にあふれた中央アジアの理想的な環境の中で世界の諸民族に先駆けていち早く文明の段階に達した。そしてやがて、中央アジアの乾燥化が進むと、かれらはより良い住環境を求めて世界各地に移住し、そこで古代諸文明を打ち立てた」のである。

これはまさに驚くべき自民族中心主義の歴史観である。科学的で学問的なテーゼを要求したケマルが納得しなかったのは無理もない。この書物には中央アジアから東西南北に移動したトルコ人が古代の中国・インド・エジプト・イラン・エーゲ海諸文明などの成立に大きな役割を演じたとされているために荒唐無稽な印象を与えているが、「トルコ史テーゼ」の本当の狙いはアナトリアにおいて古代ギリシア文明に先駆けてヒッタイト人による文明が打ち立てられた、というところにある。事実、一九三一年にケマルの主唱によって設立された「トルコ歴史学協会」は全力を挙げてヒッタイト文明の発掘に乗り出し、その出版物を通じて、全世界にアピールすることになるからである。つまり、ギリシア軍との熾烈な戦いの末に防衛されたアナトリアにおけるトルコ人の生存権とその国土の不可分性とを主張するところにあった。しかも、ケマル自身フランス語の達人であったように、『トルコ史概要』の著者たちもフランス語、ドイツ語、英語、ロシア語を良くする人びとであったし、本書には注が付けられており、巻末を見ると、この本には当時のヨーロッパにおける一流の研究成果が取り入れられていることがわかる。

そこで、これらの文献を検討してみると、本書の内容を規定したと思われる著書のうち最も重要なものの何冊かは、すでに日本語に翻訳されているのである。それは、当時日本の大陸進出のために必要とされた「大東亜」研究に必要だったからである。たとえば、シルクロードの名付け親で、近代地理学の祖とも言われるドイツ人F・リヒトホーフェンの『支那』（一八七七～一九一二年刊行）は、一九四二年に満鉄調査部の依頼により東亜研究叢書刊行会が翻訳し、岩波書店から全五巻として出版されている(18)。リヒトホーフェンは、この本で、古代の中央アジアには地中海ほどの大きさの海があったと想定し、つづいて「この地方が日は晴れやかに輝き水の豊かな山麓に存在し、（中略）古代人にとり恵まれた生活条件を呈したであろう。多くの人類学者がアーリヤ族の原住地をこの地方と考えている。（中略）アム川とシル川地方をアーリヤ族の起源地とする説が正しいと証明されたとすれば、諸民族が原住地から移動したときまでに達した文化程度のみならず、その南と西への移動の原因に対しても一つの鍵を与えるであろう」と述べて中央アジアのその後の乾燥化と民族的大移動をも暗示している。さらに、いまひとつの重要な典拠である先史学の泰斗、ジャック・ド・モルガンの『有史以前の人類――先史学概論』（一九二四年刊）（一九三三年、鳥居龍蔵博士校閲、東京堂）には、「そして、幾度も繰り返して、中央アジアの人民が、わが地中海の西方にも、出現し来たったのであった、かもしれない。（中略）チグリス・ユーフラートおよびケルカの両岸からある種の実際知識が発生して、シリア、パレスチナ、ナイルの流域に及び、次に地中海の西方に達するに至った」という記述が見られる(19)。つまり、当時のヨーロッパでは、インド・ヨーロッパ語族を「アーリア人」と呼んでいたが、当時の学問水準では、世界各地で様々な民族の「アーリア人」起源説が唱えられており、その中には「トルコ人＝アーリア人」説を唱える学者もいたのである。したがって、「アーリア人」を「トルコ人」と言い換えれば、これは『トルコ史概要』とまったく同じ内容であることがわかる。

また、トルコ人を白色人種としたのは、スイスの頭蓋学者ウジェーヌ・ピッタール（『人種と歴史』一九二四年刊、一九四一年『ヨーロッパの人種と歴史』と『アジアの人種と歴史』二分冊として、泰山房から出版された）であるが、かれはこの「トルコ史テーゼ」構想の顧問役のような存在であった。

この問題の背景には、第八章で紹介したように、一九世紀、とりわけ一八二一年に始まったギリシア人の独立運動に対するオスマン帝国の軍事活動の残虐さを強調するヨーロッパ知識人の世論が呼び起こした「トルコ（人）バッシング」がある。そして、こうしたバッシングに対する反発と、それによって自信を失ったトルコ人に誇りを持たせようとするケマルおよびトルコの知識人たちの心性を読み取ることができる。当時トルコの官庁や学校などに飾られた「なんと幸福なことよ！　私はトルコ人である、といえる人は」という標語がこのことをよく示している。

このテーゼの趣旨は、「トルコ歴史学協会」の第一回・第二回大会などを通じて国民の間に広く情宣され、トルコにおける「公定歴史学」となったのである。ただし、さすがに現在のトルコでこのテーゼをそのまま信じている人は皆無といってよいであろうが、やはりトルコ・ナショナリズムの形成に大きな影響を与えたことは間違いなかろう。だが、アナトリアの住民をすべてトルコ人とするテーゼはオスマン帝国以来の複雑な民族構成、とくに東部アナトリアに多く住むクルド人の存在を無視（かれらは「山岳トルコ人」とされた）することによって創成された「国民国家」の柱とされた。つまり、帝国から国民国家への移行が完成されたのである。中央ユーラシア型国家の多民族・多宗教・多文化の臣民を緩やかに統合し、活用することによって、広大な帝国を実現した伝統は終わりを遂げると同時に、この帝国の正統性を支えたイスラムに代わって大多数の国民にとっては馴染みのない近代西洋の価値観を出発点としてトルコ共和国の歴史を歩むことになったのである。この過程は「帝国論」の文脈でいえば、「オスマンや清などは柔構造の専制帝国とされるが、外圧を受けつつ近代国民国家に転生する際、旧帝国の体制が反面教師として認識され、後継国であるトルコや中国は逆に多元性の許容度の低い国になった」(20) 事例でもあるし、「かつては完全に統合されていると考えられていた「旧国民」が、その国境内において〔展開している〕サブ・ナショナリズムの挑戦を受けている（ベネディクト・アンダーソン）」(21) という状況ともいえよう。

こうして、中央ユーラシアにおける騎馬遊牧民として出発したトルコの歴史は、オスマン帝国の時代を通じて次第にその性格を変えつつ、近代ヨーロッパを範とした国民国家へと変わっていくことになる。これ以後は、「トルコ現代史」ということになるが、この時代になると、歴史学のみならず、政治・経済・国際関係など多くの分野に関係する研究者・外交官・留学生・商社マンなどとして現地の生活を経験した多くの方々による情報の発信が山積しており、これを総合的に記述することは、ほぼ不可能である。そこで、歴史研究者として私の立場から(22)、第二次世界大戦後の歴史の流れを以下に概観したい。

第三節 一党独裁制から複数政党制への移行

経済の復興

ローザンヌ条約の結果、トルコはオスマン帝国の外債の六二・二五％の肩代わり、外国系鉄道や特権企業の存続などの譲歩を余儀なくされたが、トルコ国内における外国資本の進出の橋頭堡であった「オスマン債務管理局」と不平等条約とを廃止することを認めさせて国民経済創出の足掛かりを確保することに成功した。また、一九二四年八月に、国家を最大の株主（三六％）とし、西アナトリアの民族資本家を代表するジェラル・バヤル（のちの第三代大統領）を総裁とする実業銀行を設立し、私的資本による工場や鉱山会社の設立・経営を振興するなどの目的で二七年五月に産業奨励法が発布されたりしたが、その成果は微々たるものであった。とくに一九二九年の世界恐慌によって輸出向けに栽培されていた綿花・タバコ・乾燥果実など農作物の価格が下落したことが、民族資本家や地主層の危機感を高めた結果、経済建設に対する国家の積極的な介入を要求する声が高まった。その結果生まれたのがエタティスム、すなわち国家資本主義政策である。

図10-6　大統領ケマル・アタテュルク　1927年, Mustafa Kemal Pasha Time magazine Vol. IX No. 8, Wikimedia Commons

エタティスムは大きく分けて三つの経済政策からなっていた。第一は、国営銀行の設立とその企業活動への参加、第二は、外資系特権企業の買収による国営化、第三に、専売制である。一九三〇年六月、政府は「トルコ中央銀行」を創設して、これに貨幣の発行と管理とを一任した。三三年、政府は紡績・織物工業への出資とその運営とを主目的として、スュメル(シュメール)銀行を設立した。三五年には政府によって創設されたエティ(ヒッタイト)銀行を設立した。この二つの銀行の名前には「トルコ史テーゼ」の影響がうかがわれる。エタティスムによって国内の基幹産業・鉄道網・港湾施設などが整備される一方、綿織物産業の発展も顕著で、三〇年代末には国内需要の八〇%を自給できるようになった。

一九三四年六月に姓氏制度が施行されると、一一月にトルコ大国民議会によってケマルに「父なるトルコ人」を意味する「アタテュルク」の姓が贈られた。また、一二月五日には婦人参政権が与えられるなど、教師・学者・弁護士・裁判官・医師・小説家・パイロットなどの知的職業分野に女性が目覚ましく進出した。このようにして、一九三〇年代のトルコは、西洋風の近代国家として生まれ変わっていったが、それはイスタンブル・アンカラなどの大都市のエリート層による改革であって、国民の大多数を占める農民や地方の小都市はこれらの改革から疎外されていた。一九三八年一一月、大統領ケマル・アタテュルクが肝硬変のために若くして死去すると、トルコは新しい時代を迎えることになる。

内に平和、外に平和

トルコは建国後しばらくの間内政問題に専念していたが、一九三一年四月にケマルが表明した「内に平和、外に平和」を外交路線の基本政策とし、三二年七月に国際連盟に加入した。さらに一九三三年以後、世界各国の間で軍備拡張競争が激化し、ファシズムの台頭など国際的緊張が高まりつつあった。このため、トルコはローザンヌ条約で要求を貫徹できなかったボスフォラス・ダーダネルス両海峡の監督権の再検討を国際連盟に提訴した。その結果、トルコの主張は英・仏・ソ連に支持されて認められ、三六年七月一〇日に締結されたモントルー条約によって、両海峡に対する宗主権を認められて自己の責任でここを防衛することとなった。いま一つの重要な外交問題は「ハタイ」問題である。アンタキアとイスケンデルンという重要な港町を含むこの地域も、紆余曲折の交渉の末に三九年六月にトルコ共和国に合併された。

第二次世界大戦中、トルコは巧みな外交戦術によって中立を維持することに成功して、大戦終了近くまで中立を維持し、一九四四年八月になってドイツと断交し、四五年二月二三日に日本とドイツに対して宣戦を布告した。

戦後デモクラシーと複数政党制への移行

第二次世界大戦後、いわゆる「冷戦体制」がはじまると、一九四五年、ソ連がボスフォラス・ダーダネルス両海峡にソ連のための戦略的基地の設定などを要求すると、トルコ国民の間に伝統的な反ロシア感情が呼び起こされ、政府は祖国解放運動以来のソ連との友好関係に終止符を打ち、両国の敵対関係に発展した。そうした状況を受けて、アメリカのトルーマン大統領は、四七年三月にトルコとギリシアに対する経済援助の必要性を強調するトルーマン・ドクトリンを発表した。これを受け同年六月に発表されたマーシャル・プランに基づいて、四八年以降トルコに対する総額一億ドルにのぼる経済援助が決定された。こうしてアメリカの傘のもとに組み込まれていったトルコは、五〇年に勃発した朝鮮戦争に派兵し、五二年二月にはギリシアとともに北大西洋条約機構（NATO）に加入して、西側陣営における東地中海の重要な反共基地としての役割を担うとともに、ヨーロッパ諸国に対する食糧供給基地としての国際分業上の役割を与えられた。

戦後全世界を巻き込んだデモクラシーの風潮と、共和国建設後の新しい教育を受けた大学出のインテリ・

官僚・ビジネスマンなどの中産階級が現れ、またエタティスムの下での工業化の進展により労働者階級も層を厚くしてきた。一九三八年に建国の父ケマル・アタテュルクが死去したこともあって、四六年の総選挙が近づくと、一党独裁制の下で封じ込められてきたいろいろな主張が出始めた。四六年一月に「土地分配法」(四五年六月発布)に反対する人びとが共和人民党を離脱して民主党を結成すると、これがきっかけとなって、以後、雨後の筍のごとく数多くの政党が林立した。ここにトルコは複数政党制の時代を迎え、これまで都市の官僚・軍人・ジャーナリスト・知識人などによって独占されていた政治が大衆のものとなった。一九四六年七月の総選挙では共和人民党がかろうじて勝利を収めた。しかし、すべての政党が多かれ少なかれ宗教重視を訴えて国民の支持を獲得することに努めた。ここに、建国以来の主柱であった世俗主義を修正し、民衆の宗教心を政治の道具に利用しようとする徴候が早くも現れた。共和人民党自身も、四九年に課外活動としてではあるが、小学校における宗教教育を復活させ、アンカラ大学に神学部を発足させるなど、世俗主義緩和政策を実施している。

一九五〇年五月一四日の総選挙では農民票を固めた民主党が圧倒的な勝利をおさめ、その結果、第三代大統領に民族資本家のリーダー格であるジェラル・バヤルが選出された。かれが共和国における最初の、軍人ではなく、文民出身の大統領である。首相には、西アナトリアの地主層を代表するアドナン・メンデレスが就任すると、トルコ現代史は大きな転換期を迎えた。

民主党政権下における「世俗主義」の緩和

メンデレス首相は、あらゆる機会を利用して宗教の重要性を強調して農民層の支持を取り付けることに腐心していたから、一九五〇年代を通じて民間の篤志家の寄付によって数多くのモスクが新たに建設され、宗教関係の出版物が急増した。五〇年の選挙の直前にはメヴレヴィー教団など一部の比較的穏健な神秘主義教団の修行場が再開を許されていたが、五一年には三一年以来閉鎖されていた宗教指導者養成所である「イマーム（モスクの導師）・ハティーブ（同説教師）養成所」が再開された。こうした風潮のなかで、イスラムの復興を標榜する運動もまた活発となった。その一つは、一七世紀後半にモロッコで創設されたといわれるティジャーニー教団である。そのトルコにおける代表者を自認するケマル・ピラヴオウルは、アンカラ郊外で、シャリーアの復活と女性のヴェール着用問題を取り上げて信徒の数を増やし、やがてケマル・アタテュルクの彫像の破壊運動を展開した。これに対し民主党政府は五一年七月に「アタテュルク擁護法」を制定して教団の弾圧に乗り出すが、ピラヴオウルに対する刑罰が軽かったと言われる。政府のこうした姿勢は、さらに組織的で広範な運動につながった。かつて一九〇九年に「三月三十一日事件」を起こした「ムスリム連合」の指導者の一人で、事件後東部アナトリアに隠遁していたサイード・ヌルスィーを指導者と仰ぐ「ヌルジュ」運動である。運動はかれの執筆した『光の書』と名付けられたクルアーンの解釈書をテキストとした読書会という形で組織されていた。新井によれば、「ヌルスィーは、この解釈書中でもイスラムと近代科学との調和を説き、（中略）ヌルジュたちは宗教的な生活と価値とを重視する一方で、科学や技術の習得にも積極的な傾向を示し」た(23)というから、のちに登場するギュレン運動、そしてタイイップ・エルドアンの公正発展党などとも通底するものがある。このように、トルコにおける「イスラム主義」とは決して「世俗主義」と真っ向から対立するものではないところに大きな特徴があるといえそうである。

変わりゆく農村

民主党政権は、マーシャル・プランに基づく潤沢な資金に支えられて大規模な経済開発政策に乗り出した。その第一の目標は、道路の建設とそれに付随する輸送手段・港湾施設の拡張に向けられた。

一方では、民主党の基盤である地主層・富農層の利益を反映して、こうした基幹道路に接続する多数の県道・村道が敷設されて農産物の都市への出荷、都市と農村とのあいだのコミュニケーションが著しく増大した。さらにアメリカから多数のトラクターを購入することによって農業の機械化政策が実施された。その結果、トルコのトラクター保有台数は、一九四九年の一七五六台から六〇年の四万二一三六台と驚異的な伸びを示し、アジア諸国の中では断然第一位となった。さらに政府はアメリカやドイツから外資を導入して、水力発電や港湾施設の建設といった社会資本の拡充を急ぐと同時に、農業部門への融資をおこない、道路・灌漑施設・学校・病院などの建設といった「農村の近代化」をすすめた。このため、民主党の農村における人気は一段と高まり、その党首メンデレスは「奇跡を起こせる男」とさえ言われた。

図10－7　アドナン・メンデレス　Wikimedia Commons

だが、こうした状況は、主として西アナトリアの沿岸部の話であり、これに対して内陸部および東部山岳部との経済的・社会的格差は「東西問題」と呼ばれる大きな問題を生み出した。それだけではない。五〇年代の一〇年間に耕地面積は、村人が所有する羊のための共同放牧地と採草地を犠牲にして急速に拡大し、一九六二年には耕作可能面積の限界に達したといわれる。そのうち、トラクターによって耕作された土地の面積は、一九四八年の一三万二〇〇〇ヘクタールに対して六七年には五六二万四〇〇〇ヘクタールと、およそ四三倍に達している。普通トラクター一台で二〇人の小作人を町へ移動させるという。トラクターによって村を追いだされた小作人は大都市の郊外の「ゲジェコンドゥ」（一夜建ての意）と呼ばれる貧民街に移り住むほかなかったが、都市の側ではかれらを雇用するだけの工業力はまだなかった。

第四節　第二共和制

一九六〇年クーデタ

一九五四年の総選挙で民主党は総議席数の九三％にあたる三〇五議席を獲得して圧倒的な勝利をえた。しかし、このころからトルコ経済は次第に停滞の色を強めていった。五六年以後はインフレと失業者の増加といった社会問題がクローズアップされていった。その原因は、大規模な開発や地主・富農層優遇政策が国家財政を圧迫する一方で、農村の「繁栄」による消費の拡大を脆弱な国内工業が賄いきれず、物資が欠乏したこと、土地所有の不均衡とトラクターの導入とによって都市へ流入した人口に雇用の機会を与えられなかったことなどによる。五七年一〇月におこなわれた総選挙で民主党は四二四議席を獲得して再び勝利したが、長い間政権から遠ざかっていた共和人民党が、選挙制度の不公平さを指摘して猛烈な批判を展開し、アタテュルクの側近で第二代大統領を務めたイスメト・イノニュはメンデレスが宗教を政治的に利用していることを再三再四非難した。たしかに、メンデレスは選挙にあたって、ヌルジュ運動の指導者であるヌルスィーを訪問して民主党への支持を依頼している。また、五六年には中学校における宗教教育を復活し、五九年には宗教教育者の養成を目的とした「高等イスラム研究所」を設置するなど、国民の宗教心を利用していた。このため、ヌルジュ運動は五〇年代末に第一次高揚期をむかえた。一方、民主党内部においてもメンデレスとその一派の独裁的傾向に対する批判が生まれた。五五年二月にメンデレスの地盤であるアイドゥン県に隣接し、かつてはこの地方をも勢力圏内に収めていたアナトリア最大の名望家系カラオスマンオウル一族のフェヴズィ・リュトフィが民主党を脱退して新たに自由党を組織している。この両者の関係は、いわば一八世紀からの由緒ある地方名士アーヤーン一族と新興地主の角逐という関係が見られる点で興味深い。

このような状況の下で、民主党は新聞や雑誌の検閲を強化したり、野党の活動をチェックするなどの独裁化をあらわにし、他方では世俗主義を原則とする共和国の精神から逸脱したとして、知識人・大学生・青年将校らを中心とする反対運動が盛り上がっていった。一九六〇年になると、イスタンブルとアンカラの学生運動が体制批判の口火を切った。これに対して民主党が両都市に戒厳令を布き、あらゆる集会を禁止するなどの弾圧を加えると、「軍は政治に関与しない」というアタテュルク以来の基本方針を守っていた軍部が、六〇年五月になって、民主党の独裁がいよいよ激しくなると、同年五月二七日早朝、クーデタによる政局の把握に踏み切った。同日、バヤル大統領と、メンデレス首相をはじめとする民主党政府の要人が逮捕され、民主党は解党されて、陸軍司令官ジェマル・ギュルセル将軍が国家元首として迎えられ、三八人の士官から成る「国民統一委員会」が実権を掌握した。ここに、トルコ共和国は、いわゆる第二共和制時代に入った。

軍は五月二七日の正午に、国内外に向けて、早期民政移管とNATOおよびCENTO体制の維持とを表明して、トルコの置かれた国際的立場を守ることを明らかにした。「国民統一委員会」内部ではさまざまな意見が存在したが、軍事政権を長期間維持して、その間に農地改革などを含む構造的な社会改革をおこなおうとする陸軍大佐アルパスラン・テュルケシュら若手の青年将校の意見は抑えられて、ベテランの将軍の穏健な意見が大勢を占めた。テュルケシュは一一月に海外に派遣されることによって事実上失脚した。かれはのちに、第二次世界大戦中のナチズムの影響を受けたトゥラン（パン・トルコ）主義者ニハル・アトスズの思想を信奉する民族主義者行動党（MHP）を組織し、六〇年代末以降のトルコ政局に大きな影を落とすことになる。

翌六一年五月二七日、「国民統一委員会」の指名した者や政党人・知識人からなる立憲議会によって新憲法と新選挙法が承認された。新憲法は、大統領の中立的地位を確保し、権力の分散と相互監視の原理とを導入することによって、一党独裁を防止することを主眼とし、二院制議会の採用、裁判権の独立、言論や出版の自由、デモとストライキの承認、大学の自治などきわめて民主的条項を含んでいた。六一年一〇月一日におこなわれた総選挙では、おおかたの予想は裏切られた。共和人民党は下院の議席総数四五〇のうち、一七三議席を占めるにすぎず、新たに設立された公正党など旧民主党系の政党の下院における議席数が二七七に達したからである。これには、九月に処刑されたメンデレスへの同情票の影響があったと同時に、民主党による農村の「開発の成果」によるところが大きいといわれた。バヤル元大統領は終身禁固刑に処されたが、老齢のためにのちに釈放された。

六〇年代のトルコ

民政移管後、旧民主党員の支持を受けて公正党が勢力を拡大した。六四年に党首が死去すると、そのあとを受けてスレイマン・デミレルが新党首に選出された。もともと水力発電関係の優秀な技師で、「ダム王」と呼ばれた経歴を持つテクノクラート（技術官僚）であった。かれは、六五年一〇月一〇日の総選挙で共和人民党に大差をつけて勝利し、以後、七一年三月に再び軍部の介入によって退くまで、六年間にわたって政権を維持した。公正党は、地主・富農・民族資本家の利益を代表し、私企業の振興を第一義として国営企業は必要最小限にとどめるべしという自由主義経済を綱領としている点で、まさしく民主党の後継者であった。一般に六〇年代のトルコは、かつてみられないほど外国資本が流入し、そしてそれと提携する形で大都市や地方都市において土着の商業資本家が勃興し、また、トルコ史上初めて産業資本家の成長が見られた。その典型的な例が、フォード社と提携してトルコではじめて（六六年一二月）の国産車（アナドル）を制作したヴェフビー・コチである。かれは六三年にトラクター・冷蔵庫・プロパンガスなど八八社を傘下に収めるコチ・ホールディングを設立してトルコの産業資本家を代表し、政界に大きな影響力を行使した。

その後さらにいくつかの財閥が設立された結果トルコは、いまや生活必需品や国内で消費される物資の多くを生産しうる工業国としての性格を兼ね備えるようになり、各家庭には国産の冷蔵庫・電気洗濯機・掃除機などの電化製品が普及した（テレビは七〇年代）。このような繁栄を前にしてエタティスムの強化を経済政策の基調とし、都市のインテリや官僚層を支持基盤とする共和人民党は再び万年野党の地位に甘んじなければならなかった。

累積する社会問題

進出する外国資本と競合あるいは提携しうる大資本家は大きな利益を上げる半面、これらに対抗できない小資本家・商人は打撃を受けた。一九六八年に入ると、圧迫を受けた商人・ビジネスマンたちが、ようやくデミレルの政策に留保をつけ始めた。そうした風潮のなかで、中東など東方のイスラム諸国との経済的紐帯を強めるべきことを主張したイスタンブル工科大学の機械工学の教授ネジメッティン・エルバカンは、イスラム主義を標榜する国民秩序党や国民救済党を組織し、七〇年代のトルコの政局の焦点の一つとなる。

六〇年代の社会問題をめぐる焦点の一つに土地改革をめぐる議論がある。要するに土地所有における不公平を是正する農地改革か、農業の近代化かという問題である。だが、結局実現したのは灌漑網の整備、化学肥料の投入、種子の改良、農具の機械化、信用の供与などによって農業生産性を向上させるための農業改革路線であって、農地改革は棚上げにされた。その結果、トラクターによる放牧地の耕作地への転換などによって土地所有の不均衡がさらに進んだ。この時期に農業生産の増加がみられたのは、綿花とタバコをはじめとする商品作物であり、それに対して穀物生産は停滞し、しばしばアメリカから食糧援助を仰いだ。その結果、五〇年代に見られた進んだ西部と遅れた東部という「東西問題」はさらにいっそう拡大された。農地改革の棚上げによって土地所有の不均衡は、六〇年代を通じて農村から都市への大量な人口流出にふたたび拍車をかけた。アンカラ、イスタンブル、イズミル、アダナなどの大都市郊外の「ゲジェコン

図10-8　ネジメッティン・エルバカン
Wikimedia Commons

ドゥ（一夜建て）」地区の人口は、七〇年代末までにアンカラで総人口の三分の二、イスタンブルで二分の一に達するまでになっている。

農村からの流出人口の中で経済的に最も恵まれているのは、西ドイツをはじめとする西ヨーロッパへの出稼ぎであるといわれている。一九六一年におけるドイツ政府とトルコ政府との間の雇用双務協定によって本格的に始まり、七八年までにおおよそ百万人前後が出かけた。しかし、その場合でも、そうした機会に恵まれていたのは、主として西アナトリアなど先進地帯の農民であると言われているが、その場合でも、長期間の出稼ぎによる親子の断絶、ひいては家族の崩壊といった悲劇が起きた。

多様化するイデオロギー

六〇年代のトルコを特徴づけるいま一つの側面は、民主的な内容をもつ新憲法の下で多様な言論・出版・政治活動が展開されたことである。政治的諸潮流のなかで最も特徴的なことは、クーデタによって期待された経済・社会改革が公正党政権の下で骨抜きにされたことに失望して社会主義思想へ傾斜した一部のインテリ層・労働者に支持されて「トルコ労働者党」が成立したことであろう（六一年二月）。同党はマルクス主義を基本的イデオロギーとし、NATOからの脱退、アメリカの軍事基地の撤去、土地改革の実施、基幹産業や銀行業務・外国貿易などに対する国家の統制強化などを主張した。工業化の進展により、労働運動も盛んになった。

六八年におけるフランスの学生による「五月革命」がきっかけをつくったトルコの学生運動は、その後左・右両派の学生組合・政党の絡んだ政治闘争に発展した。左翼学生組織は、トルコ労働者党などと連帯して

NATO第六艦隊のイスタンブル寄港阻止闘争を展開した。右翼学生組織は、前述の青年将校アルパスラン・テュルケシュを領袖とするパン・トルコ主義運動に引きつけられていった。テュルケシュは六三年二月末に赴任先から帰国すると、ただちに共和主義者農民党に入党して政治活動を始めると、すぐにこの党を乗っ取り、これを反共集団として強化した。テュルケシュは、六八年七月に青年行動隊（コマンド）「灰色の狼」を組織し、左翼系組織の主宰する集会やデモなどへの殴り込み、大学の占拠など、右翼テロ集団としての性格をあらわにし、六九年二月には党名を文字通り「民族主義者行動党」（MHP）とあらためた。この党はテュルケシュのカリスマ的性格もあって、七〇年代には党勢をさらに拡大し、政治的危機を招く要因の一つとなった。

一方、クーデタ後、一時鳴りをひそめていたヌルジュ運動が、再び活発となった。ヌルスィーは六〇年に死去しており、今度は集団指導制を採用していたが、「イマーム・ハティーブ養成校」、「高等イスラム研究所」、アンカラ大学神学部、コーラン学校などを足場にアタテュルクの彫像破壊、進歩的教師の殴打、女性信者によるヴェール着用などをめぐって多くの問題を引き起こした。これに対してデミレル政権は、これを非合法活動として取り締まったが、六〇年代末に経済的・社会的危機が進化すると、これに抗議して先鋭化した左翼活動を弾圧するためにヌルジュ運動を利用するようになった。六九年二月一六日に、左翼諸組織によるNATO第六艦隊のイスタンブル寄港反対デモに殴り込みをかけ、二名の死者と二〇〇人近い負傷者を出す「血の日曜日事件」をひき起こした。

「血の日曜日事件」から約一年後、ネジメッティン・エルバカンがヌルジュ運動支持者を吸収する形で国民秩序党を設立し、EC加盟反対、東方イスラム諸国との経済的紐帯強化の主張を打ち出した。エルバカンは、すでに指摘したように、元来イスタンブル工科大学で機械工学の教授をつとめた人物で、とくに宗教的雰囲気のなかで育ったわけではない。このことは、ヌルジュ運動が宗教関係者や都市下層民・農民ばかりでなく、大都市の資本家（その多くは外国資本と提携している）の圧迫を受けた地方都市の商人や技術関係者など多様な人びとに支持されていることを考え合わせると興味深い。つまり、第二次世界大戦後に欧米のトルコ研究者によって「イスラムの復活」と喧伝された事象が、ただ単にイデオロギーやアイデンティティの問題だけでなく、トルコの経済発展の道をヨーロッパにではなく、イスラム諸国との関係に求める勢力に支えられていると思われるからである。六〇年代を通じて国内需要を賄い国外に市場を求めるまでに成長したトルコの工業力の発露をそこにみいだせるのではなかろうか。

一九六九年一〇月の総選挙において公正党は再び第一党の地位を確保したが、このころには、インフレはとどまるところを知らず、巷には失業者があふれた。労働組合によるスト攻勢、将来に不安を感じた学生運動の激化、これらに対するヌルジュや、民族主義者行動党の「コマンド」たちによる暴力事件が頻発して世論は騒然となった。七〇年に入ると、エルバカンによる国民秩序党の創設（一月二五日）、「革命的労働者組織（ディスク）」に対抗する「民族主義的労働組合（ミスク）」の成立（六月二四日）など右翼の組織化が進んだ。これに対抗して「トルコ人民解放軍」と名乗る極左都市ゲリラがあらわれ、また、クルド人のベヒジェ・ボラン（本名ハトコ）女史が「トルコ労働者党」の党首になると、クルド人による分離独立運動との関係を深めた。七一年は、冒頭から左・右両組織の衝突は激化の一途をたどった。軍は七一年三月一二日、参謀総長および陸・海・空三軍司令官の名において、大統領宛に最後通牒を送った。その結果、デミレル首相は退陣するにいたった。

エジェヴィト政権とキプロス問題

以上の軍部の介入は、一般に「書簡によるクーデタ」と呼ばれる。軍人出身の大統領ジェヴデト・スナイは、穏健な改革派のニハト・エリムに超党派内閣を組織し、必要な改革を実施するよう要請した。一九七一年七月に憲法裁判所の決定に基づいてトルコ労働者党が閉鎖された。同党がクルド人の分離主義を助長したというのがその理由であった。国民秩序党は、共和国の世俗主義原則に反するかどで七一年五月に閉鎖を命じられたが、党首のエルバカンは、逮捕されることなく、七二年一〇月に新たに国民救済党を結成して七〇年代の政局に再び大きな発言力を回復した。また、民族主義者行動党は閉鎖されずにそのまま存続している。

軍部による民政移管の意思を受けて、七三年一〇月一四日におこなわれた総選挙では、おおかたの予想を裏切って共和人民党が勝利した。しかし、共和人民党一八五、公正党一四九、国民救済党四八、民主党四五、民族主義者行動党三の議席配分が示すように、共和人民党だけではとうてい議会内過半数を得られる状態ではなかった。こうして、七〇年代の政局は、共和人民党と公正党の拮抗状態をベースとして目まぐるしい政権交代が演じられ、その間、国民救済党と民族主義者行動党が連立内閣の「相手」としてキャスティング・ボートを握って大きな役割を果したところに特徴がある。

総選挙の結果、僅少差とはいえ、共和人民党が万年野党の汚名を返上したことが、注目に値する。それは、七二年五月一四日に、老齢化したイスメト・イノニュに代わったジャーナリスト出身の若い政治家ビュレント・エジェヴィトに対する国民の期待が大きかったからである。エジェヴィトは、イノニュがすでに六五年以来提唱していた「中道左派」路線を正面に押し出すことによって、クーデタによって約束された改革の挫折に失望していた進歩的知識人の支持を得るとともに、イノニュが体現していた軍人＝官僚によるエリート政党としてのイメージを払拭して、行動的で活力あふれる大衆政党というイメージを作り上げることに成功し、学生・都市労働者・職人・農民の間に新しい支持者を獲得した。

エジェヴィトの中道左派路線とは、NATO体制を前提としたうえで、土地改革や税制改革を実施することによって、これまでしばしば議論されてきた社会的公正の実現を果たそうとするものであったが、共和人民党だけで単独で政権を維持できるだけの多数を得ることはできなかったのである。第一次エジェヴィト内閣は、まったく性格を異にする国民救済党との連立内閣であった。

エジェヴィト時代のもっとも重要な事件は「キプロス問題」である。キプロス島は、一五七一年にオスマン帝国に征服されて以来、一九一四年にイギリス領として併合されるまでオスマン帝国領であり、その間にトルコ系住民が多数移住していた。先住民はギリシア系正教徒である。その後一八三〇年にギリシアがオスマン帝国から独立して以来、ギリシア系住民はギリシアへの帰属運動（エノシス）を展開していたが、一九五〇年以降、マカリオス大主教を中心とする反英運動が起こり、一九六〇年八月にキプロスは独立を果たした。しかしその後、エオカなど過激グループによるトルコ系住民に対するテロなどがあって、六三年と六四年にギリシア＝トルコ関係が緊迫した。七三年にギリシアに軍事政権が成立し、七四年七月一五日にキプロスにクーデタが起こって初代大統領マカリオスが亡命し、サンプソン政権が全島を制圧すると、トルコ政府は七月と八月の二度にわたってトルコ軍をキプロスに派遣し、島北部を軍事支配下に収めた。エジェヴィトのこのような強硬策はトルコ国民によって熱狂的に支持され、かれは一時国民的英雄視される向きがあった。七五年二月トルコ系住民は北部の居住地域がトルコとの連邦自治州であることを宣言した。人気を梃子にしたエジェヴィトの早期解散・選挙キャンペーンが、国民救済党および野党各党の反対で挫折し、七四年九月エジェヴィト内閣が総辞職すると、政局は再び混乱した。この間に公正党のスレイマン・デミレルは共和人民党を除く保守四党による「民族主義者戦線（ナショナル・フロント）」を結成した。

内乱、そしてクーデタ

二年余におよぶ民族主義者戦線政権は、七三年末の世界的な石油危機の影響もあって、その経済政策が破綻すると、七六年以降、ふたたび左・右両組織の対立は激しさを増し、七六年だけで一〇〇人をこす死者と二〇〇人近い負傷者を出した。七七年には五月一日に「ミスク」が主宰したメーデー集会に発砲があり、三四人の死者を出すトルコ労働史上最悪の事件が起きたほか、この年にはテロによる死者は合計二〇〇人に達した。七八年一月に第二次民族主義者戦線内閣が崩壊すると、エジェヴィト政権は、県庁・警察・国家情報機関などから民族主義者行動党系の幹部を追放して、大幅な人事刷新をはかった。しかしこの措置は逆効果となり、七八年にはテロによる死者は千人に達するにいたった。このころになると、テロは、イスタンブル、アンカラなどの大都市から地方都市へと拡大した。さらに、この年の一二月二四日に南東部アナトリアのカフラマンマラシュ市で、スンナ派とシーア派系のアレヴィー派の衝突によって死傷者を出したように、左・右両派の衝突が宗派対立の色彩を帯びるに至った。七九年初頭には、のちにローマ教皇パウロ三世の狙撃事件（八一年五月一三日）を起こして国際的にその名を知られることになるメフメト・アリ・アージャ（「灰色の狼」の一員）による有力な日刊紙『ジュムフリイェト（共和国）』の編集長アブディ・イペキチが暗殺された。さらに、八〇年七月四日にはアンカラの北東にあるチョルム市で、ふたたびスンナ派とアレヴィー派の衝突によって一五人の死者が出たが、両派は市内に「解放区」を設けて戦闘を繰り返したという。同年七月一九日には元首相ニハト・エリムが暗殺された。

このような事態のなかで注目すべきことは、イランにおけるイスラム革命の影響を受けてエルバカンの国民救済党が、共和国の基本理念である世俗主義に対する挑戦を露骨にしてきたことである。毎年八月三〇日は祖国解放運動の戦勝記念日であるが、エルバカンは、八〇年のこの日にアンカラのアタテュルク廟で催された記念式典に欠席して参謀総長を激怒させたばかりか、九月にはイスラム復興運動のメッカであり、かれの選挙地盤であるコンヤ市で「イェルサレム解放集会」を組織して、法律で禁止されているトルコ帽をかぶり、シャリーアの復活を要求するプラカードを持った群集とともに行進する、いわゆる「コンヤ事件」を引き起した。こうした一連の動きに共和国体制崩壊の危機を痛感した軍部は、八〇年九月一一日深夜、クーデタによる政権奪取を敢行した。

第五節　第三共和制（一九八〇〜）

トゥルグト・オザル政権

翌一九八〇年九月一二日、陸・海・空三軍司令官ら五人により構成され、参謀総長ケナン・エヴレンを長とする「国家保安評議会」が全権を掌握したことを国民の前に公表すると同時に、トルコはＮＡＴＯ体制内にとどまることを全世界に向けて発信した。国内では、直ちに憲法が停止され、議会が解散されてすべての政党が活動を禁止された。二日後には改めてケナン・エヴレンが国家元首に任命された。ここに、第二共和制は終焉し、第三共和制が始まった。

八〇年代のトルコを牽引したのは、デミレル政権時代の経済最高顧問を務めていた人物で、エルバカンと同じイスタンブル工科大学の電気工学科を卒業し、国家水利庁などに勤務した経験を持つテクノクラート、トゥルグト・オザルの率いる母国党である。一一月六日に実施された総選挙で議会の単独過半数を獲得して、母国党が第一党となり、オザルが首相に選出された。オザルは八九年一一月に大統領選に出馬し、議会内における母国党の支持を背景に、第三代大統領ジェラル・バヤルについで、久方ぶりに文民出身の二人目の大統領（第八代）に選出された。かれは、大統領就任後も母国党政権に影響力を行使し続けたが、九三年四月一七日に在任中に心臓発作で急逝した。

図10－9　トゥルグト・オザル
Wikimedia Commons

世界銀行への出向の経験を持つオザルの主導する経済政策の中心は輸出志向型の自由主義経済政策であったから、輸入品への免税措置、輸出業者への補助金支給、輸出手続きの簡略化などによる輸出産業の育成に力がそそがれた。これらの政策によって、再び新たな財閥が生まれた。トルコにおける財閥の形成は、先に紹介したヴェフビー・コチに端を発する。次いで民主党時代には、一九世紀後半に「改革軍」の力で遊牧民を定住させて綿花栽培地として開発された（一七四頁参照）アダナを主都とするチュクロヴァ地方を足場に勃興したオメル・サバンジュ（一九六六没）である。かれがチュクルロバ平原にある多数のチフトリキを買い集め、綿織物工業を足場に、その名も白い「綿花」を連想させるアクバンク（白い銀行）を一九四八年にアダナに設立し、すぐ後の一九五〇年七月にはイスタンブルのスィルケジ地区に支店を開設したトルコを代表する総合商社の一つであるサバンジュ・ホールディングを設立していることは、オスマン帝国末期と共和国初期の連続性を象徴しており、興味深い。

サバンジュ財閥はその後、金融、化学繊維、エネルギー、自動車、セメントなど幅広く事業を展開してトルコ随一の財閥になるとともに、教育や医療機関へ多額の寄付をおこなうことでも知られている。八〇年代にはこれらに加えて、アラブ産油国での建設ラッシュで莫大な利益を上げたエンカ（ＥＮＫＡ）がある。また、秩序の回復とともに外国資本の進出も進み、高級高層ホテルが大都市の景観を一変させ、舶来の高級品が繁華街の店を飾った。こうした一見、華やかな景観とは裏腹に、貧富の差や失業率の拡大、オザル一族の腐敗などが取りざたされ、母国党は次第に国民の信頼を失い、それにつれて、再びエルバカンが新たに結成した「繁栄党」とデミレルの「正道党」が票を集めた。正道党のスレイマン・デミレルが第九代大統領に選出されると、パキスタンのブットとともに、イスラム圏最初の女性首相として、経済学者のタンスゥ・チルレルがデミレルの後を継いだ。

イスラム主義の高揚

八〇年代にはモスクの建設熱も高まり、「イマーム・ハティーブ養成校」の数が急増しただけでなく、この学校の卒業生が大学入学資格を得たことは、宗教的敬虔さを第一義とする若い世代が大学卒業後、社会に広く活躍する素地を生んだ点で注目に値する。宗教的出版物も急増した。こうしたイスラム主義の高揚は、八〇年のクーデタにもかかわらず、自由主義経済政策が作り出した貧富の差の拡大によるところが多い。社会的不平等感が、再び政界に復帰したエルバカンの創設した繁栄党への投票となって表れることになるのである。ただし、一方では繁栄党はイスラム的価値観を前面に出して、ポルノ映画などの上映に眉をしかめる民衆の心をつかみ、また貧者への食糧援助や病人の介護などの草の根運動を広範におこなうことによって、クーデタ以前に見られた神秘主義教団など特定の集団に支えられる党の性格を払拭して大衆政党へと脱皮したことも票田を獲得する大きな要因となった。九六年六月、エルバカンを首班とする繁栄党と正道党の連立内閣が成立した。だが、アタテュルクの示した建国の精神の護持者を自認する軍部は、繁栄党政権が推進しようとするイスラム化政策を非難するとともに、政治改革の実施を要求したのである。エルバカンは六月に辞表を提出したが、繁栄党は解党され、エルバカンを含む党幹部は五年間の政治活動を禁じられたが、のちに美徳党と改名して再出発することになる。

クルド問題の発生

八〇年代に見られたいま一つの大きな問題は、クルド人による分離主義運動が拡大したことである。「トルコ史テーゼ」によれば、そもそも、トルコ国民はすべてトルコ人である。したがってクルド人は存在しないことになっており、クルド人は東部山岳地帯に多く住むことから「山岳トルコ人」と位置づけられていた。「クルド問題」は潜在的には早くから存在したが、一九八四年からアブドゥッラー・オジャランが党首を務めるクルディスタン労働者党（ＰＫＫ）がトルコに対する武力闘争を開始すると、クルド問題が顕在化するようになった。オジャランは、一九四七年にトルコ南東部の村の貧しい家庭に生まれ、働きながら大学進学を準備し、アンカラ大学政治社会学部に入学し、一九七四年にアンカラでＰＫＫを発足させた。その綱領は、独立した非同盟のクルディスタン国家を建国したうえで、マルクス・レーニン主義に基づいた国家を作るというものである。トゥルグト・オザルが、自分にはクルド人の血が流れていることを表明したことから「クルド問題」すなわちクルド人を共和国の政治や社会体制の中にどう位置づけるかという問題が、いわば正式に発生した。オザルのあとを継いだ、同じく文民のテクノクラートであるスレイマン・デミレルもクルド問題の存在を認め、その解決を目指した。このように、政府の側からも問題解決の努力が見られた。しかしなお武力闘争を続けるオジャランは九九年に逮捕され、イスタンブルのイムラル島に収監された。

エルドアンの登場

二一世紀に入って、トルコの政治・経済・文化のあらゆる面でリーダーシップを握ったのはレジェプ・タイイップ・エルドアンである。かれは、一九五四年にカスムパシャ地区で生まれ育った人物である。この地区は、高級住宅とモダンな商店街の立ち並ぶ近代トルコを代表するイスタンブルのベイオール地区のすぐ裏手にあるが、ここは、すでに述べた一九五〇～六〇年代にかけておこなわれた農業近代化のあおりを受けて農村を逐われ、職を求めてやってきた人びとが多く住みついた地区で、住民は伝統的な価値観と生活スタイルを保持し、近代化・工業化の進むイスタンブルの底辺で信仰と共に生きている人びとの街である。

エルドアンは、一九五一年には三一年以来閉鎖されていたが、複数政党制政治の下で再開されたモスクのイマーム（導師）とハティーブ（説教師）を養成するイマーム・ハティーブ校を卒業した後、普通の高校を経て、現国立マルマラ大学の経済行政学部に学んだ人物である。かれが政治家として脚光を浴びたのは一九九四年に住民へのサービスの充実を公約してイスタンブル市長選挙に当選し、「オスマンの記憶やイスラム的価値に沿った政策を実施」してからのことである(24)。

かれは、二〇〇一年にエルバカンの美徳党の流れを組む公正発展党（ＡＫＡＰ）を設立した。この党は、親イスラム政党ではあるが、ＥＵ加盟や自由主義経済を志向する保守政党として発足したところに特徴がある。つまり、党名の「発展」は世俗的な経済発展の実現を、「公正」なイスラム的「正義」のもとに達成するという、絶妙な党名なのである。二〇〇二年一一月の総選挙で五五〇議席中三六三議席を獲得して政権を掌握して二〇〇三年にエルドアンは首相に就任した。その後、二〇〇七年の総選挙でふたたび大勝し、二〇一四年には、トルコで初めて実施された国民による直接投票の大統領選挙で第一二代トルコ共和国大統領に当選し、さらに二〇一七年には国民投票によって、これまでの議院内閣制から実権型の大統領制への移行を実現させ、共和国大統領であると同時に与党党首としてトルコの政治に君臨するようになった(25)。

エルドアン政権のこのような躍進の秘密はどこにあるのだろうか？　これに関しては様々な意見が提出されている。例えば、現代中東政治学者柿崎正樹は、「トルコは公正発展党政権下でグローバリゼーションの波に柔軟に適応してきたし、近代科学技術も旺盛に取り入れてきた。それは宗教的に保守的な人びとが求めてきたことでもあるし、その経済的恩恵を社会に広く分配し、多くの人びとから支持を得てきた」(26)と分析している。一方、日本貿易振興機構の佐野充明は「緊縮財政を堅

図10－10　レジェップ・タイイップ・エルドアン
Wikimedia Commons

図10－11　イスタンブル新市街の大ショッピング・センター（Kanyon）
Wikimedia Commons

持し金融構造改革のもと不良銀行の整理、デノミの実施（〇五年）に成功、国営企業の民営化を実施するなど、ＩＭＦとＥＵによる支援の下、かつてない規模の経済改革を行なった。その結果、インフレは三四年ぶりに一桁（〇四年）に退化し、〇二～〇七年にかけて年平均七％規模の経済成長を遂げる」と述べている(27)。

その結果、「近年、アナトリア中・東部にあるコンヤ、カイセリ、ガズィアンテプなどの地方都市の急成長がめざましく、ショッピング・モールの建設などで都市部の景観もここ一〇年ほどで大きく近代化された。民間の企業活動でも、こうした都市に拠点を置く「アナトリアの獅子」と呼ばれる宗教色の強い起業家たちが活発にビジネスを展開している。産業分野もイスタンブルを中心とした西部沿岸地方から内陸の中央アナトリア地方にまで広がりを見せつつあり、地方の時代の到来を予感させられる」(28)。

こうした動きは国際的にも注目されている。日本貿易振興機構の中島敏博は、「近年欧米のメディアでは、親イスラムのエルドアン政権の下で、トルコが中東・北アフリカを中心とした周辺国での影響力を強めていること、国内では遅々として進まないＥＵ加盟交渉に対する熱意が衰えてきていることを背景に、トルコが政治・外交の軸足を欧州から東方に移しつつあるのではないかとの論調が目立つ。影響力の拡大が指摘される地域が、かつてオスマン帝国を構成した諸地域及び勢力圏と重なることから、トルコのこうした動きは新オスマン主義と呼ばれることもある」(29)。

トルコはどこへ

最近のエルドアン大統領の独裁化は著しい。これまでトルコの体制を支えてきた軍部の力をそぐことに成功し、二〇一六年五月四日の軍部によるクーデタ未遂事件をめぐって、ヌルスィーの思想を受け継いだ社会運動家であるフェトフッラー・ギュレン(30)をその首謀者として弾劾し、病気療養中のアメリカにかれの引渡しを要求している。政権が長期化した現在、経済発展も行き詰まりを見せているなか、トルコの人びとがエルドアンのこれまでの実績をどう評価するのかに公正発展党政権のみならず、トルコの将来はかかっている。

外交面に目を転じると、ごく最近では、シリアの内戦にからんで北シリアのクルド組織（クルド民主統一党「PYD」）あるいはクルド人民防衛隊（YPG）とPKKの関係強化を阻むべくシリア国内へ越境してトルコ軍が空爆をおこなっていることは、これまでは中東問題にはできるだけ関わらずに「内に平和、外に平和」という建国以来の原則を保ってきたトルコが「クルド問題」を発端に共和国体制そのものが解体する可能性さえ感じさせる。これらの事件の行方はまだわからないが、ケマル・アタテュルクがこの国に根付かせた近代思想や民族意識はトルコ社会の様々な局面に影響を与え続けていくのか、それとも別の道をトルコ史の原点に戻って、中央ユーラシア諸国との関係を深めてゆくのか、トルコの将来はなお目を離せない状況にある。

図10－12　フェトフッラー・ギュレン
Wikimedia Commons

最後に、最近のウクライナ問題に関連してオスマン帝国とクリミア半島の関係を中心に一言述べておきたい。

第六節 ウクライナ侵攻

ロシアによるウクライナ侵攻とクリミア半島

近年のロシアによるウクライナ侵攻に関する情報のなかで重要な位置を占めるクリミア半島であるが、この半島がロシアの一部とされたのは、一八世紀末のことである。それ以前は一五世紀以降、オスマン帝国の属国クリミア・ハン国で、その住民はクリミア・タタール人と呼ばれていた。クリミア・タタール人とは、タタール民族の一部で、クリミア半島を故郷とする者をいう。タタール人という名称は、かつてモンゴルの来襲におびえた中世ヨーロッパの知識人が、かれらの伝説にあったタルタロス（ギリシア語で「地獄の民」）とモンゴルの有名な一部族の名前タタルとを同一視してモンゴル全体に与えた異名であり、ロシア人もこの用法を踏襲したのである。こうしてヴォルガ＝ウラル地方のテュルク系ムスリムは、以後もタタール人と呼ばれつづけたが、このことばにはつねにロシアを苦しめた「蛮族」のイメージがつきまとっている。

クリミア・ハン国はオスマン帝国の属国となった一四七五年の段階ですでにトルコ化し、イスラム化していたとはいえ、本来チンギス・ハンの血統を引くことから、常にその自治を尊重され、かつ宮廷儀礼の中で特別扱いされていたことは、上巻の第四章で論じたとおりである（第四章一七六頁参照）。

クリミア半島のロシア化政策

ロシアとクリミア半島の関係は、ロシアが不凍港を求めてバルカン半島を南下しはじめたことに始まる。一七六八年と一七八七年に始まった二度の露土戦争にオスマン帝国があいついで敗北した結果、一七九二年のヤッシー条約でオスマン帝国はクリミア半島のロシアへの併合を認めざるを得なかった。ここに、オスマン帝国の弱体化が明らかとなり、その「遺産」をめぐるヨーロッパ諸国の争い、すなわち「東方問題」がはじまる。

こうして、クリミア半島は以後ロシアの宗主権のもとに置かれ、ウクライナやロシアから大量のキリスト教徒の移住が始まり、長い間クリミア半島に存在したトルコ―イスラーム文明の遺産が払拭され、クリミア・タタール人の土地が取り上げられた。こうした経済的苦境と異文化との接触による違和感から、クリミア・タタール人のオスマン帝国への移住が始まった。特にクリミア戦争時代（一八二八～二九年）傷病兵の看護に献身したイギリスの看護教育学者F・ナイチンゲール（一八二〇～一九一〇）やトルストイが『セヴァストポリ物語』（一八五五年）で近代戦争の悲惨さを世界に向けて訴えたにもかかわらず、クリミア・タタール人のクリミア半島からの一掃さえ考えられたという。

その後とくに、一八六〇年に始まった移住は二〇万近くのクリミア・タタール人がオスマン帝国に移住したといわれている。その結果、クリミア半島において、クリミア・タタール人は少数民の立場に転じた。一七八三年から一九二二年までの間に、おおよそ一八〇万人のクリミア・タタール人がオスマン帝国内のバルカンとアナトリアに移住したと推定されている。その中に本書でもたびたび名前を挙げたオスマン帝国史研究の泰斗ハリル・イナルジク（一九一六～二〇一六）の父がいる。かれは一九〇五もしくは〇六年にクリミア半島から移住したクリミア・タタール人である。また、イナルジクの弟子で近代トルコ史研究の第一人者として知られるイルベル・オルタイル（一九四七〜）は後述するスターリンの迫害を逃れてオーストリアの難民キャンプで生まれ、二歳の時にトルコへ亡命した家族の子という数奇な運命をたどった人物である。かれはアンカラ大学を定年退職後、イスタンブルのトプカプ宮殿博物館長を二〇〇五年から二〇一二年まで務めた。

クリミア半島のタタール人による啓蒙活動

ロシアの圧迫にもかかわらず、クリミア半島にとどまってムスリムの啓蒙活動に邁進した人物がいる。イスマイル・ガスプリンスキー（一八五一〜一九一四）である。かれは若いころにパリやイスタンブルで知見を広めた後、一八八四年に郷里のバフチサライに「新方式学校」と名付けた近代的な小学校を創立した。この模範校は、旧来のイスラムの寺子屋式の学校に比べて格段の教育効果を発揮し、これを支持するタタール人・ブルジョワジーの商業ネットワークを通じて、二〇世紀の初頭にはトルキスタンの諸都市に普及した。

というのも、二度の露土戦争を戦ったにもかかわらず、ドイツ生まれのロシアの女帝エカチェリーナ二世（在位一七六二〜九六）はロシア領内のムスリムの地位に関心を持つオスマン帝国に配慮するとともに、東方領土の安定と東方貿易の振興とをはかる見地から、そして、イスラムを「進んだ宗教」と捉えていたフランスの啓蒙思想家ヴォルテールの感化を受けていたこともあって、東方の「未開な」遊牧民をイスラム化することは、かれらの「文明化」と辺境の安定化とに寄与するはずであった。その結果、エカチェリーナ二世の改革は、ロシアの東方貿易を飛躍的に拡大させることになり、これを担ったのがタタール人商人であった。かれらは、東方の隣人との言語・文化的な親近性を武器として、まだロシア人商人の入りにくかったカザフ草原やトルキスタンに商圏を広げていったのである

「新方式学校」のもう一つの特徴は、ロシア領内のムスリムの間に「共通の母語」を普及させようとしたことである。それは近代的なオスマン・トルコ語をさらに簡素化した「共通トルコ語」であった。この「カシュガルのラクダ引きからボスフォラスの船頭まで」あらゆる「トルコ人」が理解できるとされた「共通トルコ語」は、ガスプリンスキーの創刊した新聞『テルジマン（翻訳者）』でも用いられ、トルコ人の民族意識の覚醒に貢献した。「新方式学校」の周辺に集まった改革主義者たちは、一般に「新方式」の名になんで「ジャディード」と呼ばれた。しかし、ロシア当局の観点からすれば、ジャディードの活動は帝国の統合と安全を脅かす危険な「汎イスラム主義」「汎トルコ主義」にほかならなかったから、かれらはジャディードを敵視する官憲とムスリム保守派の反対に直面した。

それにもかかわらず、ジャディード運動は一九一〇年代にかけて確実な発展をとげた。一九〇五年のロシア革命とオスマン帝国における青年トルコ人革命（一九〇八年）は、ロシア国内の都市の知識人の政治的な覚醒をうながし、青年ブハラ人や青年ヒヴァ人を自称する若いジャディード知識人の結社が組織された。こうしたところにオスマン帝国の思想的な影響がみられる。

一九一四年に第一次世界大戦が勃発すると、この戦争でロシアとオスマン帝国が交戦状態に入った結果、ロシア当局はジャディード知識人の「汎イスラム主義」「汎トルコ主義」に対する警戒心を強め、オスマン帝国のトルコ人に親近感を抱いていたジャディード知識人は、「同宗同族」を敵とする戦争に当惑せざるを得なくなった。

一九一七年の革命とそれに続く、内戦（いわゆる中央アジアのムスリムによるソビエト政権に反対する武力闘争〈バスマチ運動〉）を経て、一九二一年一〇月にクリミア自治共和国が形成された。

しかしながら、クリミア・タタール人にとって、もっとも過酷な仕打ちは、I・スターリンによる第二次世界大戦期の対独協力を口実として、コーカサス、クリミア、ヴォルガ流域などに住む少数民族を、民族としてまるごとシベリアや中央アジアへ送った強制移住政策である。一九四四年五月一一日の夜半にたたき起こされたクリミア・タタール人は着の身着のままに中央アジア、とくウズベキスタンへと搬送されたのである。その結果、四五年六月クリミア自治共和国は抹殺され、ロシア連邦共和国クリミア州となった。スターリン時代の大粛清は、一九一七年の革命以来、中央アジアの政治と社会、文化などの領域で指導的な役割を果たしてきたジャディードの知識人などを「反革命活動家」や「民族主義者」の名のもとに抹殺して、モスク、マドラサ、その他の宗教・教育施設もそのほとんどは閉鎖された。

一九五六年のフルシチョフによるスターリン批判以後、強制移住を被った諸民族の多くは名誉回復、帰還が認められ、自治共和国も復活されたが、クリミア・タタール人は復権されず、五四年二月、ウクライナ共和国に属する一州として位置づけられた。クリミア・タタール人はその後も、粘り強く復権運動を展開し、六七年九月に名誉回復はなされたが、クリミアへの帰還は認められなかった。その多くがウズベキスタンに留まっているクリミア・タタール人の数は五〇万から六〇万と推定されており、トルコ共和国をはじめ、ルーマニア、ブルガリア、アメリカ、そしてドイツに滞在している人の数は四〇〇万～五〇〇万と推定されている。一九九一年、ウクライナ共和国のなかのクリミア自治共和国に昇格した。これまでに二七万人がクリミアに帰還したが、それはクリミア半島の全住民の一二%を占めるにすぎず、強制移住先になお三～一〇万人が残されている（二〇〇二年現在）。ただソ連時代、ガスプリンスキーの活動は、汎テュルク主義者、汎イスラム主義者として否定され続けたが、ペレストロイカ期にその思想と活動の再評価が始まっているという。

これまで「残虐な侵略者」や「人民の搾取者」として断罪されてきたティムールなどの歴史上の人物が、民族の偉人や英雄としてよみがえったことと軌を一《いっ》にしていることも付け加えておきたい。

＊　＊

以上のような過酷な歴史をたどったオスマン帝国支配以後のクリミア・タタール人であるが、最近のウクライナ問題のなかで、クリミア半島に直接言及されることはほとんどない。トルコのエルドアン大統領の紛争調停の試みはある程度国際的に評価されている面があるが、トルコにとって最大の関心事はロシアやウクライナからトルコの地中海沿岸地方へ毎年大量に訪れる観光客がもたらす経済効果である。

なお、ごく最近のニュースによれば、ウクライナのゼレンスキー大統領は二〇二二年九月二五日のテレビ演説で、ロシアが二〇一四年に併合した南部クリミアで、先住民族クリミア・タタール人がウクライナとの戦争への動員対象になっているとして、「新たなジェノサイド（集団殺害）政策だ」と非難している。地元の人権団体は、約五〇〇〇枚とされるクリミアでの召集令状の約九割がクリミア・タタール人に渡されたと主張している。なお、情勢は流動的である。

おわりに

本書は、トルコの歴史をトルコ族のアナトリアに移住後からではなく、それ以前の中央ユーラシア時代から語り始めることによって、そこに展開された匈奴・突厥、ウイグル、そしてモンゴル帝国によって完成された騎馬遊牧民の伝統と歴史が、アナトリアへ移住後、セルジューク朝、ルーム・セルジューク朝を経てオスマン帝国へと受け継がれた一面を明らかにすることを第一の目的とした。

中央ユーラシアに展開された騎馬遊牧民国家の特色は、草原に展開した突厥帝国にせよ、あるいはその後支配領域をオアシス地帯へと拡大したウイグル帝国にせよ、そしてまた、中央ユーラシアのほぼ全域をその支配下に治めたモンゴル帝国にせよ、いずれもその広大な支配領域のなかに、遊牧民のみならず農民・都市民そして、ソグド系商業民のような人びとからなるハイブリッドな国家であった。政治の意思決定と軍事力とを遊牧民が掌握した上で、支配下の定住民の持つ能力を最大限に活用しつつかれらと共生するという方法で、広域な支配領域を民族・宗教・言語・文化の相違にもかかわらず、緩やかに統治したのがこれらの騎馬遊牧民国家の特徴であった。

ただし、これら騎馬遊牧民国家は、いずれも君主亡き後の熾烈な王位継承争いによる短命な国家であった。しかし、オスマン帝国の場合は、オスマン王家による中央集権体制の確立に成功したことが、以後、六〇〇有余年の寿命を保つことを可能にしたのである。それは、「スルタンの奴隷」身分（カプ・クル）出身の軍人・

官僚層よる堅固な支配体制と、支配下の多様な住民の自治を広く認めた寛容な統治体制のたまものであった。この点で、オスマン帝国はまさに「騎馬遊牧民国家」の伝統を担いでいると言えよう。

ところで、林佳世子は、オスマン帝国を担った多彩な民族構成を数え上げ、オスマン帝国を「トルコ人の国」と呼ぶことはできないとした上で、では、「オスマン帝国はイスラム帝国だったのか」という問題を提起し、「イスラム帝国によって意味されるものが、「イスラム教の拡大に尽くす、イスラム教の理念を体現する国家」であるとするならば、その答えはノーである」という。

では、「トルコ人の国でも、イスラム帝国でもないオスマン帝国はどんな国だったのか」という問いを自ら発し、「それ以前の伝統を受け継ぎ、諸制度を柔軟に混合し、効果的な統治を実現した中央集権国家だった」という。そして、「その底流に流れているのは、中央政府が支配層の人びとに税収を配分し、それによって国家のなすべき業務を分担して担わせるという財政国家の特質である」という(1)。

林の言う「財政国家の特質」とは、本書の文脈に則していえば、「家臣と臣民の福利を確保しなければならず、戦利品を分け与え、貢税を再分配して彼らの衣食とした」突厥の可汗（フィンドリー）(2)や、「お前の国庫を解放してお前の富を分配せよ。お前の臣民を喜ばせよ。（中略）臣民の関心はいつも腹（を満たすこと）にあるからだ。彼らの飲食を欠かしてはならない」というカラ・ハン朝の大侍従の言葉（『クタドゥグ・ビリグ』）(3)そして、「モンゴル帝国の支配の眼目は、自らの遊牧国家の拡大を図り、支配地の治安を確保し、交通路の安全を保持して、商業利益と地方からの税収を確実に継続的に手中に収めることにあった」という志茂碩敏の言葉を思い起こさせる(4)。そして、こうした中央ユーラシア型国家の性格は、ミニ・モンゴル帝国ともいえるイル・ハン国を媒介として、オスマン帝国に受け継がれたのである。

一六世紀末から一九世紀初頭にいたる約三〇〇年におよぶ時期のオスマン帝国は、これまで長い間衰退期とされてきた。しかし、最近ではむしろ、ヨーロッパとの間に軍事的、政治的、そして文化的に「力の均衡が見られた時代」として、これを「オスマン的近世」とする見方も提起されている。帝国内部の状況について述べれば、スルタンの専制による中央集権的な体制を掣肘する、いわば「中間団体」の出現する時代への移行である。具体的には都市民の利益を代表するまでに成長したイェニチェリ軍団の存在、イスラムの原則に基づく正義を主張するウラマーの影響力、そして帝国内各地に勃興した「地方名士」による地方分権化の傾向である。

こうした状況の中で、スルタンはしばしば「公正の書」を発布して、軍人・官僚、ウラマーによる不正を糾弾し、農民保護の立場を打ち出すことによって、支配者としての「正義」を貫こうとする姿勢を明らかにした。だが、こうした状況の中で、オスマン帝国の中央集権支配は、しだいに相対化されていった。

このうち、「地方名士」による地方分権化について、一言付け加えれば、これはオスマン帝国に限って見られた現象ではなく、この時期に広く世界各地で見られた状況のように思われる。すなわち、日本における江戸時代後期の「豪農」、中国における明末清初の「郷紳」、チューダー朝から産業革命にいたるまでのイギリスの「ジェントリ」などがあげられるが、こうした地方名士の勃興した「近世」は中央集権化が進んだ近代との間に位置づけることができるのではないかと私は考えている。

これに続く一九世紀のオスマン帝国は、しだいに圧力を増してくる「東方問題」、あるいは次第に深まる「経済的植民地化」とともに「不可避的に進行する滅亡への道」をたどるといった側面ばかりではなく、明治日本やロシアなどとの世界史的な「共時性」のなかにおける「一近代帝国としてのオスマン帝国」という方向性」(5)もある。

だが、オスマン帝国の諸民族の融和に基づく帝国統治の体制は、しだいに機能しなくなっていった。タンズィマート官僚たちによって導入された「近代化諸改革」やアブデュルハミト二世の「パン・イスラム主義」に名を借りた帝国体制維持の試みにもかかわらず、ムスリムと非ムスリムの融和による「オスマン主義」は、ナショナリズムの洗礼を受けた帝国内諸民族の独立運動の波のなかでその幻想性を露呈し、やがてオスマン帝国体制は解体せざるをえなくなった。

この過程を、林は「オスマン体制の終焉（一七七〇～一八三〇）」をもたらした三つの限界として

①国際関係のなかでの領土維持の限界
②支配の正当性の揺らぎ
③中央集権体制の弛緩

をあげている(6)。

こうしたなかで滅亡したオスマン帝国に代わって誕生したトルコ共和国の初代大統領ムスタファ・ケマル・アタテュルクは一九三〇年代以降、さらに徹底した「近代化」である世俗主義改革によってイスラムを国家の監督下に置き、それに代わってナショナリズムを国民のアイデンティティのよりどころとした。これがアタテュルクの主唱した「トルコ史テーゼ」であった。これはまさに自民族中心主義の歴史観(7)で、多様な民族の融和によって維持されてきた「オスマン体制」に終止符を打つものとなったのである。

本書のいまひとつの狙いは、ユーラシア大陸の東端から西端に広がる「トルコ史」の軌跡が引き起こした波紋である。すなわち、「地域間の連関」や繋がりという観点からユーラシアの過去を全体として捉え直す

ことである。それは、近年の世界史叙述の方向性、すなわち「グローバルな視野」へと問題関心が移りつつある動向にも関連する。互いの違いではなく、共通性に着目する歴史理解とそれに基づく世界史の叙述が今求められているからである。

以上のような認識のもとに世界各地の人びとの歴史と結びあって紡ぎ出された歴史を「トルコ人」の活動を通じて具体的に記述することにつとめた。たとえば、「トルコの歴史」がその初発から古代の中国および日本の歴史に深く関わってきたと同時に、西洋の古代史をも巻き込んで展開されたことは、本書の冒頭で述べたとおりである。また、トルコ人の西アジアへ、とりわけ初期キリスト教史にとって重要な位置を占めていたアナトリアとバルカンへの進出とその文化的伝統との出会いは、文化変容の実際を具体的に示す観点から興味深い。たとえば初期キリスト教の聖ゲオルギオスの竜退治に見られるモチーフである。

日本人の世界史ならびに世界認識にとって重要であると思われることのひとつは、トルコ人のアナトリア進出によるそのトルコ化・イスラム化によって、これまでイスラム文化圏、ギリシア正教文化圏、ローマ・カトリック文化圏の三極構造で成り立っていた世界が、あたかもイスラム文化圏とローマ・カトリック文化圏とに二分されたかのように理解されたことである。その結果、ギリシア正教文化圏の存続を無視した、イスラムとキリスト教世界の二項対立構造が生まれたかのように理解する風潮が生まれた。これがその後の世界史理解、たとえば、近年のロシアによるウクライナへの侵攻の思想的背景などを理解しがたくすることにつながっている。

また、いわゆるヨーロッパ諸国が主導した「大航海時代」史観によって、インド洋とアフリカ南端経由の香辛料貿易だけが注目されてきた。しかし、オスマン帝国がインド洋と地中海を包含する「パクス・オトマニカ」を実現したことによって、インド綿布およびイランの絹に表徴される「大交易時代」が果たした役割が無視されている。その結果、オスマン帝国が果たした中継貿易・レヴァント貿易おける役割、たとえば、「イギリス産業革命」につながる問題などが見落とされたのである。

一方、ヨーロッパ諸国とアジア諸国との間に「力の均衡」が見られた「近世」においては、東西文化の交流と融合が幅広く見られたことも忘れてはならない。その諸相は第七章で詳しく紹介したように、オスマン宮廷文化の中国からルネサンス初期のヨーロッパにおよぶ絵画や陶磁器に見られる広域な文化の伝播・交流、あるいはレコンキスタによる迫害から逃れてきたユダヤ教徒のオスマン帝国の商業や文化面における貢献、あるいはまた、ルネサンスの意義そのものを問い直す近年の研究動向などである。第九章で紹介したイスラム世界の近代ヨーロッパとの出会いがもたらした演劇空間の変容に見るように、イタンブルとヨーロッパとは、日本も含めて、同質の演劇空間を共有していたのである。中東イスラム世界とヨーロッパとあいだには豊かな商業および文化の交流があったことは忘れ去られてはならない。

オスマン帝国という大きな器のなかでは、非ムスリムとムスリムとは一つ屋根の下で長い間融和しきたにもかかわらず、やがてナショナリズムが進むなかでの対立の激化の中で、オスマン帝国の崩壊後の国際紛争の記憶だけが残されたのである。そうした中で「山岳トルコ人」の名のもとにその存在を否定されてきたクルド族の抗議の声であるクルド族の分離独立運動が、現在、それが「中東諸国体制」最大の危機のひとつとして現れているのであるのではあるまいか。

あとがき――人との出会いに支えられて

私が子供の頃、「秋葉原のラジオ少年」という言葉があったと記憶している。つまり、当時、秋葉原の電気部品商店街にはラジオのパーツを売る店が軒を並べていて、そこで部品を買ってきては、『初歩のラジオ』などの雑誌を見て家でラジオを組み立てることが流行っていたからである。当時中学生だった私の小遣いはほとんどそれに消えていた。そんなこともあって、私は、工業高校の電気通信科に進学した。卒業後は中堅どころの会社に就職し、自社の製品である、ビニール製品を接着する機械の修理を担当させられ、毎日東京の下町を走り回っていた。高校を卒業したてのまだ一八歳の私にはつらい仕事だった。この仕事を二年ほどやったのち、大学に進学する決心をし、父の許可を得て、一年間だけ予備校に通って受験した、千葉大学の文理学部史学科東洋史専攻に合格した。一九六〇年のことである。そのころは高校の教員になって古代中国の三国志でも教えようか、という安易な気持ちであった。もともと歴史は好きだったのである。

一九六〇年といえば、安保闘争の年である。クラスで最年長だった私はたちまちクラス委員に選出され、安保闘争の最前線でデモ行進の先頭に立たされた。この経験は、私が社会と直接向き合う大きな契機となった。千葉大の東洋史学科の専任教員は、当時日本で唯一のオスマン帝国史家である三橋冨治男先生ただお一人であった。これがトルコと私の最初の出会いであり、全くの偶然であった。私が三年生のときに新進気鋭の小山正明先生が二人目の選任として赴任して来られた。小山先生は中国の「明末清初期」に勃興した郷紳研究でつとに名の知られた理論家肌の先生であった。私は、このお二人の先生から歴史を勉強することの楽しさと、世界史の理論を教わった気がしている。もうお一人、東京教育大学から非常勤で来ておられた中島敏先生がおられた。先生は、日本一漢文史料の読める先生としてつとに知られていた。私は、卒業後は東京都の高校の教員になるつもりでいたが、ある日中島先生が「永田君、いまどき高校の教員になるには大学院ぐらい出てなきゃだめだよ」といわれた。そこで三橋先生と相談して、当時の日本でイスラム研究の最も有名な前嶋信次先生のいる慶応義塾大学院に進学した。私は、トルコ語は三橋先生からすでに習っていたが、大学院では黒田寿郎先生からアラビア語の初級を、牧野信也先生からは中級を教わった。このとき、私の将来に決定的な転機をもたらしてくれたのが黒田先生だった。修士課程一年の学年末も近づいたある日の授業で黒田先生が「トルコ大使館で留学生の募集をしている」とおっしゃったのである。様子を見かたがた試験に応募したら、希望者がまだ少なかったこともあって、思いもかけずに合格。おそらく学部の頃からトルコ語の勉強を始めていたことが好意的に受け止められたのだと思う。

その後、日本にいるトルコ人の方々からトルコ語の会話を習う傍ら、中央ユーラシアの古代トルコ民族史を教えるために何度かトルコに滞在した経験を持つ東大の護雅夫先生に留学試験合格の報告をするために、財団法人東洋文庫（当時）の研究員を兼ねておられた先生を訪問しにいった。護先生とは夏休みの時期に長野県の野尻湖畔で開かれていた「野尻湖クリルタイ」（第一回）に前嶋先生のお供をして参加して以来、顔見知りであった。「それじゃあ」といって護先生はイスタンブル大学の先生方に宛てた紹介状を即座にトルコ語で書いてくださったのである。これがイスタンブル大学の大学院に入学し、結局博士論文の執筆に至った大きな契機になるなど、そのときは思いもよらなかった。

私の奨学金はひと月八〇〇トルコ・リラだったが、当時の外貨交換率は一トルコ・リラが日本の四〇円に相当したから奨学金はひと月三二〇〇〇円の勘定になる。これを八ヶ月間支給されることになったのである。一九六五年の一〇月半ば、当時はトルコ航空がまだ飛んでいなかったので、パン・アメリカン航空の世界一周便を利用した。トルコの大学の新学期は一一月に始まるからである。トルコに二五時間ほどかけて到着すると、どのような経緯かは記憶にないが、留学生として日本に滞在した経験を持つイスタンブル工科大学教授で優れた数学者のムザッフェル・イペッキさんと道子夫人のお宅に、じつは前年の留学生試験に合格したのだが、書類手続きの遅れで、私と一緒になった東大の国際的な言語学者服部四郎先生の学生であった和久井路子さんと一緒にしばらく滞在することになった。この間に我々を受け入れてくれるトルコ人のお宅の下宿探しが始まった。何人かの人から申し出があったが、最後にイスタンブルの旧市街で美容室を経営する人のお宅に下宿することになった。イスタンブル郊外に住んでおられたこの方の家に到着してすぐ、お隣に挨拶に連れて行かれたが、それが偶然も偶然、イスタンブル大学文学部のペルシア語・ペルシア文学の教授タフスィン・ヤズジュ先生のお宅だった。そこで私が護雅夫先生からの紹介状をお見せすると、護先生のお名前はすでに知っておられて、以後ヤズジュ先生のご家族とも懇意の間柄となった。ヤズジュ先生に奨学金が八〇〇リラであることを打ち明けると、それだけでは生活が苦しかろうからとおっしゃって、「イスタンブル大学の学生になりなさい。そうすれば万事安く生活ができるから」ということで、簡単な試験と面接を受けた結果、博士課程の学生として受け入れられた。当時、トルコの大学にはまだ修士課程というものがなかったからであると記憶している。こうして、私はイスタンブル大学史学科近世史講座（一四五三年のコンスタンティノープル征服から一八三九年のタンズィマート改革期までの時期を扱う）に受け入れられた。この講座の主任で、オスマン朝があと二〇年続いていたら、最後の修史官なっただろうといわれていたジャーヴィト・

バイスン教授に師事することになった。

　当時のイスタンブル大学の史学科は充実した教授陣を擁していて、それはおそらく世界一であっただろう。一世紀に一人ずつ担当する教授がいたほか、一億点以上所蔵するといわれる「首相府オスマン文書館」の館長ミドハト・セルトール先生の文書学の講座があった。イスタンブル大学には結局四年半滞在することになったが、この間片言のトルコ語会話から始まって、授業のノートを取り、一八世紀のオスマン文書の解読、そして博士論文の執筆に至るまで、教授陣、学生仲間など史学科が総力を挙げて私を育て上げてくれたのである。戦後わが国からの最初の留学生だったからである。

　政府の奨学金の期限は八ヶ月だったが、学業の途中で日本に帰るわけにはいかなかった。そこで、先生方に相談すると、トルコ人の院生用の奨学金六〇〇リラをいただけることになったが、さすがに貧しい生活を余儀なくされた。そのころの日本は外貨不足であったから、日本からドルを送ってもらうことができなかった。そのため父から、「金を送ることができないので、そっちで稼ぎなさい」という返事が来たくらいである。そのため、未だイスタンブルにいる日本人は五〇名にも満たないような状況だったが、日本貿易振興会（当時）や商社マンのお宅の子弟の家庭教師をさせてもらったり、日本から来る代議士先生たちの案内役を務めたりしたのである。また、日本の大使館からは、私と和久井さんがアンカラで一日おきに大使館の仕事を手伝ったらどうかという誠に好意的な提案も頂いたが、私の場合は、イスタンブルを離れるわけにはいかなかったので、和久井さんがおひとりでアンカラに行くことになった。こうして、イスタンブルにとどまった私は、アルメニア人の老夫婦の家で残りの三年あまりを過ごすこととなった。子供のいなかったこのご夫婦には、本当に我が子のように可愛がってもらった。

さて、留学して一年半がたって、ようやくトルコ語がなんとか話せるようになると、博論のテーマを考えることになった。日本人としては当然のことながら、明治維新変革との比較を考えていたが、この変革を準備した歴史の流れのなかで江戸時代後期以後、日本の各地に勃興し、明治維新変革の原動力の一つとなったといわれる「豪農地主」と似たような存在である、そして、一七世紀末以後のオスマン社会に勃興しつつあった「アーヤーン」と呼ばれる地方名士のことが思い浮かんだ。指導教授であるバイスン先生に相談すると、初心者にとってはやりやすい政治家の伝記的研究を勧められた。そこで一八世紀の政治家の伝記を調べていると、思いがけず格好の人物に行き着いた。それが、ムフスィンザーデ・メフメト・パシャである。一七六五年に大宰相となったこの人は、当時のアナトリアとバルカンに勃興しつつあったアーヤーンを統御するための中央集権化政策を実施した人物である。博論はこの人の伝記とかれが推進した対アーヤーン政策を論じた学位請求論文となった。この論文は、一九七六年に私が就職した東京外国語大学付置アジア・アフリカ言語文化研究所（通称ＡＡ研）からトルコ語のまま出版された。学位請求論文は出版後二〇〇部をイスタンブル大学に提出することが決められていたからである。日本の読者にはほとんど読んでもらえない代物だったが、世界の主な大学の図書館に寄贈されたので、思いがけず多くの方々の目に留まり、今でも欧文あるいはトルコ文で書かれた著作には必ず言及される本となったのは幸いである。

この本が執筆されるまでバイスン先生は私を孫のように可愛がってくださったが、先生は、ある日、私の論文の指導をした後帰宅される際に倒れて、お亡くなりになったのである。先生の亡き後に代わって指導教授になってくださったのが、学生時代に前島先生の演習で毎週私が少しずつ読んでは報告をしていた『パトロナの反乱一七三〇年』の著者ミュニル・アクテペ先生であった。先生はそのころ露土関係史を講義しておられた。これは、日本に帰ってから気づいたことであるが、そのころ、バルカン諸国では封建制の比較研究、あるいは封建制から資本主義への移行過程の研究という視点から盛んにオスマン帝国支配下の「アーヤーン」の研究がおこなわれていたのである。これものちに現地へ行ったときにブルガリアやサライェヴォの先生たちから伺ってわかったことである。

博論の提出とその審査が終わる頃、パリを発端とした学生運動の影響もあって、イスタンブル大学の学内は騒然とし、授業も満足におこなわれない状況になりつつあった。私も奨学金の期限が過ぎ、そろそろ日本へ帰り支度を始めたが、困ったことに日本へ帰る旅費がないのである。ちょうどそのとき、助け船が現れた。第一次世界大戦中に東部アナトリアの大都市エルズルムがロシア軍による占領から解放されたことを祝う記念行事の取材に日本テレビの一行が訪れたのである。そして、その通訳に私が雇われることになった。二〇日ほどの取材に一日一〇ドルが支払われることになったが、それでは十分ではないので、交渉して一日一三ドルに値上げしてもらった。ということで旅費の工面がついたが、それはトルコから週に一度土曜日の午後にのみ通過できるソ連経由のルート（トルコとソ連との連絡は電車の線路の幅が違うのでシェパードをつれた兵隊が見守るなかで、双方の乗客が徒歩で入れ替わるというスリリングなものだったが）の旅費にかろうじて足りる程度であった。だが、私は思いきってそのルートを使うことにし、トルコの国境からアルメニアのエレバンへ汽車で行き、さらに乗り継いでグルジア（ジョージア）の首都トビリシへ行き、その後は空路ソ連のタシュケント経由でナホトカへ飛び、そこからは日本の船で横浜へ帰国した。一九六九年五月のことである。

帰国後、私は護雅夫先生の指導の下に、一九七〇年四月一日に日本学術振興会の奨励研究員として採用された。さらに私にとって幸運だったのは、その後すぐにＡＡ研にトルコ・ウラル部門が設置されて、一九七一年七月一日付けで助手として採用されたのである。東洋文庫との関係は、その後今日に至るまで、「専任研究員」の資格で続いている。ＡＡ研は、アジア・アフリカ諸言語の辞書の作成・言語研修・そして現地調査の実施を活動の柱としていた。私もトルコ語の研修を担当した。その後、アラブ近代史を専門とする三木亘さんが、東大に移った板垣雄三さんの後任として赴任して来られた。板垣さんは私をＡＡ研へと誘ってくださった、いわば恩人である。

三木さんを団長とする海外学術調査「イスラム圏の社会文化変容の比較調査」が始まったのは一九七四年である。この学術調査のテーマとして私が選んだのは、いわば博論の続きで、アナトリアの最有力なアーヤーン一族で、西アナトリアのマニサ地方を中心に一八世紀初頭から一九世紀中葉に至るまでアナトリアのエーゲ海沿岸地方一帯を支配したカラオスマンオウル家である。この一族にはフランスのジル・ヴァンスタンも目をつけていた。しかし、二人とも首相府オスマン文書局ではこれといった史料を発見することができなかった。そこで、ヴァンスタンはフランスに戻り、パリの文書館で一八世紀初頭のイズミルに駐在したフランスの領事報告の中にこの一族に関するデータを発見し、一九七五年に論文にまとめた。それは、この一族の富の源泉は代官としての政治権力と徴税請負人としての立場から地域の農作物輸出をコントロールすることができたといった趣旨の内容である。

一方、私の方は、日本に帰るわけにも行かず、この一族の本拠地であるマニサの町にかつて存在した「イスラム法廷」台帳を見るために政府の許可を申請し、許可を得て、その後、何年かつづけてマニサに通うことになった。この町はスレイマン大帝が王子の時代に軍政官として赴任した由緒のある県の主都であることもあって、この町の考古学博物館内にあるひっそりとした図書室には、なんと一七世紀から一九世紀に及ぶ時期をカバーする四四〇冊余の台帳がきちんと整理されて保管されていたのである。これは、かつてこの町の高校教師をしていた地方史家によって発掘・整理された大事な文書である。私にとってそれは、まさに宝の山であった。考古学博物館には何人かの学芸員がいたが、みな考古学者であったから、私が何をしているのかかれらは知らなかった。

ある日、午後の「お茶」に誘われたとき、私が、実はカラオスマンオウル家の歴史を調べているのだというと、学芸員の一人が、「なあんだ！　それなら私の知り合いにあの家に嫁に行った人がいるよ」といったのである。次の日、マニサに住んでいる一族の方から夕食に招待された。そうしたある日、一族が現在なお持っているチフトリキ（農場）のひとつに案内してもらったことがある。そのとき「うちのチフトリキの裏にアラビア語が書いてある大きな石が転がっているけど、ちょっと見てくれないか」といったのである。トルコでは一九二八年以降文字改革がおこなわれてアラビア文字が廃止されてローマ字をベースにしたトルコ文字が採用されたため、いまでは特別な訓練を受けた人でないかぎりアラビア文字は読めないのである。そこで、その石を私が見ると、それはその人のおじいさんの墓石であった。そこで早速トラックを呼んで、その墓石を博物館に保管することになった。これが私から、この一族へのささやかな「お返し」となった。

なお、この一族は現代トルコ文学の鼻祖といわれるヤクプ・カドリや一九六〇年のクーデタ直後に結成された自由党の創設者の一人フェヴズィ・リュトフィ、そしてアメリカの「世界銀行」の副頭取を務めたアテイッラ・カラオスマンオウルなどを生んだトルコを代表する名家である。それにもかかわらず、アタテュルクの腹心として長い間外交官としても活躍したヤクプ・カドリの回想録を除いては、一族の人びとによって残された文献、すなわち、日本史でいう「地方文書《ジカタ》」はひとつも残されていないのである。

その後、私のこの一族との付き合いは現在に至るまで続いている。本書の第六章第六節「アーヤーンの富と権力の基盤――比較名望家論への素材として」は、この一族を「日本の豪農」や中国の「郷紳」そして、イギリスの「ジェントリ」などとの「比較」の素材を提供する意味で挿入したものである。二〇一四年にイスタンブルへ行った折に、いつもこの一族と私の付き合いの仲立ちをしてくれる一族の一人の紹介で、一族の方々二〇名ほどが集まって、一九九七年に私が「トルコ歴史学協会」から出版した本のサイン会を開いていただき、同時に私に感謝状を下さったことが、私にはなによりもうれしい思い出として残っている。一族の方々の健勝と、さらなる繁栄を祈る次第である。

本書出版の話を最初に頂いてから、すでに十年以上の歳月が経過している。この間に、いくつか別の仕事が入ったことも関係してはいるが、刀水書房にはご迷惑をおかけしてしまいました。その間、私の原稿の完成を辛抱強く見守っていただいただけではなく、編集の上で貴重な助言をさまざまに頂いた編集長の中村文江さんに、まずもって感謝の意を捧げます。また、途中からとはいえ、編集に加わっていただいた柿澤樹希也さんには、私の杜撰な原稿を注意深く読んで、数々の細かい訂正いただき、また貴重な意見をいただいたことに感謝いたします。その結果、著者の私と編集陣の合作としてできあがったのが本書です。

いま、この原稿を書いている最中に、トルコでは空前の大地震に見舞われてしまいました。謹んでお悔やみ申し上げると同時に、一日も早くもとの元気なトルコの復興が実現されることを心待ちにしております。

最後になりましたが、半世紀を越える長い年月に渡って、トルコにおいても、また日本でも、つねに私の傍らで、私を支えてくれた妻真知子に本書を捧げます。

二〇二三年二月二六日

永田雄三

(33)　尾形勇他編『20世紀の歴史家たち（4）世界編下』刀水書房，2001年。

おわりに

（1）　林佳世子『興亡の世界史10　オスマン帝国500年の平和』講談社，2008年。

（2）　カーター・V・フィンドリー（小松久男監訳，佐々木紳訳）『テュルクの歴史――古代から近現代まで』明石書店，2017年。

（3）　H. İnalcık, *The Ottoman Empıre; The Classical Age 1300-1600*, London, 1973.

（4）　志茂碩敏『モンゴル帝国史研究　正篇：中央ユーラシア遊牧諸政権の国家構造』東京大学出版会，2013年

（5）　秋葉淳「「近代」オスマン帝国とは何か？」『歴史学研究』798号，2005a年，2月。

（6）　同註（1）。

（7）　永田雄三「トルコにおける「公定歴史学」の成立――「トルコ史テーゼ」分析の一視角」寺内威太郎他著『植民地主義と歴史学――そのまざしが残したもの』刀水書房，2004年。

刀水歴史全書—歴史・民族・文明—

四六上製　平均300頁　随時刊　（価格は税別　書名末尾の☆は「電子ブックあり」のマーク）

樺山紘一

1 **カタロニアへの眼**（新装版）☆
歴史・社会・文化
1979, 2005(新装版)　000-X　四六上製　289頁＋口絵12頁　¥2300

西洋の辺境，文明の十字路カタロニアはいかに内戦を闘い，なぜピカソら美の巨人を輩出したか。カタロニア語を習い，バルセロナに住んで調査研究した歴史家によるカタロニア文明論

R.C.リチャードソン／今井　宏訳

2 **イギリス革命論争史**
1979　001-8　四六上製　353頁　¥2200

市民革命とは何であったか？　同時代人の主張から左翼の論客，現代の冷静な視線まで，革命研究はそれぞれの時代,立場を反映する。論者の心情をも汲んで著された類書のない学説史

山崎元一

3 **インド社会と新仏教**☆
アンベードカルの人と思想〔付〕カースト制度と不可触民制
1979　＊002-7　四六上製　275頁　¥2200

ガンディーに対立してヒンドゥーの差別と闘い，インドに仏教を復興した不可触民出身の政治家の生涯。日本のアンベードカル研究の原典であり，インドの差別研究のほとんど最初の一冊

G.バラクロウ編／木村尚三郎解説・宮島直機訳

4 **新しいヨーロッパ像の試み**
中世における東欧と西欧
1979　003-4　四六上製　258頁　¥2330

最新の中世史・東欧史の研究成果を背景に，ヨーロッパの直面する文明的危機に警鐘を鳴らした文明史家の広ヨーロッパ論。現代のヨーロッパの統一的傾向を最も早く洞察した名著。図版127点

W.ルイス，村上直次郎編／富田虎男訳訂

5 **マクドナルド「日本回想記」**☆
［再訂版］　インディアンの見た幕末の日本
1979　＊004-8　四六上製　313頁　¥2200

日本をインディアンの母国と信じて密航した青年の日本観察記。混血青年を優しくあたたかく遇した幕末の日本と日本人の美質を評価。また幕末最初の英語教師として評価されて，高校英語教科書にものっている

J.スペイン／勝藤　猛・中川　弘訳

6 **シルクロードの謎の民**
パターン民族誌
1980　006-9　四六上製　306頁　¥2200

文明を拒否して部族の掟に生き，中央アジア国境地帯を自由に往来するアフガン・ゲリラの主体パターン人，かつてはイギリスを，近くはロシアを退けた反文明の遊牧民。その唯一のドキュメンタルな記録

B.A.トゥゴルコフ／加藤九祚解説・斎藤晨二訳

7 **トナカイに乗った狩人たち**
北方ツングース民族誌
1981　024-7　四六上製　253頁　¥2233

広大なシベリアのタイガを漂泊するエベンキ族の生態。衣食住，狩猟・遊牧生活から家族，氏族，原始文字，暦，シャーマン，宇宙観まで。ロシア少数民族の運命

G.サルガードー／松村　赳訳

8 **エリザベス朝の裏社会**
1985　060-3　四六上製　338頁　¥2500

シェイクスピアの戯曲や当時のパンフレット“イカサマ読物”“浮浪者文学”による華麗な宮廷文化の時代の裏面。スリ・盗賊・ペテン師などの活躍する新興の大都会の猥雑な現実

P. F. シュガー, I. J. レデラー 編／東欧史研究会訳

9 **東欧のナショナリズム**

歴史と現在

1981　025-5　四六上製　578頁　￥4800

東欧諸民族と諸国家の成立と現在を，19世紀の反トルコ・反ドイツ・反ロシアの具体的な史実と意識のうえに捉え，東欧紛争の現在の根源と今後の世界のナショナリズム研究に指針を与える大著

R. H. C. デーヴィス／柴田忠作訳

10 **ノルマン人**　［品切］

その文明学的考察

1981　027-1　四六上製　199頁　￥2233

ヨーロッパ中世に大きな足跡をのこしたヴァイキングの実像を文明史的に再評価し，ヨーロッパの新しい中世史を構築する第一人者の論究。ノルマン人史の概説として最適。図版70余点

中村寅一

11 **村の生活の記録**　（下）［品切］

(上)上伊那の江戸時代 (下)上伊那の明治・大正・昭和

1981　028-X　029-8　四六上製　195頁, 310頁　￥1845　￥1800

村の中から村を描く。柳田・折口体験をへて有賀喜左衛門らとともに，民俗・歴史・社会学を総合した地域史をめざした信州伊那谷の先覚者の業績。中央に追従することなく，地域史として独立し得た数少ない例の一つ

岩本由輝

12 きき書き**六万石の職人衆**

相馬の社会史

1980　010-7　四六上製　252頁　￥1800

相馬に生き残った100種の職人の聞き書き。歴史家と職人の心の交流から生れた明治・大正・昭和の社会史。旅職人から産婆，ほとんど他に見られない諸職が特に貴重

---

13 （缺番）

田中圭一

14 **天領佐渡**　（1）［品切］

（1）（2）村の江戸時代史　上・下（3）島の幕末

1985　061-1, 062-X, 063-8　四六上製　(1)275頁 (2) 277頁 (3)　280頁　(1)(2) ￥2000 (3)￥2330

戦国末〜維新のムラと村ビトを一次史料で具体的に追求し, 天領の政治と村の構造に迫り, 江戸〜明治の村社会と日本を発展的にとらえる。民衆の活躍する江戸時代史として評価され，新しい歴史学の方向を示す

岩本由輝

15 **もう一つの遠野物語**　［追補版］☆

（付）柳田國男南洋委任統治資料六点

1994　＊130-7　四六上製　275頁　￥2200

水野葉舟・佐々木喜善によって書かれたもう一つの「遠野物語」の発見。柳田をめぐる人間関係，「遠野物語」執筆前後の事情から山人〜常民の柳田学の変容を探る。その後の柳田学批判の先端として功績は大きい

森田安一

16 **スイス**　［三補版］☆

歴史から現代へ

1980, 1995（三補版）　159-6　四六上製　304頁　￥2200

13世紀スイス盟約者団の成立から流血の歴史をたどり，理想の平和郷スイスの現実を分析して新しい歴史学の先駆と評価され，中世史家の現代史として，中世から現代スイスまでを一望のもとにとらえる

樺山紘一・賀集セリーナ・富永茂樹・鳴海邦碩

17 **アンデス高地都市**　［品切］

ラ・パスの肖像

1981　020-4　四六上製　図版多数　257頁　￥2800

ボリビアの首都ラ・パスに展開するスペイン，インディオ両文明の相克。歴史・建築・文化人類・社会学者の学際協力による報告。図版多数。若く多才な学者たちの協力の成功例の一つといわれる

A. ノーヴ／和田春樹・中井和夫訳　［品切］

18 **スターリンからブレジネフまで**

ソヴェト現代史

1983　043-3　四六上製　315頁　￥2427

スターリン主義はいかに出現し，いかなる性格のものだったか？　冷静で大胆な大局観をもつ第一人者による現代ソ連研究の基礎文献。ソ連崩壊よりはるか前に書かれていた先覚者の業績

19 （缺番）

増井經夫

20 **中国の歴史書**

中国史学史

1984　052-2　四六上製　298頁　￥2500

内藤湖南以後誰も書かなかった中国史学史。尚書・左伝から梁啓超，清朝野史大観まで，古典と現代史学の蘊蓄を傾けて，中国の歴史意識に迫る。自由で闊達な理解で中国学の世界に新風を吹きこむ。ようやく評価が高い

G. P. ローウィック／西川　進訳

21 **日没から夜明けまで**

アメリカ黒人奴隷制の社会史

1986　064-6　四六上製　299頁　￥2400

アメリカの黒人奴隷は，夜の秘密集会を持ち，祈り，歌い，逃亡を助け，人間の誇りを失わなかった。奴隷と奴隷制の常識をくつがえす新しい社会史。人間としての彼らを再評価するとともに，社会の構造自体を見なおすべき衝撃の書

山本　新著／神川正彦・吉澤五郎編

22 **周 辺 文 明 論**

欧化と土着

1985　066-2　四六上製　305頁　￥2200

文明の伝播における様式論・価値論を根底に，ロシア・日本・インド・トルコなど非西洋の近代化＝欧化と反西洋＝土着の相克から現代の文明情況まで。日本文明学の先駆者の業績として忘れ得ない名著

小林多加士

23 **中国の文明と革命**

現代化の構造

1985　067-0　四六上製　274頁　￥2200

万元戸，多国籍企業に象徴される中国現代の意味を文化大革命をへた中国の歴史意識の変革とマルキシズムの新展開に求める新中国史論

R. タカキ／富田虎男・白井洋子訳

24 **パ ウ ・ ハ ナ**

ハワイ移民の社会史

1986　071-9　四六上製　293頁　￥2400

ハワイ王朝末期に，全世界から集められたプランテーション労働者が，人種差別を克服して，ハワイ文化形成にいたる道程。著者は日系３世で，少数民族・多文化主義研究の歴史家として評価が高い

原田淑人

25 **古代人の化粧と装身具**

1987　076-X　四六上製　図版180余点　227頁　￥2200

東洋考古学の創始者，中国服飾史の開拓者による古代人の人間美の集成。エジプト・地中海，インド，中央アジアから中国・日本まで，正倉院御物に及ぶ美の伝播，唯一の概説書

E. ル・ロワ・ラデュリ／井上幸治・渡邊昌美・波木居純一訳

26 **モンタイユー**（上）（下［新装版］）

ピレネーの村　1294～1324

(上)1990 (下)2021　＊086-7　＊471-1　四六上製　367頁 425頁　￥2800 ￥3300

アナール派第３世代の代表作！　法王庁に秘蔵された異端審問記録から中世南仏の農村生活を人類学的手法で描き，フランス文学最高のゴンクール賞を受賞した。1975年本書刊行以来フランスで社会史ブームを巻き起こした

ダヴ・ローネン／浦野起央・信夫隆司訳

27 **自決とは何か**　［品切］

ナショナリズムからエスニック紛争へ

1988　095-6　四六上製　318頁　￥2800

自殺ではない。みずからを決定する自決。革命・反植民地・エスニック紛争など，近現代の激動を“自決 Self-determination への希求”で解く新たなる視角。人文・社会科学者の必読書

メアリ・プライア編著／三好洋子編訳

28 **結婚・受胎・労働**　［品切］

イギリス女性史1500〜1800

1989　099-9　四六上製　270頁　￥2500

イギリス女性史の画期的成果。結婚・再婚・出産・授乳，職業生活・日常生活，日記・著作。実証的な掘り起こし作業によって現れる普通の女性たちの生活の歴史

M. I. フィンレイ／柴田平三郎訳

29 **民主主義—古代と現代**　［品切］

1991　118-9　四六上製　199頁　￥2816

古代ギリシア史の専門家が思想史として対比考察した古代・現代の民主主義。現代の形骸化した制度への正統なアカデミズムからの警鐘であり，民主主義の本質に迫る一書

木崎良平

30 **光太夫とラクスマン**

幕末日露交渉史の一側面

1992　134-0　四六上製　266頁　￥2524

ひろく史料を探索して見出した光太夫とラクスマンの実像。「鎖国三百年史観」をうち破る新しい事実の発見が，日本の夜明けを告げる。実証史学によってはじめて可能な歴史の本当の姿の発見

青木　豊

31 **和鏡の文化史**　［品切］

水鑑から魔鏡まで

1992　139-1　四六上製　図版300余点　305頁　￥2500

水に顔を映す鏡の始まりから，その発達・変遷，鏡にまつわる信仰・民俗，十数年の蓄積による和鏡に関する知識体系化の試み。鏡に寄せた信仰と美の追求に人間の実像が現れる

Y. イチオカ／富田虎男・粂井輝子・篠田左多江訳

32 **一　世**

黎明期アメリカ移民の物語り

1992　141-3　四六上製　283頁　￥3301

人種差別と排日運動の嵐の中で，日本人留学生，労働者，売春婦はいかに生きたか。日系アメリカ人一世に関する初の本格的研究の始まり，その差別と苦悩と忍耐を見よ（著者は日系二世）

鄧　搏鵬／後藤均平訳

33 **越南義烈史**☆

抗仏独立運動の死の記録

1993　143-X　四六上製　230頁　￥3301

19世紀後半，抗仏独立闘争に殉じたベトナムの志士たちの略伝・追悼文集。反植民地・民族独立思想の原点（1918年上海で秘密出版）。東遊運動で日本に渡った留学生200人は，やがて日本を追われ，各地で母国の独立運動を展開して敗れ，つぎつぎと斃れるその記録

D. ジョルジェヴィチ, S. フィシャー・ガラティ／佐原徹哉訳

34 **バルカン近代史**

ナショナリズムと革命

1994　153-7　四六上製　262頁　￥2800

かつて世界の火薬庫といわれ，現在もエスニック紛争に明け暮れるバルカンを，異民族支配への抵抗と失敗する農民蜂起の連続ととらえる。現代は，過去の紛争の延長としてあり，一朝にして解決するようなものではない

C. メクゼーパー, E. シュラウト共編／瀬原義生監訳, 赤阪俊一・佐藤専次共訳

35 **ドイツ中世の日常生活**

騎士・農民・都市民

1995　＊179-6　四六上製　205頁　￥2800

ドイツ中世史家たちのたしかな目が多くの史料から読みとる新しい日常史。普通の“中世人”の日常と心性を描くが，おのずと重厚なドイツ史学の学風を見せて興味深い

神山四郎 ［比較文明学叢書 1］

36 **比較文明と歴史哲学**

1995 182-0 四六上製 257頁 ￥2800

歴史哲学者による比較文明案内。歴史をタテに発展とみる旧来の見方に対し，ヨコに比較する多系文明の立場を推奨。ボシュエ，ヴィコ，イブン・ハルドゥーン，トインビーと文明学の流れを簡明に

神川正彦 ［比較文明学叢書 2］

37 **比較文明の方法**

新しい知のパラダイムを求めて

1995 184-7 四六上製 275頁 ￥2800

地球規模の歴史的大変動の中で，トインビー以降ようやく高まる歴史と現代へのパースペクティヴ，新しい知の枠組み，学の体系化の試み。ニーチェ，ヴェーバー，シュペングラーを超えてトインビー，山本新にいたり，原理と方法を論じる

B. A. トゥゴルコフ／斎藤晨二訳

38 **オーロラの民**

ユカギール民族誌

1995 183-9 四六上製 220頁 ￥2800

北東シベリアの少数民族人口1000人のユカギール人の歴史と文化。多数の資料と現地調査が明らかにするトナカイと犬ぞりの生活・信仰・言語。巻末に調査報告「ユカギール人の現在」

D. W. ローマックス／林 邦夫訳

39 **レコンキスタ**

中世スペインの国土回復運動

1996 180-4 四六上製 314頁 ￥3300

克明に史実を追って，800年間にわたるイスラム教徒の支配からのイベリア半島奪還とばかりはいいきれない，レコンキスタの本格的通史。ユダヤ教徒をふくめ，三者の対立あるいは協力，複雑な800年の情勢に迫る

A. R. マイヤーズ／宮島直機訳

40 **中世ヨーロッパの身分制議会**

新しいヨーロッパ像の試み（2）

1996 186-3 四六上製 214頁 ￥2800

各国の総合的・比較史的研究に基づき，身分制議会をカトリック圏固有のシステムととらえ，近代の人権思想もここから導かれるとする文化史的な画期的発見，その影響に注目が集まる。図写79点

M. ローランソン，J. E. シーヴァー／白井洋子訳

41 **インディアンに囚われた白人女性の物語**

1996 195-2 四六上製 274頁 ￥2800

植民地時代アメリカの実話。捕虜となり生き残った2女性の見たインディアンの心と生活。牧師夫人の手記とインディアンの養女となった少女の生涯。しばしば不幸であった両者の関係を見なおすために

木崎良平

42 **仙台漂民とレザノフ**

幕末日露交渉史の一側面No. 2

1997 198-7 四六上製 261頁 ￥2800

日本人最初の世界一周と日露交渉。『環海異聞』などに現れる若宮丸の遭難と漂民16人の数奇な運命。彼らを伴って通商を迫ったロシア使節レザノフ。幕末日本の実相を歴史家が初めて追求した

U. イム・ホーフ／森田安一監訳，岩井隆夫・米原小百合・佐藤るみ子・黒澤隆文・踊共二共訳

43 **スイスの歴史**

1997 207-X 四六上製 308頁 ￥2800

日本初の本格的スイス通史。ドイツ語圏でベストセラーを続ける好著の完訳。独・仏・伊のことばの壁をこえてバランスよくスイス社会と文化を追求，現在の政治情況に及ぶ

E. フリート／柴嵜雅子訳

44 **ナチスの陰の子ども時代**

あるユダヤ系ドイツ詩人の回想

1998 203-7 四六上製 215頁 ￥2800

ナチスの迫害を逃れ，17歳の少年が単身ウィーンからロンドンに亡命する前後の数奇な体験を中心にした回想録。著者は戦後のドイツで著名なユダヤ系詩人で，本書が本邦初訳

今谷明・大濱徹也・尾形勇・樺山紘一・木畑洋一編

45 20世紀の歴史家たち

⑴日本編㊤ ⑵日本編㊦ ⑸日本編㊗ ⑶世界編㊤ ⑷世界編㊦

1997〜2006　四六上製　平均300頁　各￥2800

歴史家は20世紀をどう生きたか，歴史学はいかに展開したか。科学としての歴史学と人間としての歴史家，その生と知とを生々しく見つめようとする。書かれる歴史家と書く歴史家，それを読む読者と三者の生きた時代

日本編㊤　1997 211-8

1 徳富蘇峰（大濱徹也）
2 白鳥庫吉（窪添慶文）
3 鳥居龍蔵（中薗英助）
4 原勝郎（樺山紘一）
5 喜田貞吉（今谷明）
6 三浦周行（今谷明）
7 幸田成友（西垣晴次）
8 柳田國男（西垣晴次）
9 伊波普猷（高良倉吉）
10 今井登志喜（樺山紘一）
11 本庄栄治郎（今谷明）
12 高群逸枝（栗原弘）
13 平泉澄（今谷明）
14 上原専祿（三木亘）
15 野呂栄太郎（神田文人）
16 宮崎市定（礪波護）
17 仁井田陞（尾形勇）
18 大塚久雄（近藤和彦）
19 高橋幸八郎（遅塚忠躬）
20 石母田正（今谷明）

日本編㊦　1999 212-6

1 久米邦武（田中彰）
2 内藤湖南（礪波護）
3 山路愛山（大濱徹也）
4 津田左右吉（大室幹雄）
5 朝河貫一（甚野尚志）
6 黒板勝美（石井進）
7 福田徳三（今谷明）
8 辻善之助（圭室文雄）
9 池内宏（武田幸男）
10 羽田亨（羽田正）
11 村岡典嗣（玉懸博之）
12 田村栄太郎（芳賀登）
13 山田盛太郎（伊藤晃）
14 大久保利謙（由井正臣）
15 濱口重國（菊池英夫）
16 村川堅太郎（長谷川博隆）
17 宮本常一（西垣晴次）
18 丸山眞男（坂本多加雄）
19 和歌森太郎（宮田登）
20 井上光貞（笹山晴生）

日本編㊗　2006 232-0

1 狩野直喜（戸川芳郎）
2 桑原隲蔵（礪波護）
3 矢野仁一（挾間直樹）
4 加藤繁（尾形勇）
5 中村孝也（中田易直）
6 宮地直一（西垣晴次）
7 和辻哲郎（樺山紘一）
8 一志茂樹（古川貞雄）
9 田中惣五郎（本間恂一）
10 西岡虎之助（西垣晴次）
11 岡正雄（大林太良）
12 羽仁五郎（斉藤孝）
13 服部之總（大濱徹也）
14 坂本太郎（笹山晴生）
15 前嶋信次（窪寺紘一）
16 中村吉治（岩本由輝）
17 竹内理三（樋口州男）
18 清水三男（網野善彦）
19 江口朴郎（木畑洋一）
20 林屋辰三郎（今谷明）

世界編㊤　1999 213-4

1 ピレンヌ（河原温）
2 マイネッケ（坂井榮八郎）
3 ゾンバルト（金森誠也）
4 メネンデス・ピダール（小林一宏）
5 梁啓超（佐藤慎一）
6 トーニー（越智武臣）
7 アレクセーエフ（加藤九祚）
8 マスペロ（池田温）
9 トインビー（芝井敬司）
10 ウィーラー（小西正捷）
11 カー（木畑洋一）
12 ウィットフォーゲル（鶴間和幸）
13 エリアス（木村靖二）
14 侯外盧（多田狷介）
15 ブローデル（浜名優美）
16 エーバーハルト（大林太良）
17 ウィリアムズ（川北稔）
18 アリエス（杉山光信）
19 楊寛（高木智見）
20 クラーク（ドン・ベイカー 藤川隆男訳）
21 ホブズボーム（水田洋）
22 マクニール（高橋均）
23 ジャンセン（三谷博）
24 ダニーロフ（奥田央）
25 フーコー（福井憲彦）
26 デイヴィス（近藤和彦）
27 サイード（杉田英明）
28 タカキ，R．（富田虎男）

世界編㊦　2001 214-2

1 スタイン（池田温）
2 ヴェーバー（伊藤貞夫）
3 バルトリド（小松久男）
4 ホイジンガ（樺山紘一）
5 ルフェーヴル（松浦義弘）
6 フェーヴル（長谷川輝夫）
7 グラネ（桐本東太）
8 ブロック（二宮宏之）
9 陳寅恪（尾形勇）
10 顧頡剛（小倉芳彦）
11 カントロヴィッチ（藤田朋久）
12 ギブ（湯川武）
13 ゴイテイン（湯川武）
14 ニーダム（草光俊雄）
15 コーサンビー（山崎利男）
16 フェアバンク（平野健一郎）
17 モミリアーノ（本村凌二）
18 ライシャワー（W.スティール）
19 陳夢家（松丸道雄）
20 フィンリー（桜井万里子）
21 イナルジク（永田雄三）
22 トムスン（近藤和彦）
23 グレーヴィチ（石井規衛）
24 ル・ロワ・ラデュリ（阿河雄二郎）
25 ヴェーラー（木村靖二）
26 イレート（池端雪浦）

戸上　一

46 **千　利　休**

ヒト・モノ・カネ

1998　＊210-6　四六上製　212頁　￥2000

高価な茶道具にまつわる美と醜の世界を視野に入れぬ従来の利休論にあきたらぬ筆者が，書き下ろした利休の実像。モノの美とそれにまつわるカネの醜に対決する筆者の気迫に注目

大濱徹也

47 **日本人と戦争☆**

歴史としての戦争体験

2002　220-7　四六上製　280頁　￥2400

幕末，尊皇攘夷以来，日本は10年ごとの戦争で大国への道をひた走った。やがて敗戦。大東亜戦争は正義か不正義かは鏡の表と裏にすぎないかもしれない。日本人の“戦争体験”が民族共有の記憶に到達するのはいつか？

K. B. ウルフ／林　邦夫訳

48 **コルドバの殉教者たち**

イスラム・スペインのキリスト教徒

1998　226-6　四六上製　214頁　￥2800

9世紀，イスラム時代のコルドバで，49人のキリスト教徒がイスラム教を批難して首をはねられた。かれらは極刑となって殉教者となることを企図したのである。三つの宗教の混在するスペインの不思議な事件である

U. ブレーカー／阪口修平・鈴木直志訳

49 **スイス傭兵ブレーカーの自伝**

2000　240-1　四六上製　263頁　￥2800

18世紀スイス傭兵の自伝。貧農に生まれ，20歳で騙されてプロイセン軍に売られ，軍隊生活の後，七年戦争中に逃亡。彼の生涯で最も劇的なこの時期の記述は，近代以前の軍隊生活を知る類例のない史料として注目

田中圭一

50 **日本の江戸時代☆**

舞台に上がった百姓たち

1999　＊233-5　四六上製　259頁　￥2400

日本の古い体質のシンボルである江戸時代封建論に真向から挑戦する江戸近代論。「検地は百姓の土地私有の確認である」ことを実証し，一揆は幕府の約束違反に対するムラの抗議だとして，日本史全体像の変革を迫る

平松幸三編　2001年度 沖縄タイムス出版文化賞受賞

51 **沖縄の反戦ばあちゃん**

松田カメ口述生活史

2001　242-8　四六上製　199頁　￥2000

沖縄に生まれ，内地で女工，結婚後サイパンへ出稼いで，戦争に巻込まれる。帰郷して米軍から返却された土地は騒音下。嘉手納基地爆音訴訟など反戦平和運動の先頭に立ったカメさんの原動力は理屈ではなく，生活体験だ

---

52 （缺番）

原田勝正

53 **日 本 鉄 道 史**

技術と人間

2001　275-4　四六上製　488頁　￥3300

幕末維新から現代まで，日本の鉄道130年の発展を，技術の進歩がもつ意味を社会との関わりの中に確かめながら，改めて見直したユニークな技術文化史

J. キーガン／井上堯裕訳

54 **戦争と人間の歴史**

人間はなぜ戦争をするのか？

2000　264-9　四六上製　205頁　￥2000

人間はなぜ戦争をするのか？　人間本性にその起源を探り，国家や個人と戦争の関わりを考え，現実を見つめながら「戦争はなくなる」と結論づける。原本は豊かな内容で知られるＢＢＣ放送の連続講演（1998年）

M.シェーファー／大津留厚監訳・永島とも子訳

55 **エリザベート—栄光と悲劇**

2000 ＊265-6 四六上製 183頁 ¥2000

ハプスブルク朝の皇后“シシー”の生涯を内面から描く。美貌で頭が良く，自信にあふれ，決断力を持ちながらも孤独に苦しんでいた。従来の映画や小説では得られない“変革の時代”に生きた高貴な人間像

地中海学会編

56 **地中海の暦と祭り**

2002 230-4 四六上製 285頁 ¥2500

季節の巡行や人生・社会の成長・転変に対応する祭は暦や時間と深く連関する。その暦と祭を地中海世界の歴史と地域の広がりの中でとらえ，かつ現在の祭慣行や暦制度をも描いた，歴史から現代までの「地中海世界案内」

堀 敏一

57 **曹 操**

三国志の真の主人公

2001 ＊283-0 四六上製 220頁 ¥2800

諸葛孔明や劉備の活躍する『三国志演義』はおもしろいが，小説であって事実ではない。中国史の第一人者が慎重に選んだ“事実は小説よりも奇”で，人間曹操と三国時代が描かれる

P.ブラウン／宮島直機訳

58 **古代末期の世界** ［改訂新版］

ローマ帝国はなぜキリスト教化したか

2002 ＊354-7 四六上製 233頁 ¥2800

古代末期を中世への移行期とするのではなく独自の文化的世界と見なす画期的な書。鬼才P.ブラウンによる「この数十年の間で最も影響力をもつ歴史書！」(書評から)

宮脇淳子

59 **モンゴルの歴史** ［増補新版］

遊牧民の誕生からモンゴル国まで

2018 ＊446-9 四六上製 320頁 ¥2800

紀元前1000年に中央ユーラシア草原に遊牧騎馬民が誕生してから，現在21世紀のモンゴル系民族の最新情報までを1冊におさめた，世界初の通史。2017年には，モンゴルでも訳書完成

永井三明

60 **ヴェネツィアの歴史**

共和国の残照

2004 ＊285-4 四六上製 270頁 ¥2800

1797年「唐突に」姿を消した共和国。ヴェネツィアの1000年を越える歴史を草創期より説き起こす。貴族から貧困層まで，人々の心の襞までわけ入り描き出される日々の生活,etc.ヴェネツィア史の第一人者による書き下ろし

H.バイアス／内山秀夫・増田修代訳

61 **敵 国 日 本**

太平洋戦争時，アメリカは日本をどう見たか？

2001 286-X 四六上製 215頁 ¥2000

パールハーバーからたった70日で執筆・出版され，アメリカで大ベストセラーとなったニューヨークタイムズ記者の日本論。天皇制・政治経済・軍隊から日本人の心理まで，アメリカは日本人以上に日本を知っていた……

伊東俊太郎 ［比較文明学叢書 3］

62 **文明と自然**

対立から統合へ

2002 293-2 四六上製 256頁 ¥2400

かつて西洋の近代科学は，文明が利用する対象として自然を破壊し，自然は利用すべき資源でしかなかった。いま「自から然る」自然が，生々発展して新しい地球文明が成る。自然と文明の統合の時代である

P.V.グロブ／荒川明久・牧野正憲訳

63 **甦る古代人**

デンマークの湿地埋葬

2002 298-3 四六上製 191頁 ¥2500

デンマーク，北ドイツなど北欧の寒冷な湿地帯から出土した，生々しい古代人の遺体（約700例）をめぐる“謎”の解明。原著の写真全77点を収録した，北欧先史・古代史研究の基本図書

大濱徹也

64 **庶民のみた日清・日露戦争**

帝国への歩み

2003　316-5　四六上製　265頁　¥2200

明治維新以後10年ごとの戦争に明けくれた日本人の戦争観・時代観を根底に，著者は日本の現代を描こうとする。庶民の皮膚感覚に支えられた生々しい日本の現代史像に注目が集まる。『明治の墓標』改題

喜安　朗

65 **天皇の影をめぐるある少年の物語**

戦中戦後私史

2003　312-2　四六上製　251頁　¥2200

第二次大戦の前後を少年から青年へ成長した多くの日本人の誰もが見た敗戦から復興の光景を，今あらためて注視する少年の感性と歴史家の視線。変転する社会状況をくぐりぬけて今現われた日本論

スーザン・W.ハル／佐藤清隆・滝口晴生・菅原秀二訳

66 **女は男に従うもの？**

近世イギリス女性の日常生活

2003　315-7　四六上製　285頁　¥2800

16～17世紀，女性向けに出版されていた多くの結婚生活の手引書や宗教書など（著者は男性）を材料に，あらゆる面で制約の下に生きていた女性達の日常を描く（図版多数集録）

G.スピーニ／森田義之・松本典昭訳

67 **ミケランジェロと政治**

メディチに抵抗した《市民＝芸術家》

2003　＊318-9　四六上製　181頁　¥2500

フィレンツェの政治的激動期，この天才芸術家が否応なく権力交替劇に巻き込まれながらも，いかに生き抜いたか？　ルネサンス美術史研究における社会史的分析の先駆的議論。ミケランジェロとその時代の理解のために

金七紀男

68 **エンリケ航海王子**　［品切］

大航海時代の先駆者とその時代

2004　322-X　四六上製　232頁　¥2500

初期大航海時代を導いたポルトガルの王子エンリケは，死後理想化されて「エンリケ伝説」が生れる。本書は，生身で等身大の王子とその時代を描く。付録に「エンリケ伝説の創出」「エンリケの肖像画をめぐる謎」の２論文も

H.バイアス／内山秀夫・増田修代訳

69 **昭和帝国の暗殺政治**

テロとクーデタの時代

2004　314-9　四六上製　341頁　¥2500

戦前，『ニューヨーク・タイムズ』の日本特派員による，日本のテロリズムとクーデタ論。記者の遭遇した5.15事件や2.26事件を，日本人独特の前近代的心象と見て，独自の日本論を展開する。『敵国日本』の姉妹篇

E.L.ミューラー／飯野正子監訳

70 **祖国のために死ぬ自由**

徴兵拒否の日系アメリカ人たち

2004　331-9　四六上製　343頁　¥3000

第二次大戦中，強制収容所に囚われた日系２世は，市民権と自由を奪われながら徴兵された。その中に，法廷で闘って自由を回復しアメリカ人として戦う道を選んだ人々がいた。60年も知られなかった日系人の闘いの記録

松浦高嶺・速水敏彦・高橋　秀

71 **学　生　反　乱**

―1969―　立教大学文学部

2005　335-1　四六上製　281頁　¥2800

1960年代末，世界中を巻きこんだ大学紛争。学生たちの要求に真摯に向合い，かつ果敢に闘った立教大学文学部の教師たち。35年後の今，闘いの歴史はいかに継承されているか？

神川正彦　［比較文明学叢書　5］

72 **比較文明文化への道**

日本文明の多元性

2005　343-2　四六上製　311頁　¥2800

日本文明は中国のみならずアイヌや琉球を含め，多くの文化的要素を吸収して成立している。その文化的要素を重視して“文明文化”を一語として日本を考える新しい視角

藤川隆男編

73 **白人とは何か？**

ホワイトネス・スタディーズ入門

2005 ＊346-2 四六上製 257頁 ￥2200

近年欧米で急速に拡大している「白人性研究」を日本で初めて本格的に紹介。差別の根源「白人」を人類学者が未開の民族を見るように研究の俎上に載せ，社会的・歴史的な存在である事を解明する多分野17人が協力

W. フライシャー／内山秀夫訳

74 **太平洋戦争にいたる道**

あるアメリカ人記者の見た日本

2006 349-1 四六上製 273頁 ￥2800

昭和初・中期の日本が世界の動乱に巻込まれていくさまを，アメリカ人記者の眼で冷静に見つめる。世界の動きを背景に，日本政府の情勢分析の幼稚とテロリズムを描いて，小社既刊『敵国日本』と対をなす必読日本論

白井洋子

75 **ベトナム戦争のアメリカ**

もう一つのアメリカ史

2006 ＊352-3 四六上製 258頁 ￥2500

「インディアン虐殺」の延長線上にベトナム戦争を位置づけ，さらに，ベトナム戦没者記念碑「黒い壁」とそれを訪れる人々の姿の中にアメリカの歴史の新しい可能性を見る。「植民地時代の先住民研究」専門の著者だからこその視点

L. カッソン／新海邦治訳

76 **図書館の誕生**

古代オリエントからローマへ

2007 ＊356-1 四六上製 222頁 ￥2300

古代の図書館についての最初の包括的研究。紀元前３千年紀の古代オリエントの図書館の誕生から，図書館史の流れを根本的に変えた初期ビザンツ時代まで。碑文，遺跡の中の図書館の遺構，墓碑銘など多様な資料は語る

英国王立国際問題研究所／坂井達朗訳

77 **敗北しつつある大日本帝国**

日本敗戦７ヵ月前の英国王立研究所報告

2007 ＊361-5 四六上製 253頁 ￥2700

対日戦略の一環として準備された日本分析。極東の後進国日本が世界経済・政治の中に進出，ファシズムの波にのって戦争を遂行する様を冷静に判断。日本文化社会の理解は，戦中にも拘わらず的確で大英帝国の底力を見る

史学会編

78 **歴 史 の 風**

2007 ＊369-1 四六上製 295頁 ￥2800

『史学雑誌』連載の歴史研究者によるエッセー「コラム 歴史の風」を１巻に編集。1996年の第１回「歴史学雑誌に未来から風が吹く」（樺山紘一）から昨2006年末の「日本の歴史学はどこに向かうのか」（三谷 博）まで11年間55篇を収載

青木 健→99巻『新ゾロアスター教史』

79 **ゾロアスター教史** ［絶版］

古代アーリア・中世ペルシア・現代インド

2008 ＊374-5 四六上製 308頁 ￥2800

本邦初の書下ろし。謎の多い古代アーリア人の宗教，サーサーン朝国教としての全盛期，ムスリム支配後のインドで復活，現代まで。世界諸宗教への影響，ペルシア語文献の解読，ソグドや中国の最新研究成果が注目される

城戸 毅

80 **百 年 戦 争**

中世末期の英仏関係

2010 ＊379-0 四六上製 373頁 ￥3000

今まで我が国にまとまった研究もなく，欧米における理解からずれていたこのテーマ。英仏関係及びフランスの領邦君主諸侯間の関係を通して，戦争の前史から結末までを描いた，本邦初の本格的百年戦争の全体像

R. オズボン／佐藤 昇訳

81 **ギリシアの古代**

歴史はどのように創られるか？

2011 ＊396-7 四六上製 261頁 ￥2800

最新の研究成果から古代ギリシア史研究の重要トピックに新しい光を当て，歴史学的な思考の方法，「歴史の創り方」を入門的に，そして刺戟的に紹介する。まずは「おなじみ」のスポーツ競技，円盤投げの一場面への疑問から始める

藤川隆男

82 **人種差別の世界史**

白人性とは何か？

2011 ＊398-1 四六上製 274頁 ￥2300

差別と平等が同居する近代世界の特徴を，身近な問題（ファッション他）を取り上げながら，前近代との比較を通じて検討。人種主義と啓蒙主義の問題，白人性とジェンダーや階級の問題などを，世界史的な枠組で解明かす

Ch. ビュヒ／片山淳子訳

83 **もう一つのスイス史**

独語圏・仏語圏の間の深い溝

2012 ＊395-0 四六上製 246頁 ￥2500

スイスは，なぜそしていかに，多民族国家・多言語国家・多文化国家になったのか，そのため生じた問題にいかに対処してきたか等々。独仏両言語圏の間の隔たりから語る，今までに無い「いわば言語から覗くスイスの歴史」

坂井榮八郎

84 **ドイツの歴史百話**

2012 ＊407-0 四六上製 330頁 ￥3000

「ドイツ史の語り部」を自任する著者が，半世紀を超える歴史家人生で出会った人，出会った事，出会った本，そして様ざまな歴史のエピソードなどを，百のエッセイに紡いで時代順に語ったユニークなドイツ史

田中圭一

85 **良寛の実像**

歴史家からのメッセージ

2013 ＊411-7 四六上製 239頁 ￥2400

捏造された「家譜」・「自筆過去帳」や無責任な小説や教訓の類いが，いかに良寛像を過らせたか！　良寛を愛し，良寛の眞実を求め，人間良寛の苦悩を追って，その実像に到達した，唯一，歴史としての良寛伝が本書である

A. ジョティシュキー／森田安一訳

86 **十字軍の歴史**

2013 ＊388-2 四六上製 480頁 ￥3800

カトリック対ギリシア東方正教対イスラームの抗争という，従来の東方十字軍の視点だけではなく，レコンキスタ・アルビショワ十字軍・ヴェンデ十字軍なども叙述，中世社会を壮大な絵巻として描いた十字軍の全体史

W. ベーリンガー／長谷川直子訳

87 **魔女と魔女狩り**

2014 ＊413-1 四六上製 480頁 ￥3500

ヨーロッパ魔女狩りの時代の総合的な概説から，現代の魔女狩りに関する最新の情報まで，初めての魔女の世界史。魔女狩りの歴史の考察から現代世界を照射する問題提起が鋭い。110頁を超える索引・文献・年表も好評

J.＝C. シュミット／小池寿子訳

88 **中世の聖なるイメージと身体**

キリスト教における信仰と実践

2015 ＊380-6 四六上製 430頁 ￥3800

中世キリスト教文明の中心テーマ！　目に見えない「神性」にどのように「身体」が与えられたか，豊富な具体例で解き明かす。民衆の心性を見つめて歴史人類学という新しい地平を開拓したシュミットの，更なる到達点

W. D. エアハート／白井洋子訳

89 **ある反戦ベトナム帰還兵の回想**

2015 ＊420-9 四六上製 480頁 ￥3500

詩人で元米国海兵隊員の著者が，ベトナム戦争の従軍体験と，帰還後に反戦平和を訴える闘士となるまでを綴った自伝的回想の記録三部作第二作目 *Passing Time* の全訳。「小説ではないがそのようにも読める」(著者まえがき)

岩崎 賢

90 **アステカ王国の生贄の祭祀** ［品切］

血・花・笑・戦

2015 ＊423-0 四六上製 202頁 ￥2200

古代メキシコに偉大な文明を打ち立てたアステカ人の宗教的伝統の中心＝生贄の祭りのリアリティに，古代語文献，考古学・人類学史料及び厳選した図像史料を駆使して肉迫する。本邦ではほとんど他に例のない大胆な挑戦

藤川隆男

91 **妖獣バニヤップの歴史**

オーストラリア先住民と白人侵略者のあいだで

2016 ＊431-5 四六上製 300頁＋カラー口絵８頁 ￥2300

バニヤップはオーストラリア先住民に伝わる水陸両生の幻の生き物。イギリスの侵略が進むなか，白人入植者の民話としても取り入れられ，著名な童話のキャラクターとなる。この動物の記録を通して語るオーストラリア史

ジョー・グルディ＆D.アーミテイジ／平田雅博・細川道久訳

92 **これが歴史だ！**

21世紀の歴史学宣言

2017 ＊429-2 四六上製 250頁 ￥2500

気候変動を始め現代の難問を長期的に捉えるのが歴史家本来の仕事。短期の視点が台頭する今，長期の視点の重要性の再認識を主張。歴史学研究の流れから，膨大な史料データ対応の最新デジタル歴史学の成果までを本書に

杉山博久

93 **直良信夫の世界**

20世紀最後の博物学者

2016 ＊430-8 四六上製 300頁 ￥2500

考古学，古人類学，古生物学，現生動物学，先史地理学，古代農業……。最後の博物学者と評されたその研究領域を可能な限り辿り，没後30年に顕彰。「明石原人」に関わる諸見解も紹介し，今後の再評価が期待される

永田陽一 野球文化學會学会賞受賞

94 **日系人戦時収容所のベースボール**

ハーブ栗間の輝いた日々

2018 ＊439-1 四六上製 210頁 ￥2000

「やる者も見る者もベースボールが本気だった」カリフォルニアから強制立ち退きでアメリカ南部の収容所に送られた若者たち。屈辱の鉄条網のなかで生き延びるための野球に熱中，数千の観衆を前に強豪チームを迎え撃つ

三佐川亮宏

95 **紀元千年の皇帝**

オットー三世とその時代

2018 ＊437-7 四六上製 430頁＋カラー口絵２頁 ￥3700

その並外れた教養と知性の故に，「世界の奇跡」と呼ばれた若き皇帝。彼の孤高にして大胆な冒険に満ちた儚い生涯と，「紀元千年」の終末論の高揚する中世ローマ帝国の世界に，今日のヨーロッパ統合の原点を探る旅

山﨑耕一

96 **フランス革命**

「共和国」の誕生

2018 ＊443-8 四六上製 370頁 ￥3000

「革命前夜のフランスの状況」から説かれる本書。１冊で，「革命」とは何か，複雑なフランス革命の諸々の動きと人々の生き方，共和国の成立からナポレオンの登場，帝政の開始までの，すべてを理解できる革命史が完成

ヒュー・ボーデン／佐藤昇訳

97 **アレクサンドロス大王**

2019 ＊442-1 四六上製 234頁 ￥2300

歴史の中に浮び上る真の姿。「西アジアで発見の重要文書から，アレクサンドロスは基本的に「西洋的な人物」であると考えなくなる」と，著者。最新の研究成果を踏まえ旧来のアレクサンドロス像に異議を唱えた入門書

トーマス・W.アルフォード／中田佳昭・村田信行訳

98 **インディアンの「文明化」**

ショーニー族の物語

2018 ＊438-4 四六上製 300頁 ￥3000

小さな部族のエリートが「白人的価値」と「インディアンの価値」の中で苦悩し翻弄されながら，両者の懸け橋を目指して懸命に生きた姿。アメリカ白人社会への強制的同化を受け入れ生き残る ⇒ 現代社会への問いかけ？

青木 健

99 **新ゾロアスター教史**

古代中央アジアのアーリア人・中世ペルシアの神聖帝国・現代インドの神官財閥

2019 ＊450-6 四六上製 370頁 ￥3000

10年前の本邦初の書下ろし（本全書79巻）が既に品切れて，全面改稿！ 最新の研究成果と巻末に詳細な日本におけるゾロアスター教研究の現状を記録。旧版の良さを生かしながら，本来の諸言語の音を取り入れる

森田安一

100 **スイスの歴史百話☆**

2021 ＊462-9 四六上製 310頁 ￥2700

ヨーロッパの中央に位置するスイスの歴史は，周囲の大国との関係を無視して語ることはできない。あえて，いやむしろスイスから語った百遍の歴史エピソードから，連綿と続くヨーロッパの物語を浮かび上がらせた

永田雄三

101 **トルコの歴史〈上〉〈下〉**

2023 〈上〉＊479-7〈下〉＊480-3 四六上製 上下共300頁 ￥2700

世界でも傑士のトルコ史研究者渾身の通史。匈奴，突厥などモンゴル高原から中央ユーラシアへ展開した騎馬遊牧民の一部トルコ系民族が，西へ移動。民族性を保持しつつ移住先文化と融合，洋の東西に展開した壮大な歴史

S. パツォルト／甚野尚志訳

102 **封建制の多面鏡**

「封」と「家臣制」の結合

2023 ＊475-9 四六上製 200頁（仮）

（2023年 6 月刊行予定）

桜井万里子

103 **古代ギリシア人の歴史**

2023 ＊445-2 四六上製 370頁（仮）

（2023年 7 月刊行予定）

〈歴史・民族・文明〉

刀水歴史全書 101

トルコの歴史〈下〉

2023年3月31日　初版 1 刷発行

著　者　永田雄三
発行者　中村文江

発行所　株式会社 刀水書房
〒101-0065　東京都千代田区西神田2-4-1 東方学会本館
TEL 03-3261-6190　FAX 03-3261-2234　振替00110-9-75805

印刷　亜細亜印刷株式会社
製本　株式会社ブロケード

ISBN978-4-88708-480-3　C1322

《著者紹介》

永田雄三　ながた　ゆうぞう

1939年東京に生まれる。千葉大学文理学部卒業，慶応義塾大学大学院文学研究科修士課程修了，イスタンブル大学大学院文学研究科博士課程修了（PhD）。トルコ史専攻。東京外国語大学アジア・アフリカ言語文化研究所教授を経て，明治大学文学部教授。現在，公益財団法人東洋文庫研究員（1970年～）

〔主著・論文〕

Muhsin-zâde Mehmed Paşa ve Âyânlık Müessesesi, Tokyo, 1976 (repr. İzmir, 1995).

Tarihte Âyânlar: Karaosmanoğulları Üzerinde Bir İnceleme, Ankara, 1997.

Tax Farm Register of Damascus Province in the Seventeenth Century: Archival and Historical Studies,（共著）Tokyo, Toyo Bunko, 2006.

『中東現代史Ⅰトルコ・イラン・アフガニスタン（世界現代史11）』（共著）山川出版社 1982年，『成熟のイスラーム社会（世界の歴史15）』（共著）中央公論社 1998年，『西アジア史Ⅱイラン・トルコ（新版世界各国史9）』（編著）山川出版社 2002年，『植民地主義と歴史学 ―― そのまなざしが残したもの』（共著）刀水書房 2004年，『前近代トルコの地方名士 ―― カラオスマンオウル家の研究』刀水書房 2009年，『世紀末イスタンブルの演劇空間 ―― 都市社会史の視点から』（共著）白帝社 2015年

索　引

I.　人名索引

ヤ　行

ラ　行

Ⅱ.　地名索引

ア　行

カ 行

Ⅲ. 事項索引

ア 行

カ　行

ナ　行

ハ　行

マ 行

ヤ 行

ラ 行

ワ　行

註

第六章

（1） 越智武臣「総説」『岩波講座　世界歴史14　近代1　近代世界の形成1』岩波書店，1969年。

（2） 永田雄三（編訳）『世界の教科書＝歴史　トルコ：1～3』ほるぷ出版，1981年。

（3） 佐々木紳「トルコ近現代史のなかの立憲主義――歴史の復元ポイントとして」『歴史学研究』第962号，2017年10月。

（4） 佐々木紳「オスマン帝国の歴史と近世」清水光明編『「近世化」論と日本』勉誠出版，2015年。

（5） 岸本美緒編『歴史の転換期6　1571年銀の大流通と国家統合』山川出版社，2019年。

（6） H. İnalcık & D. Quataert, (eds.), *An Economic and Social History of the Ottoman Empire* 1300-1914, Cambridge University Press, Cambridge, 1994.

（7） M. A. Cook, *Population Pressure in Rural Anatolia* 1450-1600, Oxford University Press, Oxford, 1972.

（8） 林佳世子『オスマン帝国の時代』山川出版社，1997年。

（9） 同上。

（10） 永田雄三「シェラフェッティン＝トゥラン著『スレイマン大帝の王子バヤズィドの反乱』」『東洋学報』第53巻第1号，1970年6月。

（11） このような状況を林は，「16世紀のオスマン帝国は，陸海の伝統的な東西交易ルートを押さえただけでなく，さらにルートをバルカン半島へと延長し，インドや東南アジアからの香料，イランの生糸，ロシア平原の毛皮など，高価な産品の交易のルートとなった。この情況は，新航路の発見によって大きく変わるものではなかった。また，イスタンブルの巨大なマーケットの存在により，物資は東西交易ルートを通過するだけではなく，イスタンブルに集約する形で，新たなネットワークが形成され，物資の流れは関税収入としてオスマン財政を潤した。なかでも，イラン産の絹糸はオスマン帝国からヨーロッパへの最も重要な輸出品であった」と総括している。林佳世子『興亡の

世界史10　オスマン帝国500年の平和』講談社，2008年。

(12)　Halil İnalcık, *Türkiye Tekstil Tarihi Üzerine Araştırmalar*, İstanbul, 2008.

(13)　永田雄三「暮らしのなかのオスマン帝国」永田雄三・羽田正『成熟のイスラーム社会』中央公論社，1998年。

(14)　同註（12）。

(15)　その染色材料である「アカネ」は，西尾恵によれば，18世紀の初頭には毎年2000頭以上のラクダによってティフリス（現トビリシ）からエルズルムへ，そしてそこからディヤルバクルへ運ばれた。西尾恵「グルジアの民族染色　青いテーブル掛け」『服装文化』165号，1980年。

(16)　深沢克己『商人と更紗――近世フランス＝レヴァント貿易史研究』東大出版会，2007年。

(17)　Mehmet Genç, "17.-19. Yüzyıllarda Sanayi ve Ticaret Merkezi Olarak Tokat", *Türk Tarihinde ve Kültüründe Tokat Sempozyumu*, 2-6 Temmuz 1986, Ankara 1987.

(18)　同註（11）。

(19)　永田雄三「オスマン宮廷に生きた女性たち」板垣雄三編『世界の女性史14　中東・アフリカII　閉ざされた世界から』評論社，昭和52年（1977年）。

(20)　小笠原弘幸『ハレム――女官と宦官たちの世界』新潮社，2022年。

(21)　松尾有里子「オスマン帝国におけるマドラサとイスラーム知識人（ウラマー）――ウラマー任官候補制度の導入をめぐって」『史潮』80，2016年。

(22)　B. Tezcan, *The Second Ottoman Empire, Political and Social Transformation in the Early Modern World*, Cambridge University Press, Cambridge, 2011.

(23)　ただ，テズジャンは18世紀の後半に15年間イスタンブルでイギリス大使を務めたジェームス・ポーターの「スルタンはウラマーの同意なしには和平を結べない。上級ウラマーは宗教と帝国の双方の守り手である」という言葉を引用するなど，当時のオスマン帝国を訪れたヨーロッパ人の観察を多用している。これはオスマン帝国史をヨーロッパ，特にイギリス史の展開に引きつけた「西向きな」印象を与えている。

(24)　ゲルショム・ショーレム（石丸昭二訳）『サバタイ・ツヴィ伝』上下，法政大学出版局，2009年。

(25)　C. M. チポラ（大谷隆昶訳）『大砲と帆船――ヨーロッパの世界制覇と技

術革新』平凡社，1996年。

(26)　同註（11）。

(27)　永田雄三「近世イスラム社会における地方名士の情報世界」『歴史学研究』増刊号，1993年10月。

(28)　永田雄三「トルコにおける前資本主義社会と「近代化」――後進資本主義の担い手層をめぐって」大塚久雄編『後進資本主義の展開過程』アジア経済研究所，1973年。

(29)　同註（11）。

(30)　同註（22）。

(31)　永田雄三・永田真知子「18・19世紀ボスニア地方の人びと」『アジア・アフリカ言語文化研究』46～47号，1994年3月。

(32)　同註（11）。

(33)　松尾有里子「16世紀後半のオスマン朝におけるカザーの形成とカーディー職――『ルメリ・カザスケリ登録簿』の分析を通じて」『史学雑誌』108－7，1999年7月。

(34)　多田守「ディルリク制度の限界とその対応策を巡って――17世紀末におけるオスマン朝の模索と近世ヨーロッパ諸国」『西南アジア研究』87, 2017年3月。

(35)　Miura Toru, Nagata Yuzoo, Shimizu Yasuhisa(eds.), *Tax Farm Register of Damascus Province in the Seventeenth Century-Archival and Historical Studies*, Tokyo, The Toyo Bunko, 2006.

(36)　Abdul Rahim Abdul Rahman-Yuzo Nagata, “The Iltizam System in Egypt and Turkey: A Comparative Study”, *Journal of Asian and African Studies*（『アジア・アフリカ言語文化研究』), No.14, Tokyo, 1977.

(37)　Linda T. Darling, *Revenue-Raising and Legitimacy, Tax Collection and Finance Administration in the Ottoman Empire*, 1560-1660, E. J. Brill, Leiden, New York, Köln, 1996.

(38)　松尾有里子「リンダ・T・ダーリング著『歳入の増収策と支配の正統性――オスマン帝国における徴税・財政制度（1560-1660）』」『東洋学報』80巻，1998年6月。

(39)　同註（28）。

(40)　A. Salzmann, “İmparatorluğu Özelleştirmek: XVIII. Yüzyılında Paşlar ve Âyanlar”, *Osmanlı*, 3, 1999.

(41)　同上。

(42)　同註（8）

(43)　多田守「ディルリク制度からディルリク・カザー制度へ：18 世紀のオスマン朝およびヨーロッパ諸国における近世国家体制をめぐって」『アジア・アフリカ言語文化研究』96, 2018 年 9 月。

(44)　永田雄三「18 世紀後半のトルコにおけるアーヤーン職制度に関する一研究」『アジア・アフリカ言語文化研究 』8 号，1974 年 9 月。

(45)　Mutafćieva, V. P., “L’institution de le ayanlik pendant les dernières dénnies du XVIIIe siècle”, *Études Balkaniques*, 2-3, Sofia, 1965.

(46)　同註（44）。

(47)　Jack A. Goldstone, *Revolution and Rebellion in the Early Modern World*, UNV. of California Press, Berkeley-Los Angeles, Oxford, 1990.

(48)　秋葉淳「「近代」オスマン帝国とは何か？」『歴史学研究』798, 2005 年 2 月。

(49)　加藤博「オスマン支配下のアラブ」鈴木董編『パクス・イスラミカの世紀』講談社，1993 年。

(50)　長谷部史彦『オスマン帝国治下のアラブ社会』山川出版社，2017 年。

(51)　同上。

(52)　同註（49）。

(53)　同註（50）。

(54)　永田雄三『前近代トルコの地方名士――カラオスマンオウル家の研究』刀水書房，2009 年。

(55)　永田雄三「写本研究の愉しみ（2）――オスマン朝史の現場から」小杉泰・林佳世子編『イスラーム書物の歴史』名古屋大学出版会，2014 年。

(56)　同註（54）。Gille Veinstein; “Ayan de la region d’Izmir et commerce du Levant(deuxième moitié du XVIIIe siècle)”, *Études Balkaniques*, III, Sofia, 1976.

(57)　Gille Veinstein, “On the Çiftlik Debate”, Ç. Keyder/ F. Tabak(eds.), *Landholding and Commercial Agricalture in the Middle East*, State University of New York Press, New York, 1991.

(58)　同註（54）。

(59)　永田雄三「オスマン帝国近世のアナトリアにおける地方名士の写本収集と図書館の建設：地域社会振興の一環として」『オリエント』第2巻第2号，2019年。

(60)　Kâmil Su, *Karaosmanoğlu Halit Paşa*, Manisa, 2002.

(61)　永田雄三「商業の時代と民衆――「イズミル市場圏」の変容と民衆の抵抗」『岩波講座　世界歴史15　商人と市場――ネットワークの中の国家』岩波書店，1999年。

第七章

（1）　永田雄三「オスマン宮廷に生きた女性たち」板垣雄三編『世界の女性史14　中東・アフリカ（2）閉ざされた世界から』評論社，1977年。

（2）　こうしたハレムの歴史についての詳細で，信頼しうる著書が小笠原によってごく最近出版されている。小笠原弘幸『ハレム――女官と宦官たちの世界』新潮社，2022年。

（3）　林佳世子『興亡の世界史10　オスマン帝国500年の平和』講談社，2008年。

（4）　その後，これに関連して文化人類学者田村うららの大略次のような記述を読んで納得したものである。「トルコ絨毯は5世紀以上ものあいだ，トルコ（アナトリア地方）からヨーロッパに向けて輸出されてきた。いわば，文化の境界を軽がると越え様々な意味を付与されながら移動したモノであり，長いグローバル化を経験してきたものである。（中略）15～16世紀のイタリアのルネサンス画家あるいはヴェネツィアの街並みの中で，邸宅の窓やバルコニーからこれみよがしに掛けられているトルコ絨毯。これらはオスマン宮廷の工房でデザインされた。1514年にタブリーズを征服した際にペルシアの絨毯職人たちが連れてこられて，ウシャックにあった宮廷工房で働かせたため，宮廷工房への染色技術やデザインの移入が行われた。これだけを見ても，「何世紀にもわたり，母から娘へと受け継がれた遊牧民の文化的遺産」などという絨毯の表象のありかたが，多分に紋切り型で誤解を招くものであることが分かる」と述べている。田村うらら『トルコ絨毯が織りなす社会生活――グローバルに流通する民族誌』世界思想社，2013年。

（5）　宮本恵子「16 世紀オスマン朝装飾写本『スレイマン・ナーメ』──挿絵様式と工房制作の問題について」『地中海学研究』XVI, 1993 年。

（6）　H. İnalcık, *Türklük Müslümanlık ve Osmanlı Mirası*, İstanbul, 2014.

（7）　宮崎市定「東洋のルネサンスと西洋のルネサンス」砺波護編『中国文明論集』岩波書店，1995 年。

（8）　杉山正明「史料とは何か」『岩波講座 世界歴史 1　世界史へのアプローチ』岩波書店，1998 年。

（9）　Nebi Bozkurt, “Nakkaş”, *DİA*, İstanbul, 2006.

(10)　同註（7）。

(11)　同註（9）。

(12)　田中英道『光は東方より──西洋美術に与えた中国・日本の影響』河出書房新社，1986 年。

(13)　桝屋友子『イスラムの写本絵画』名古屋大学出版会，2014 年。

(14)　ヤマンラール水野美奈子「書物挿絵の美術」小杉泰・林佳世子編『イスラム書物の歴史』名古屋大学出版会，2014 年。

(15)　Evliya Çelebi, *Seyahatnamesi*, Vol.1, istanbul, 1896.

(16)　杉村棟「陶磁器に見る東西文化交流」杉村棟篇「東西アジアの交流」『世界美術大全集　東洋編 17　イスラム』小学館，1999 年。

(17)　同註（12）。

(18)　その理由を四日市康博は，「青花の起源には諸説あるが，「回回青」と呼ばれるイスラム地域のコバルトが中国に流通したこと，天を信仰するモンゴルが青を最も神聖な色として重要視したことなどは無関係ではないだろう。中国とイランでは，モンゴル政権時代に前後して「青の洪水」ともいうべき意匠の変化が見受けられる。そのほか，イル・ハン朝の夏の離宮であったタフテ・スレイマーン遺跡では，四爪龍と鳳凰の意匠を持つタイルが多数発見されている」と指摘している。四日市康博「モンゴル帝国と海域アジア」桃木至朗編『海域アジア史研究入門』岩波書店，2008 年。

(19)　堀川徹「モンゴル帝国とティムール帝国」小松久男編『中央ユーラシア史』山川出版社，2000 年。

(20)　三杉隆敏『中近東の中国磁器──トプカピ宮・アルデビル廟』学芸書林，

1972年。

(21) 杉山正明『大モンゴルの世界』角川書店，1992年。

(22) 『ドレスデン国立美術館展 ―― 世界の鏡：カタログ編』日本経済新聞社，2005年。

(23) 勝田茂「特集　イスラームとコトバ　トルコ影絵芝居（カラギョズ）の世界」『EX ORIENTE』Vol.13，2000年。

(24) 田之倉稔「コメディア・デラルテ」『世界大百科事典』改定新版，平凡社，2007年。

(25) Enrico Fulchignoni, "Oriental Influences on the Commedia dell'Arte", *Asian Theatre Journal*, Vol. 7, No. 1, Spring 1990.

(26) 山口昌男『道化の宇宙』白水社，1980年。

(27) Metin And, *Karagöz Turkish Shadow Theatre*, Istanbul, 1975.

(28) Metin And, *Drama at the Crossroads*, Istanbul, 1991.

(29) İlhan Başgöz, "The Waqwaq Tree in the Turkish Shadow-Play Theatre Karagoz and the Story of Esther", Avigdor Levy (ed.), *The Jews of the Ottoman Empire*, Darwin Press, 1994.

(30) 永田雄三・江川ひかり『世紀末イスタンブルの演劇区間 ―― 都市社会史の視点から』白帝社，2015年。

(31) 堀井優「東地中海のオスマン帝国とヴェネツィア」『歴史の転換期6　1571年　銀の大流通と国家統合』山川出版社，2019年。

(32) 深沢克己『商人と更紗 ―― 近世フランス＝レヴァント貿易史研究』東京大学出版会，2007年。

(33) Ekrem Işın, "Kahvehanler", Dünden Bugüne İstanbul Ansiklopedisi, Vol. 4, İstanbul, 1993.

(34) ラルフ・S・ハトックス（斎藤富美子・田村愛理訳）『コーヒーとコーヒーハウス ―― 中世中東における社交飲料の起源』同文館，1993年。

(35) 同註（14）。

(36) 三木亘『悪としての世界史』文藝春秋，2016年。

(37) 小林章夫『カフヴェ・ハーネ　都市の生活史 ―― 18世紀ロンドン』駸々堂，1987年（第4刷，初版昭和62年）。

(38)　永田真知子「トルコ・コーヒー考」『中東協力センターニュース』7号，1988年。

(39)　奥美穂子「オスマン帝国における「王の祝祭」像の再構築に向けて」『明大アジア史論集』第13号，2009年3月。

(40)　上尾信也『音楽のヨーロッパ史』講談社，2000年。

(41)　Metin And, *Osmanlı Şenliklerinde Türk Sanatları*, Ankara, 1982.

(42)　樺山紘一『ルネサンス』講談社，1993年。

(43)　樺山紘一『ルネサンスと地中海』中央公論社，1996年。

(44)　同上。

(45)　サミュエル・ハンチントン（鈴木主税訳）『文明の衝突 』集英社，1998年。

(46)　P. Burke, *The European Renaissance: Centres and Peripheries*, Oxford, 1998.

(47)　Gerald MacLean(ed.), *Re-Orienting the Renaissance: Cultural Exchanges with the East*, New York, 2005.

(48)　C. Finkel, "'The Treacherous Cleverness of Hindsight': Myths of Ottoman Decay" Gerald MacLean(ed.), *Re-Orienting the Renaissance*: *Cultural Exchanges with the East*, New York, 2005.

(49)　谷川稔編『歴史としてのヨーロッパ・アイデンティティ』山川出版社，2003年。

(50)　飯塚浩二『東洋史と西洋史のあいだ』岩波書店，1963年。

(51)　樺山紘一「意識されたヨーロッパ――中世・ルネサンスの自他意識」井上幸治編『ヨーロッパ文明の原型』山川出版社，1985年 。

(52)　岡崎勝世『世界史とヨーロッパ――ヘロドトスからウォラーステインまで』講談社，2003年。

(53)　Çiğdem Kafascioğlu, "Görsel Kültür ve Sanat Tarihi Yazımında Rönesans ve Osmanlı Dünyası: Genişleyen Rönesans," *Toplumsal Tarih*, 16, Ağustos, 2003.

(54)　Dwight F. Reynolds (ed.), *Interpreting the Self*, University of California Press, 2001.

(55)　Cemal Kafadar, "Self and Others: The Diary of A Dervish in Seventeenth Century, Istanbul and First Narratives in Ottoman Literature", *Studia Islamica*, 59, 1980.

第八章

（1） Feridun Emecen, “Muhsinzade Abdullah Paşa”, *DİA*, 2016.

（2） Yuzo Nagata, Muhsinzade. Mehmed Paşa ve Ayanlık Müessesesi, Tokyo, 1976.

（3） 羽田正「三つの「イスラーム国家」」『岩波講座　世界歴史 14　イスラーム・環インド洋世界』岩波書店，2000 年。

（4） 永田雄三「トルコ語史料よりみたる 1770 年におけるモレア半島のギリシア人叛乱」『史学雑誌 』第 80 編第 7 号，1971 年 7 月。

（5） 同上。

（6） 同註（4）。

（7） Yuzo Nagata, “Greek Rebellion of 1770 in the Morea Peninsula: Some Remarks through the Turkish Historical Sources”, *Memoirs of the Research Department of the Toyo Bunko-The Oriental Library*, No. 46, Tokyo, 1988.

（8） リチャード・クロッグ（高久暁訳）『ギリシア近現代史』新評論，1998 年。

（9） 同註（2）。

（10） 新井政美『トルコ近現代史 ── イスラム国家から国民国家へ』みすず書房，2001 年。

（11） 加藤博『ムハンマド・アリー ── 近代エジプトを築いた開明的君主』山川出版社，2013 年。

（12） 小笠原弘幸『オスマン帝国 ── 繁栄と衰亡の 600 年史』中央公論新社，2018 年。

（13） 永田雄三『前近代トルコの地方名士 ── カラオスマンオウル家の研究』刀水書房，2009 年。

（14） 永田雄三「アーヤーン層の社会経済的考察 ── オスマン社会経済史研究のひとこま」『後進国経済発展の史的研究 ── 昭和 44 年度中間報告（その 1)』アジア経済研究所内資料（調査研究部 No. 44-28 大塚研究会　No. 3)，昭和 45 年（1990 年）3 月。

（15） 同註（10）。

（16） 佐々木紳「トルコ近現代史のなかの立憲主義 ── 歴史の復元ポイントとして」『歴史学研究』第 962 号，2017 年 10 月。

（17） 同註（10）。

(18)　秋葉淳，歴史学研究会編『世界史史料 8　帝国主義と各地の抵抗 1　南アジア・中東・アフリカ』岩波書店，2009 年。

(19)　永田雄三「マフムート 2 世の中央集権化政策」『オリエント』第 12 巻，3－4 号，1971 年。

(20)　同註（12）。

(21)　同註（16）。

(22)　Yuzo Nagata, *Tarihte Ayanlar, Karaosmanoğulları Üzeinde Bir İnceleme*, Ankara,1997.

(23)　永田雄三「オスマン帝国近世のアナトリアにおける地方名士の写本収集と図書館の建設：地域社会振興の一環として」『オリエント』第 62 巻第 2 号，2019 年。

(24)　カーター・V・フィンドリー（小松久男監訳，佐々木紳訳）『テュルクの歴史――古代から近現代まで』明石書店，2017 年。

(25)　黛秋津「バルカンの地方有力者イオアンニナのテペデレンリ・アリー・パシャ（19 世紀初め）」歴史学研究会編『世界史史料 8　帝国主義と各地の抵抗 1　南アジア・中東・アフリカ』岩波書店，2009 年。

(26)　同註（19）。

(27)　NAGATA Yuzo, “Local Gentry in Mid-19th Century Turkey: The Case of the Karaosmanoğlu Family of Manisa”, *Memoirs of the Research Department of the Toyo Bunko*, No.70, 2012.

(28)　Ahmet Uzun, “Tepedelenli Ali Paşa ve Mali Varlığı”, *Belleten*, Cilt LXV, sayı 244, 2001.

(29)　佐々木紳『オスマン憲政への道』東京大学出版会，2014 年。

(30)　B. Tezcan, *The Second Ottoman Empire, Political and Social Transformation in the Early Modern World*, Cambridge University Press, 2011.

(31)　林佳世子『興亡の世界史 10　オスマン帝国 500 年の平和』講談社，2008 年。

(32)　三橋冨治男「オスマン社会層位とタンジマート」『史学』29 巻第 1 号，1956 年。

(33)　松井真子によれば，オスマン帝国の通商政策が「閉鎖性」として解釈されてきたのは，これまでの研究がヨーロッパ側の資料に基づき，ヨーロッパの近代的な経済理念で解釈されてきたからにほかならない。松井真子「オスマ

ン帝国の内国交易政策とムスターミン商人――ミーリー税を手がかりに」『日本中東学会年報』no.14，1999年。

(34)　Halil İnalcık, *Türkiye Tekstil Tarihi Üzerine Araştırmalar*, İstanbul, 2008.

(35)　同註（13）。

(36)　吉田達矢「1830年のイズミル都市社会――「人口調査台帳」の分析を中心に」『明大アジア史論集』8，2002年3月。

(37)　同註（33）。

(38)　永田雄三「トルコ近代史の一断面――エフェ・ゼイベキたちのこと」『イスラム世界』18号，1981年。

(39)　同上。

(40)　松井真子「オスマン帝国の専売制と1838年通商条約――トルコ・アヘンの専売制（1828－1839）を事例として」『社会経済史学』64巻，第3号，1998年8月。

第九章

(1)　秋葉淳「「近代」オスマン帝国とは何か？」『歴史学研究』798，2005a年，2月。

(2)　秋葉淳「日露戦争とイエメン――日本とオスマン帝国のアナロジー」安田浩・趙景達編『日露戦争と現代』青木書店，2005b年。

(3)　新井政美『トルコ近現代史――イスラム国家から国民国家へ』みすず書房，2001年。

(4)　新井政美『憲法誕生』河出書房新社，2015年。

(5)　同上。

(6)　佐々木紳「歴史のなかのギュルハーネ勅令」『歴史評論』824号，2018年12月。

(7)　同註（3）。

(8)　秋葉淳「オスマン帝国における代議制の起源としての地方議会」粕谷元編『トルコにおける議会制の展開――オスマン帝国からトルコ共和国へ』東洋文庫，2007年。

(9)　同上。

(10)　秋葉淳「オスマン帝国の制定法裁判所制度――ウラマーの役割を中心に」

鈴木董編『オスマン帝国史の諸相』東京大学東洋文化研究所，2012年。
(11)　同註（3）。
(12)　同註（3）。
(13)　同註（4）。
(14)　永田雄三・江川ひかり『世紀末イスタンブルの演劇空間――都市社会史の視点から』白帝社，2015年。
(15)　尾高晋巳「Gospodarlık に関する一考察」『オリエント』XIX-2，1977年。
(16)　秋葉淳「タンジマート改革のブルガリアへの影響（19世紀半ば）」歴史学研究会編『世界史史料8　帝国主義と各地の抵抗Ⅰ　南アジア・中東・アフリカ』岩波書店，2009年。
(17)　永田雄三「タンジマート」護雅夫編『トルコの社会と経済』アジア経済研究所，1971年。
(18)　上野雅由樹「西アジアの「長い19世紀」」小田中直樹・帆刈浩之編『世界史／いま，ここから』山川出版社，2017年。
(19)　秋葉淳「カフカースとバルカンからオスマン帝国へのムスリム難民の流入（1850－1870年代）」歴史学研究会編『世界史史料8　帝国主義と各地の抵抗Ⅰ　南アジア・中東・アフリカ』岩波書店，2009年。
(20)　大河原知樹「オスマン帝国憲法の成立とその特色」粕谷元編『トルコにおける議会制の展開――オスマン帝国からトルコ共和国へ』東洋文庫，2007年。
(21)　佐原徹哉『近代バルカン都市史研究――多元主義空間における宗教とエスニシティ』刀水書房，2003年。
(22)　江川ひかり「オスマン帝国土地法（1858年）」歴史学研究会編『世界史史料8　帝国主義と各地の抵抗Ⅰ　南アジア・中東・アフリカ』岩波書店，2009年。
(23)　江川ひかり「タンズィマート改革期におけるトルコ農村社会：土地法改正と行政・税制改革」『オリエント』38-1，1995年。
(24)　同上。
(25)　Orhan Kurmuş, *Emperyalizmin Türkiye'ye Girişi*, Ankara, 1982.
(26)　永田雄三「商業の時代と民衆――「イズミル市場圏」の変容と民衆の抵抗」『岩波講座　世界歴史15　商人と市場――ネットワークの中の国家』岩波書店，

1999年。
(27) 坂本勉『イスタンブル交易圏とイラン――世界経済における近代中東の交易ネットワーク』慶應義塾大学出版会，2015年。
(28) 小松香織「オスマン帝国史研究と「世界システム」論」『西洋史論叢』33号，2011年12月。
(29) 同註（1）。
(30) “Donald Quataert ile Osmanlı Tarihciligi”, *Toplumsal Tarih*, 138号，2005年6月。
(31) Halil İnalcik, “When and How British Cotton Goods Invaded The Levant Markets”, Huri İslamoğlu İnan (ed.), *The Ottoman Empire and The World Economy*, Cambridge Univ. Press, 1987.
(32) 同註（26）。
(33) 永田雄三「オスマン帝国の改革」永田雄三編『新版世界各国史9　西アジア史II イラン・トルコ』山川出版社，2002年。
(34) 加藤博「「周縁」からみた近代エジプト」『岩波講座　世界歴史21　イスラム世界とアフリカ』，岩波書店，1998年。
(35) 永田雄三「暮らしのなかのオスマン帝国」永田雄三・羽田正『成熟のイスラーム社会』中央公論社，1998年。
(36) 永田雄三「トルコにおける前資本主義社会と「近代化」――後進資本主義の担い手層をめぐって」大塚久雄編『後進資本主義の展開過程』アジア経済研究所，1973年。
(37) 同註（17）。
(38) 同註（3）。
(39) 同註（3）。
(40) 同註（33）。
(41) 粕谷元編『トルコにおける議会制の展開――オスマン帝国からトルコ共和国へ』東洋文庫，2007年。
(42) 新井政美『オスマン帝国はなぜ崩壊したのか』青土社，2009年。
(43) このように，1876年憲法は，近代的国民国家へ向けて大きく踏み出したと評価できる反面，藤波が言うように，この憲法はなお「広範な君主大権によっ

て特徴づけられる」。藤波伸嘉「転換期の憲法」小松久男編『1905 年革命のうねりと連帯の夢』山川出版社，2019 年。

(44)　同註（33）。

(45)　同註（3）。

(46)　同註（3）。

(47)　同註（2）。

(48)　この点に関連して，小笠原は「30 年に及ぶアブデュルハミト 2 世の積極的イスラム政策が，アナトリアにおけるムスリム・トルコ人のナショナリティ形成の重要な核となり，それがのちのトルコ共和国にも影響を与えたという指摘がある」という。そうだとすれば，これは現代のアナトリア民衆の宗教意識を考察するうえで，重要なヒントとなるであろう。小笠原弘幸『オスマン帝国──繁栄と衰亡の 600 年史』中央公論新社，2018 年。

(49)　同註（2）。

(50)　永田雄三「オスマン帝国における近代教育の導入：文官養成校（ミュルキエ）の教師と学生たちの動向を中心に」『駿台史学』第 111 号，2001 年 2 月。

(51)　同上。

(52)　同註（14）。

(53)　同註（33）。

(54)　同註（17）。

(55)　同註（17）。

(56)　同註（3）。

(57)　同註（33）。

(58)　設楽國廣『アブドュルハミド 2 世──西欧へのオスマン帝国の抵抗』清水書院，2021 年。

(59)　同註（3）。

(60)　同註（33）。

(61)　同註（3）。

(62)　新井政美『イスラムと近代化──共和国トルコの苦闘』講談社，2013 年。

(63)　同註（43）。

(64)　同註（33）。

(65)　同註（3）。

(66)　同註（48）。

(67)　永田雄三「パン・トルコ主義の基盤」板垣雄三編『歴史のなかの地域』岩波書店，1990年。

(68)　同註（3）。

(69)　同註（3）。

(70)　同註（3）。

(71)　佐原徹哉『中東民族問題の起源――オスマン帝国とアルメニア人』白水社，2014年。

終　章

(1)　永田雄三「トルコ」永田雄三・加賀谷寛・勝藤猛『中東現代史Ⅰ　トルコ・イラン・アフガニスタン』山川出版社，1982年。

(2)　藤波伸嘉「転換期の憲法」小松久雄編『1905年　革命のうねりと連帯の夢』山川出版社，2019年。

(3)　同註（1）。

(4)　同註（1）。

(5)　新井政美『トルコ近現代史――イスラム国家から国民国家へ』みすず書房2001年。

(6)　同上。

(7)　山内昌之『中東国際関係史研究――トルコ革命とソビエト・ロシア　1918－1923』岩波書店，2013年。

(8)　山内昌之『納得しなかった男　エンヴェル・パシャ　中東から中央アジアへ』岩波書店，1999年。

(9)　同註（1）。

(10)　M・シュクリュ・ハーニオール（新井政美監訳・柿崎正樹訳）『文明史から見たトルコ革命――アタテュルクの知的形成』みすず書房，2020年。

(11)　同註（5）。

(12)　同註（1）。

(13)　同註（1）。

(14)　同註（5）。
(15)　同註（10）。
(16)　永田雄三「トルコにおける「公定歴史学」の成立――「トルコ史テーゼ」分析の一視角」寺内威太郎他著『植民地主義と歴史学――そのまなざしが残したもの』刀水書房，2004 年。
(17)　小笠原弘幸「国民史の創成――トルコ史テーゼとその後」小笠原弘幸編『トルコ共和国国民の創成とその変容――アタテュルクとエルドアンのはざまで』九州大学出版会，2019 年。
(18)　F・リヒトホーフェン『支那』岩波書店，1942 年。
(19)　ジャック・ド・モルガン『有史以前の人類――先史学概論』東京堂，1933 年。
(20)　宇山智彦「帝国と周縁・植民地の関係を比較する方法：統治治構造と相互認識」研究会「比較帝国論の方法を考える」北海道大学古河記念講堂：2010 年 4 月 24 日。
(21)　同註（16）。
(22)　同註（1）。
(23)　新井政美編著『イスラムと近代化――共和国トルコの苦闘』講談社，2013 年。
(24)　柿崎正樹「訳者解説――アタテュルクとエルドアン」M. シュクリュ・ハーニオール（新井政美監訳・柿崎正樹訳）『文明史から見たトルコ革命――アタテュルクの知的形成』みすず書房，2020 年。
(25)　同上。
(26)　同註（24）。
(27)　佐野充明「トルコ経済，劇変の 10 年――リスク大国からの変貌」大村幸弘他編『トルコを知るための 53 章』明石書店，2012 年。
(28)　同上。
(29)　中島敏博「トルコ経済の仕組み――財閥主導の幅広い産業構造」大村幸弘他編『トルコを知るための 53 章』明石書店，2012 年。
(30)　幸加木文「ギュレン運動の台頭」新井政美編著『イスラムと近代化――共和国トルコの苦闘』講談社，2013 年。
(31)　小松久男編『新版世界各国史 4　中央ユーラシア史』山川出版社，2000 年。
(32)　小松久男他編『中央ユーラシアを知る事典』平凡社，2005 年。